孙子兵法

解析

怪千灵志

孙子兵法 解析

【美绘国学书系·文墨千秋】

丛云 编著

北京燕山出版社
BEIJING YANSHAN PRESS
YSP

图书在版编目（CIP）数据

孙子兵法解析 / 丛云编著 . -- 北京：北京燕山出版社，2020.9
ISBN 978-7-5402-5814-6

Ⅰ.①孙… Ⅱ.①丛… Ⅲ.①兵法—中国—春秋时代 ②《孙子兵法》—研究 Ⅳ.① E892.25

中国版本图书馆 CIP 数据核字（2020）第 188341 号

孙子兵法解析

编　　著	丛　云
责任编辑	金贝伦
装帧设计	余　微
出版发行	北京燕山出版社有限公司
社　　址	北京市丰台区东铁匠营苇子坑 138 号
电　　话	010-65240430
邮　　编	100079
印　　刷	德富泰（唐山）印务有限公司
开　　本	710mm×1000mm　1/16
字　　数	292 千字
印　　张	18
版　　次	2020 年 10 月第 1 版
印　　次	2020 年 10 月第 1 次印刷
定　　价	76.00 元

版权所有　盗版必究

前言

　　《孙子兵法》又称《孙武兵法》，成书于春秋末期，是我国古代流传下来的最早、最完整、最著名的军事著作，在中国军事史上占有重要的地位，是中国古代军事文化遗产中的璀璨瑰宝，是中国优秀文化传统的重要组成部分。其内容博大精深，思想精邃富赡，逻辑缜密严谨，对中国历代军事家、政治家、思想家、经济学家都产生过非常深远的影响，被译成日、英、法、德、俄等十几种文字，在世界各地广为流传，享有"兵学圣典"的美誉。

　　孙武，字长卿，后人尊称其为孙子、孙武子。他出生于公元前535年左右的齐国乐安（今山东省北部），具体的生卒年月已不可考。孙武的祖先曾被周朝天子册封为陈国国君，后来由于陈国内部发生政变，孙武远祖便携家逃到齐国，投奔了齐桓公。孙武后来辗转来到吴国，当时适逢公子光政变，吴王阖闾即位，伍子胥听说孙武的才能，向吴王极力推荐，当时孙武就带着这部《孙子兵法》晋见吴王，并得到了重用。因此后世一般认为，《孙子兵法》大致成书于专诸刺吴王僚之后，阖闾三年，孙武见吴王之前，即公元前515年至公元前512年之间。司马迁在《史记》中记载："孙子武者，齐人也，以兵法见吴王阖闾。阖闾曰：子之十三篇吾尽观之矣。"

　　《孙子兵法》全书分为十三篇：《始计篇》讲的是"庙算"，即出兵前在庙堂上比较敌我的各种条件，估算战事胜负的可能性，并制订作战计划。这是全书的纲领。《作战篇》主要是庙算后的战争动员。《谋攻篇》是以智谋攻城，即不专用武力，而是采用各种手段使守敌投降。《军形篇》《兵势篇》讲决定

战争胜负的两种基本因素："形"指具有客观、稳定、易见等性质的因素，如战斗力的强弱、战争的物质准备；"势"指主观、易变、带有偶然性的因素，如兵力的配置、士气的勇怯。《虚实篇》讲的是如何通过分散集结、包围迂回，造成预定会战地点上的我强敌弱，最后以多胜少。《军争篇》讲的是如何"以迂为直""以患为利"，夺取会战的先机之利。《九变篇》讲的是要根据不同情况采取不同的战略战术。《行军篇》讲的是如何在行军中宿营和观察敌情。《地形篇》讲的是六种不同的作战地形及相应的战术要求。《九地篇》讲的是依"主客"形势和深入敌方的程度等划分的九种作战环境及相应的战术要求。《火攻篇》讲的是以火助攻与"慎战"思想。《用间篇》讲的是五种间谍的配合使用。

  《孙子兵法》语言叙述简洁，内容富含哲理，但由于用文言写成，且成书久远，阅读起来有一定难度。本次编辑出版本书，在精心编校原文的基础上，由当代专家学者对其内容加以注释、解析，并逐篇"翻译"成现代汉语；在每章原文内容之外，列举了大量生动精彩的战争实例和历史典故，并对其所体现出的精髓思想加以点评，拓展其在当代生活中的应用范围，使读者在轻松愉快的阅读氛围中领略"兵圣"孙子的深邃思想，进而运用于生活实践，"运筹帷幄之中，决胜千里之外"！

目 录

第一篇　始计篇 …………………………… 1
　　　　运筹帷幄　决胜千里 ……………… 2

第二篇　作战篇 …………………………… 21
　　　　兵贵胜　不贵久 ………………… 22

第三篇　谋攻篇 …………………………… 43
　　　　上兵伐谋　知己知彼 …………… 44

第四篇　军形篇 …………………………… 62
　　　　攻守秉持　自保全胜 …………… 63

第五篇　兵势篇 …………………………… 84
　　　　用势造势　出奇制胜 …………… 85

第六篇　虚实篇 …………………………… 102
　　　　避实就虚　因敌制胜 …………… 103

第 七 篇　军争篇 …………………………… 119
　　　　以迂为直　以患为利 ………………… 120

第 八 篇　九变篇 …………………………… 134
　　　　随机应变　从容对敌 ………………… 135

第 九 篇　行军篇 …………………………… 155
　　　　令之以文　齐之以武 ………………… 156

第 十 篇　地形篇 …………………………… 172
　　　　地有六形　兵有六败 ………………… 173

第十一篇　九地篇 …………………………… 196
　　　　争地伐谋　以石击卵 ………………… 197

第十二篇　火攻篇 …………………………… 219
　　　　以火攻敌　慎而待战 ………………… 220

第十三篇　用间篇 …………………………… 243
　　　　上智为间　谍战有术 ………………… 244

第一篇 始计篇

《始计篇》是《孙子兵法》的第一篇,是总揽全书的纲,也是全书的总则。孙子的战争观、谋略观及战术思想在本篇中都有十分精彩的阐述。

本篇内容大略可以分为四部分:第一,讲述军事对于国家和人民根本利益的重要性,明确指出它是关系人民生死、国家存亡的头等大事。第二,从整体、战略高度阐述君主(或统帅)用兵必须首先考察的五个基本的主客观条件,这就是:政治状况或政治路线;天时;地利;将领;军队的编制与法令、法规。第三,阐述用兵时必须掌握的特殊法则。指出用兵的特点是要"因利而制权",要行"诡道"。只有善于根据战争情势的变化灵活机动地运用战略战术,才能克敌制胜。最后,强调用兵之前在庙堂之上进行周密谋算的重要性,指出这是预计战争胜负的关键。

运筹帷幄　决胜千里

孙子曰：兵①者，国之大事②，死生之地，存亡之道，不可不察③也。

故经之以五事④，校之以计，而索其情：一曰道，二曰天，三曰地，四曰将，五曰法。道者，令民与上同意也，故可以与之死，可以与之生，而不畏危；天者，阴阳、寒暑、时制⑤也；地者，远近、险易⑥、广狭、死生也；将者，智、信、仁、勇、严也；法者，曲制、官道、主用也。凡此五者，将莫不闻。知之者胜，不知者不胜。⑦故校之以计，而索其情，曰：主孰有道⑧？将孰有能？天地孰得？法令孰行？兵众孰强？士卒孰练？赏罚孰明？吾以此知胜负矣。将听吾计，用之必胜，留之；将不听吾计，用之必败，去之。

计利以听，乃为之势⑨，以佐其外。势者，因利而制权⑩也。兵者，诡道也⑪。故能而示之不能⑫，用而示之不用⑬，近而示之远，远而示之近。利而诱之，乱而取之，实而备之，强而避之，怒而挠之，卑而骄之，佚而劳之⑭，亲而离之，攻其无备，出其不意。此兵家之胜，不可先传也。

夫未战而庙算⑮胜者，得算多也；未战而庙算不胜者，得算少也。多算胜，少算不胜，而况于无算乎！吾以此观之，胜负见矣⑯。

注释

①兵：本义为兵器。后逐渐引申为兵士、军队、战争等。这里作军事、军事学。

②国之大事：意为国家的重大事务。

③不可不察：察，考察、研究。不可不察，意指不可不仔细审察，谨慎对待。

④经之以五事：经，度量、衡量。五事，指下文的"道、天、地、将、法"。此句意为要从五个方面分析、预测。

⑤时制：指春、夏、秋、冬四季时令的更替。

⑥远近、险易：远近，指作战区域的距离远近。险易，指地势的险要或平坦。

⑦知之者胜，不知者不胜：知，知晓，这里含有深刻了解、确实掌握的意思。此句意思是说，对五事（道、天、地、将、法）有深刻地了解并掌握运用得好，就能胜，掌握得不好，则不胜。

⑧主孰有道：指哪一方国君政治清明，拥有民众的支持。孰，谁，这里指哪一方。有道，政治清明。

⑨乃为之势：乃，于是、就的意思。为，创造、造就。之，虚词。势，态势。此句意思是造成一种积极有利的军事态势。

⑩因利而制权：因，根据、凭依。制，顺从、顺应。权，权变，灵活处置之意。意为根据利害关系采取灵活的对策。

⑪诡道也：诡诈之术。诡，欺诈、诡诈。道，原则。

⑫能而示之不能：能，有能力、能够。示，显示。即能战却装作不能战的样子。此句至"亲而离之"的十二条作战原则，即著名的"诡道十二法"。

⑬用而示之不用：用，用兵，出兵。实际要打，却装作不想打。

⑭佚而劳之：佚，同"逸"，安逸、自在。劳，作动词，使之疲劳。此句说敌方安逸，就设法使他疲劳。

⑮庙算：古代兴师作战之前，通常要在庙堂里商议谋划，分析战争的利害得失，制定作战方略。这一国家高层的军事战略筹划方式，就叫作"庙算"。

⑯胜负见矣：见，同"现"，显现。言胜负可知也。

孙子说：战争是国家的大事，是军民生死安危的主宰，是国家存亡的关键，是不可以不认真考察研究的。

因此，必须审度敌我五个方面的情况，比较双方的谋划，来取得对战争情势的认识。（这五个方面）一是政治，二是天时，三是地利，四是将领，五是法制。所谓政治，就是要让民众认同、拥护君主的意愿，使得他们能够做到死为君而死、生为君而生，不害怕危险。所谓天时，就是指昼夜晴雨、寒冷酷热、四季节候的变化。所谓地利，就是指征战路途的远近、地势的险峻或平坦、作战区域的宽广或狭窄、地形对于攻守的益处或弊端。将领，就是说将帅要足智多谋，赏罚有信，爱抚部属，勇敢坚毅，树立威严。所谓法制，就是指军队组织体制的建设，各级将吏的管理，军需物资的掌管。以上五个方面，作为将帅，都不能不充分了解。充分了解了这些情况，就能打胜仗。不了解这些情况，就不能打胜仗。所以要通过对双方七种情况的比较，来求得对战争情势的认识：哪一方君主政治清明？哪一方将帅更有才能？哪一方拥有天时地利？哪一方法令能够贯彻执行？哪一方武器坚利精良？哪一方士卒训练有素？哪一方赏罚公正严明？我们根据这一切，就可以判断谁胜谁负。若能听从我的计谋，用兵打仗就一定胜利，我就留下他。假如不能听从我的计谋，用兵打仗就必败无疑，我就不用他。

筹划有利的方略一经采纳，就要造成一种态势，辅助对外的军事行动。所谓态势，即是依凭有利于自己的原则，灵活机变，掌握战场的主动权。用兵打仗是一种诡诈之术。能打，却装作不能打；要打，却装作不想打；明明要向近处进攻，却装作要打远处；即将进攻远处，却装作要攻近处。敌人贪利，就用利引诱他；敌人混乱，就乘机攻取他；敌人力量雄厚，就要注意防备他；敌人兵势强盛，就暂时避其锋芒；敌人易怒暴躁，就要折损他的锐气；敌人卑怯，就设法使之骄横；敌人休整得好，就设法使之疲劳；敌人内部团结，就设法离间他；要在敌人没有防备处发起进攻，在敌人意料不到时采取行动。所有这些，是军事家指挥艺术的奥妙，是不能事先呆板规定的。

开战之前就预计能够取胜的，是因为筹划周密，获得胜利的条件充分；开战之前就预计不能取胜的，是因为筹划不周，获得胜利的条件缺乏。筹划周密、条件具备就能取胜，筹划不周、条件缺乏就不能取胜，更何况不做筹划、毫无条件呢？我们依据这些来观察，那么胜负的结果也就很明显了。

◆◆ 名家点评 ◆◆

战事关天　不可不慎

本篇开宗明义就指出："兵者，国之大事，死生之地，存亡之道，不可不察也。"这一认识，比"国之大事，在祀与戎"（《左传·成公十三年》）前进了一步。此句中"死生之地，存亡之道"相对为文，"地"与"道"互文见义，均指手段、方法。这就使我们明确地看出，战争之所以是国家的大事，就在于它既是军队生死搏斗的手段，也是国家存亡攸关的途径。《火攻篇》中强调："战胜攻取，而不修其功者凶。"所以，他主张"合于利而动，不合于利而止"，告诫君主不可以"怒而兴师"，将帅不可以"愠而致战"，"故明君慎之，良将警之"，要认真考虑研究，不可轻率用兵。所以，孙子主张，在用兵之前，先要探讨决定战争胜负的基本条件。这种重战、慎战的思想是可贵的，是先秦先进军事思想的共同特点之一。

兵法解析

道者，令民与上同意也，故可以与之死，可以与之生，而不畏危。

孙子说："君主之道，说的是务求政治清明，要让百姓和君主的愿望一致，同心同德，这样就可以为君主而死，为君主而生，从而不畏惧危险。"

这里，孙武提出了"道者，令民与上同意"的思想，并把道（即政治条件）列为筹划战争全局、预测战争胜负的首要因素。春秋时期是我国古代民本主义思潮初步兴起的重要阶段，当时的许多思想家都注意考虑民众的需求，尊重民众愿望，关心民众的生计，争取民众的支持。孙子顺应了这一进步潮流，探讨了政治与军事的关系。他主张"道者，令民与上同意"，也就是要求战争的筹划、组织者，要尊重民众意愿，想方设法使统治者与民众间的意志统一起来，上下团结一致，同舟共济，才能夺取胜利。

正因为道的作用如此巨大,孙武才把道列为决定战争胜负的"五事"之首,及衡量军队强弱标准的"七计"之始。《孙子兵法》是一部研究战争诡术之书,但全文自始至终贯穿着得道(即政治清明)者胜的基本观点。孙子说:"善用兵者,修道而保法,故能为胜败之政。"(《始计篇》)又说"上下同欲者胜"(《谋攻篇》),说的都是这一道理。

孙武"令民与上同意"的谋略,也启迪了后世兵家。《吴子·图国》云:"国内不和,不可以出兵;军队内部、官兵之间不和,不可以出阵;兵阵内部各部分之间不和,不可以作战;战争中行动不和,不可以决战决胜。"《淮南子·兵略训》进一步总结道:"地广人稀,不足以为强;坚甲利兵,不足以为胜;高城深池,不足以为固;严令繁刑,不足以为威;为存政者,虽小必存;为亡政者,虽大必亡。"

隋朝末年,李渊起兵太原,广大民众纷纷响应,旬日之间扩充了一万余人。李渊对所属部队将士不分贫富贵贱,一律称为义士,使起义军上下团结,目标一致,接连打了许多胜仗。起义军攻克霍邑后,为鼓励将士,李渊下令评议军功,部属提出按照军内等级和出身贫富评定战功。但当时应募参军的多是贫穷的农民,他们作战勇敢,如果在评功时不一视同仁,会挫伤他们的积极性。于是李渊宣布:"在两军争战时,刀枪弓矢从不分贫富贵贱,在议功行赏时,也必须一视同仁。"得到了全军将士一致拥护。李渊的家奴马三宝在关中响应起义,发展了数万之众,评功后提升为左骁卫大将军;奴隶出身的钱九陇被提升为眉州刺史。一大批出身低贱但作战英勇的人跻入军官行列,大大激发了起义军士卒的杀敌积极性,他们冲锋陷阵,不顾个人安危,真正做到了孙子所言的为君主献身而不畏惧危险,对唐王朝的建立起了极为重要的作用。

奖励士卒、荣辱与共,是军事家推行"令民与上同意"的常法。概括地说,是以己推人,由己所欲而知"民"所欲,以满足"民之所欲",达到"与上同意"。政治家也常运用此法。秦末楚汉相争时,项羽与刘邦曾商定以鸿沟(古时一条北起荥阳,东经中牟、开封,南流入颍水的运河)为界,双方息兵。后来刘邦撕毁协议,传令韩信、彭越一起合兵击楚。哪知刘邦起兵后,韩信、彭越未履约出兵。楚军将刘邦军队杀得大败。于是刘邦与张良商议调动韩信、彭越出兵之计。张良问道:"大王起兵反秦,征战颠沛十几年,为了什么?"刘邦说:"为了占领地盘,以求荣华富贵,封妻荫子,永享万年。"张良说:"对了,当今乱世,各路诸侯起兵反秦,又

为了什么？"刘邦恍然大悟，派使者传令，把陈地封给韩信，把淮阳封给彭越。两将一听大喜，忙出兵援助刘邦，在垓下（今安徽灵璧）把项羽打败。刘邦采用了张良之计，用封土满足了韩信、彭越的欲望，从而使韩信、彭越与自己生死与共，终于夺得天下，建立了汉王朝。

【古今实例】

《孙子兵法·始计篇》提出了经以五事，校以七计，这个兵之大经问题。"五事""七计"中道与将这两个因素的排列顺序是道在前、将在后的。从《孙子兵法》全书对道、将问题的表述，可以得出三点看法：第一，从决定战争胜负因素说，"道"是首位的，"将"是次位的；第二，从"道""将"之间关系说，道制约将，将服从道：政治路线决定干部路线；第三，选择将帅，政治条件是首要条件。将帅修养，首先是政治素质修养。

什么是"道"？道，政治、路线、方针。战争是政治的继续，自古以来，战争是为统治阶级意志服务的。将也好，法也好，德也好，都要服从于统治阶级的政治路线，超然的"五德"是没有的。《十一家注孙子·贾林》说："将能以道为心，与人同利共患，则士卒服，自然心与上者同也。"贾林这里所说的道就是"与上者同也"的道，就是"主孰有道"的道，是制约将的道，是统率五德的道。也就是说，所谓将的"智、信、仁、勇、严"这五德要求，都要以"道"作为规范。

"以道为心"，就是提倡领导者要注重自身道德修养，注重政治品德修养。孙武认为，将帅对国家"进不求名，退不避罪，唯人是保，而利合于主，国之宝也"（《孙子兵法·地形篇》）。意思是说，作为将帅，胜利不图名，失败不避罪责，他考虑的问题只是保护人民，有利于国君，这是国家的珍宝。那么，社会主义制度下的领导者，也应该具备良好的政治素质及道德品质。

众义士救存赵氏孤儿

春秋时期，晋国大将军屠岸贾与相国赵盾有仇。屠岸贾是国君的宠臣，于是在国君面前对赵盾进行诬陷。然后，亲率大兵包围了赵府，把赵盾的儿子赵朔及赵家的300多口人全部杀死。清点人数时，发现只有赵朔的妻子逃走了。

原来，赵朔的妻子身怀六甲，即将生育，她事先得到消息，逃回了王宫。

屠岸贾派重兵围住王室，只等赵朔的妻子生下孩子后，把孩子杀死，以绝后患。

相国赵盾有两个忠实的门客：公孙杵臼和程婴。赵家满门抄斩后，公孙杵臼约程婴一齐殉难。程婴说："赵夫人怀了孕，如果生下男孩，我要把他抚养成人；如果生下的是女孩，我们再死不迟。"不久，赵夫人生下一个儿子，程婴是一位医生，假作给赵夫人看病，进入宫中。赵夫人认识程婴，对程婴说："这孩子是赵家的骨肉，请你一定要把他带出去，有朝一日好为赵家报仇。"说完，进入内室，服毒自杀。

程婴把孩子放入药箱中，匆匆带出王宫，正遇到将军韩厥。韩厥为赵家抱不平，屠岸贾准备屠戮赵府的消息就是他告诉赵朔、赵夫人的。韩厥放程婴入宫后，先后把身边的士兵打发走，独自一人等候程婴。韩厥对程婴说："我知道你药箱里装的是赵氏孤儿。我韩厥虽在屠岸贾手下，但我不是坏人。现在，你快走吧！"

程婴提着药箱，飞快地逃离了王室。屠岸贾得知赵氏孤儿已被人救走，又怕又恨，立即派人在全国范围内张贴告示：限三天之内交出赵氏孤儿，否则，把全国半岁之下的男婴全部杀光！

程婴眼见赵氏孤儿难保，对公孙杵臼说："屠岸贾要杀半岁以下婴孩，赵氏孤儿难保。我的妻子刚刚生下一个儿子，与赵氏孤儿不差几天，我想让我的儿子冒充赵氏孤儿，抱着他去自首，赵氏孤儿就交给你了。"

公孙杵臼问程婴："你多大年纪了？"程婴回答："四十五岁。"

公孙杵臼指着满头银发，说："我今年已七十岁了。你想，孩子要报仇，至少还要等二十年，到那时候我已九十高龄，谁能保证我能活那么长时间呢？我看，你还是把亲骨肉送到我这里来，然后告发我藏匿赵氏孤儿，抚养赵氏孤儿的重任就交给你吧。"

程婴抱着公孙杵臼放声大哭。

第二天，程婴向屠岸贾"告发"了公孙杵臼，屠岸贾亲自率领三千甲兵进入首阳山中将公孙杵臼抓获。屠岸贾问："孤儿在哪里？"公孙杵臼矢口抵赖。屠岸贾冷笑一声，命令甲士们四处搜寻，终于在一处暗室中搜出了白白胖胖的"赵氏孤儿"。屠岸贾将"赵氏孤儿"细细端详一番，狠狠地摔在岸石上，将"赵氏孤儿"摔成肉饼。

二十年后，赵氏孤儿长大成人。

这时候，景公对飞扬跋扈的屠岸贾已越来越不满，并决心除掉屠岸贾。程婴见时机已到，将赵氏的冤情禀告景公，在将军魏绛的支持下，景公将屠岸贾斩杀，为赵盾一家平反昭雪。

鲁之裕让贤追奏章

清朝雍正年间，有个叫鲁之裕的人，为人正直无私，襟怀坦荡。可是直到中年，还没有弄到一官半职。后来，在河南总督田文镜手下听候差遣。

有一天，田总督对鲁之裕说："中牟县李知县为官失职，亏空了官库银两。我已向皇上写了奏章，将其免职，并派你去革掉他的官职，代理知县。"

第二天，鲁之裕便从开封出发，奔赴中牟。他一路上打听风土人情，查访民生疾苦，发现老乡们各个盛赞李知县廉洁奉公，爱护百姓，对田总督革李知县的职之事怨声载道。到了县衙，经了解，所谓库银亏空纯属冤案。李知县为官清正，他从万里以外的云南进京谋职，不想等了十年，才得了个中牟县缺。上任后想接老母亲前来相聚，没有盘缠，迫不得已当着衙役的面，从官库里预借了一笔官俸。没想到母亲刚刚接来，就被革职查办。鲁之裕对李知县的遭遇深表同情，决定辞官不受，没接官印就赶回开封了。

鲁之裕没能奉命罢官接印，使田总督勃然大怒。鲁之裕摘下帽子，跪下行过大礼，对田总督说："我半生穷困潦倒，为了谋求一官半职，千里迢迢来到河南，有幸得了中牟县缺。但进了中牟县亲见李知县深得人心，所谓亏空库银是一桩冤案。在这种情况下，我不能昧着良心升官，只能尽力保护这个无辜的好官。所以特地回来禀明情况，请求大人收回成命。"

田总督听鲁之裕言之有理，但撤掉李知县、任命鲁之裕的奏章已发出三天了。鲁之裕说："不要紧，我骑马一天能跑三百里，可以把奏章追回来。请赐给我一支令箭吧！"

过了五天，奏章果然给追回来了。后来，鲁之裕被提升为清河道道台，在治理黄河、抗洪抢险中立了大功，受到人们的称赞。

"殷有重罪，不可不伐！"

商朝后期，纣王对外连年发动战争，对内滥施酷刑，残害忠良，他还大兴徭役，建造以酒为池、悬肉为林的离宫，整日过着奢侈荒淫的生活，激起百姓和各诸侯国的强烈不满。

这时候，一个足以与殷商王朝对峙的奴隶制强国——周，在沣水西岸悄然兴起。

公元前约1046年，周武王与八百诸侯会于孟津，在孟津举行了声势浩大的誓师仪式，发表了声讨商纣王的檄文，八百诸侯群情激愤，都说："商纣可伐！"但是周武王听从了国师吕尚（姜子牙）的劝告，认为商纣王朝力量还十分强大，征伐商纣的时机还未成熟，断然班师返回。

公元前1047年，殷商王朝内部矛盾激化，王子比干被杀，箕子、微子、太师疵等朝廷重臣或被囚或外逃，纣王已到了众叛亲离的地步。吕尚对周武王说："天与不取，反受其咎；时至不行，反受其殃。"力劝周武王出兵伐纣。周武王盼这一天盼了十几年，立刻下令遍告诸侯："殷有重罪，不可不伐！"随后以吕尚为主帅，统兵车三百辆、猛士三千人、甲士四万五千人，誓师伐纣。

周军东进，开始的时候，一路之上颇不顺利：狂风肆虐、暴雨倾盆、雷电交加，折旗毁车，人马时有伤亡。吕尚巧妙地把这天地肃杀之征解释为鬼神对殷商发怒

之状,并大力加以渲染,不但稳定了军心,还增强了斗志。由于商纣失尽了人心,四方诸侯及沿途百姓纷纷加入武王的伐纣行列,周军士气日益高昂。

这一年的十二月,吕尚率军渡过黄河,在距殷商都城朝歌仅七十里的商郊牧野(今河南汲县)召开了誓师大会,历数纣王罪过,揭开了历史上著名的"牧野之战"的序幕。

此时,纣王正与东南边疆的夷族人交战,朝歌兵力空虚。周军兵临城下的消息传入朝歌,纣王慌忙把奴隶和战俘武装起来仓促应战。双方在牧野短兵相接。战斗中,吕尚身先士卒,率战车和猛士冲入商军,打乱了商军的阵脚。商军本来就没有斗志,不但不再抵抗,反而阵前倒戈,引导周军杀入朝歌。纣王见大势已去,登上鹿台,自焚而死,在中国历史上为时五百多年的奴隶制国家殷商就此灭亡。

公元前1046年底,周武王班师回到镐京,正式建立了周王朝。

西夏王避敌锐气以弱制强

北宋年间,北疆外的西夏和辽(即契丹)逐渐兴起。公元1044年,辽国夹山部落八百户叛辽归西夏,辽主耶律宗真向西夏主赵元昊索归八百户人马。赵元昊不答应,两国因此大动干戈。

交战初期,辽国倚仗占优势的兵力,连连取胜,西夏被迫从贺兰山败退。辽国穷追四百余里不舍,赵元昊见力战难以取胜,心生一计,写下"议和书",派使者送至辽营,向耶律宗真和韩国王萧惠求和。与此同时,赵元昊下令将所有的粮食带走,继续后退,还四处放火,将牧草一烧而光。

辽军韩国王萧惠接到"议和书"后,放声冷笑不止。"议和书"上写道:"……夏兵接连数败,已无力再战,请求韩国王同意罢战议和……"萧惠对西夏使者说:"早知如此,何必当初。现在才想求和,晚了!"

萧惠挥师直到西夏大营,但所到之处,早已人去营空,只有一片焦土、漫漫烟雾。萧惠气急败坏,率兵急追,耶律宗真紧随其后。辽兵追赶几十里后,又是只见一片焦土、几座空营。

如此数次,辽军又追赶西夏军前进了一百余里。赵元昊不给辽军留下一粒粮食、一束牧草,辽大军深入西夏腹地,人断粮、马断草,饥渴难耐,又困又乏。就

在这时候，赵元昊指挥西夏大军犹如从天而降，从四面八方合围上来。辽军已是强弩之末，又兼无粮无草，顿时兵败如山倒。赵元昊乘胜追击，歼灭耶律宗真的大军，耶律宗真只率亲信数人逃脱。

赵元昊避敌锐气，诱敌深入，果断出击，以弱制强，巩固了西夏国的地位。

秦昭王少算败邯郸

公元前260年九月，秦国大将白起在长平大败赵国军队，坑杀赵国降兵四十三万人。白起见赵国已无实力抵抗，想乘机灭亡赵国，但秦国相国范雎忌妒白起的功劳，借口秦军已很疲劳，不宜再战，劝说秦昭王与赵国讲和，秦军罢兵回国。

第二年，秦昭王再次委派白起率大军攻打赵国，白起见时机已过，赵国经过一年的休养生息已重新振作起来，便借口有病，不肯赴任。秦昭王信以为真，派王陵代替白起，率大军直逼赵国都城邯郸城下。赵国到了生死关头，举国上下，同仇敌忾。王陵屡攻屡挫，损失极其惨重。

消息传到咸阳，秦昭王召见白起，向他寻求策略。白起说："秦军远征赵国，历时已近一年，如今兵乏气衰，国库空虚，不宜再战。赵国军民同心，不可掉以轻心。如果诸侯各国再出兵救赵，我军将遭到内外夹击，情势就十分危险了。"

相国范雎坚决主张攻赵，并保荐郑安平为将军随大将王龁一起率兵增援王陵，攻伐赵国。

赵国的形势一天比一天紧迫。赵王的弟弟——战国四公子之一的平原君赵胜率谋臣毛遂到楚国求得援兵，又到魏国求得信陵君魏无忌的帮助。魏无忌求助魏王的宠姬如姬窃得兵符，带领力士朱亥用重锤击杀陈兵赵国边境的魏将晋鄙，夺得兵权，陆续会合来援救赵国的诸侯军队，与秦军在邯郸城下展开了决战。

诸侯各国的援军以信陵君统率的八万精兵为核心，奋勇杀敌；秦军已在邯郸城下打了三年之久的攻城战，人人厌战，斗志松懈。结果，秦军大败，将军郑安平投降了赵军，王陵只好率残兵败将退回秦国。

白起得知秦军大败，长叹道："不听我的话，以至有今天的惨败！"白起的话传到秦昭王耳中，秦昭王十分生气，再加上范雎的捣鬼，秦昭王竟把白起杀掉了。但是，相国范雎也没有得到便宜，他因为推荐郑安平而获罪，被免去了相国的职务。

曹沫劫持齐桓公

齐桓公是春秋时期最先称霸的霸主。由于实力相当雄厚，齐桓公不断对外发起战争，扩大领土。公元前681年，齐国与鲁国多次交战，鲁国屡战屡败，鲁庄公只好割地求和，双方约定在柯（今山东阳谷东）地举行会盟仪式。

鲁国有位大将姓曹，名沫。曹沫力大无比，又有智谋，对齐桓公以强凌弱的做法大为愤慨，但是，又奈何不了齐桓公，思来想去，决心乘鲁齐在柯地会盟之机，教训一下齐桓公。

齐桓公拥重兵到达柯地，曹沫作为鲁庄公的侍卫也参加了会盟仪式。仪式开始后，鲁庄公和齐桓公同时登上会盟仪式的"坛"，正在这时，曹沫突然跳到坛上，一手抓住齐桓公，一手拔出藏在战袍下的匕首，对准了齐桓公。齐桓公被这突如其来的袭击吓得面无人色，挣扎了几下，曹沫力大，齐桓公挣脱不了，只好战战兢兢问："你……你想干什么？"

曹沫道："你们齐国以强自恃，到处欺负我们小国，我们鲁国已经没有多少土地了，你还不放过，我现在只求你把齐国夺走的土地归还给鲁国，否则，我和你一起死在这里！"

齐桓公望着寒光闪闪的刀刃，说："这……好办，我答……答应就是。"

曹沫说："这样答应不行，你要当着坛下的贵宾和所有的人宣布：齐国归还鲁国的土地！"

这时坛下的齐国将士想上前营救齐桓公，但又害怕曹沫一匕首刺死齐桓公，一个个束手无策。齐桓公迫于无奈，只好照着曹沫的话当众宣布归还鲁国的土地。

会盟仪式结束后，齐桓公灰溜溜地回到齐国，越想越感到有失体面，不但不准备把土地归还鲁国，还想起兵灭掉鲁国。相国管仲劝道："君子言必信，行必果，大王既然已经当众答应了鲁国，再兴兵伐鲁，岂不是失信于诸侯？这样做实在是因小失大！"

齐桓公对管仲言听计从，便把靠战争夺得的国土如数归还了鲁国。

商鞅取信于民

商鞅是我国古代的一位政治家、变法家。他本是卫国的没落贵族，听说秦孝公下令求贤，来到秦国。秦孝公听商鞅谈论富国强兵之道，很赞同他的变法主张。

公元前356年，秦孝公任用商鞅，实行变法。法令包括如下内容：打破土地上的纵横田界，承认土地私有、买卖自由，奖励耕战，建立郡县制。但商鞅担心老百姓不按新法做，为取信于民，就在国都咸阳的南门外立起一根三丈高的木柱子，命官吏看守，并且下令：谁将此木搬到北门，赏黄金十镒（古二十两为一镒，一说二十四两为一镒）。当时围观的人很多，但大家一是不明白此举的意图，二是不相信有这等好事，所以没人敢动。

商鞅闻报，心想：百姓没有肯搬立木的，可能是嫌赏钱太少吧！于是他又下令，把赏钱增加到五十镒。听了新的赏赐，老百姓更加怀疑了。但重赏之下必有勇夫，没出三天，就有一个不信邪的壮汉把那木柱扛到了北门。

商鞅立刻召见了搬木柱的人，对他说："你能听从我的命令，是个好百姓。"立刻赏他五十镒黄金。

这个消息不胫而走，举国轰动，大家都说商鞅有令必行，有赏必信。

第二天，商鞅即公布变法令，虽然新法遭到一些贵族特权阶层的反对，但新法在秦国终于得到顺利实行。

周亚夫治军严明

周亚夫是西汉开国大将周勃的儿子，他统率的军队素以军纪严明而闻名。

公元前158年，汉文帝刘恒分别到京都长安以南的灞上、以北的棘门、西北的细柳去犒劳保卫都城的将士。汉文帝先到了灞上，驻守灞上的将军刘礼听说皇上来了，大开营门，让汉文帝的人马直驰而入；汉文帝犒赏完毕，刘礼又命令全营将士列队相送。汉文帝随后又赶到棘门，棘门守将徐厉也跟刘礼一样，诚惶诚恐，列队迎送。汉文帝离开棘门，在文臣武将的簇拥之下，又浩浩荡荡地向周亚夫驻守的细柳军营走去。

细柳军营的将士远远望见尘土飞扬，来了一队人马，立即紧闭营门，弯弓搭

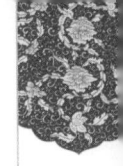

箭,做好了战斗准备。为汉文帝开路的使者骑马跑到营门前,见营门紧闭,刀枪如林,急得放声大喊:"皇上马上驾到,你们还不打开营门,迎接皇上!"把守营门的将官回话道:"我们将军有令,军营中只服从将军的命令,不服从皇上的诏令。"任汉文帝的使者如何劝、逼,守营将官就是不开营门。

不久,汉文帝和他的护驾随从赶到了营门前,请求开门入营,守门将官仍不开门,还是一句话:"军营中只服从将军的命令!"

汉文帝派一名使者拿着符节要去见周亚夫,请求入营,守门将官这才开门让使者进营。使者见到周亚夫,向周亚夫说明皇上要入营犒赏将士,周亚夫传令打开营门,让皇上进入军营。守门将官打开营门,向汉文帝及其护驾人员郑重宣布:"将军有令,军营中不许骑马,不许喧哗!"

汉文帝跳下来,拉着马缰慢慢地向周亚夫所在的中营走去。周亚夫和几名将军身披铠甲,头戴铁盔,在中营中迎接汉文帝。周亚夫向汉文帝躬身行了一礼,道:"披甲戴盔的军人不能行跪拜礼,请让我用军礼见陛下。"

汉文帝犒赏完细柳军营,与众随从静静地走出军营大门,众人这才长长地舒了一口气。汉文帝慨叹道:"这才是真正的将军啊!在灞上和棘门,那里简直是在儿戏,如果敌人发起偷袭怎么办?至于周亚夫,谁能进犯他的军营呢?"

汉文帝回京都后,将周亚夫提升为中尉,专门负责京城和皇宫的保安工作。在临终之前,又嘱咐皇太子(后来的汉景帝):"将来如发生什么紧急变故,周亚夫是可以真正担负军队统帅的人。"

汉文帝死后,诸侯王吴王刘濞带领其他六个诸侯王造反,汉景帝任命周亚夫为太尉,率兵平叛。周亚夫不负景帝重托,力挽狂澜,一举平定"七国之乱",为巩固汉朝江山立下汗马功劳。

太史慈智截奏章

太史慈是三国时的名将。

东汉末年,宦官专权,官场腐败。当时有一个奇特的现象是:官吏们为一己私利,尔虞我诈、互相攻击,官司打到朝廷,谁先"告状",谁就能赢。

太史慈就遇到了这样一桩事:他所在的州郡中,刺史(州的最高长官)与郡守

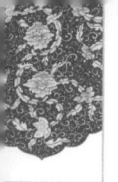

（郡的最高长官）翻了脸，刺史抢先一步，派人把奏章送入京都，郡守写好奏章，已晚了一步。郡守决定挑选一名精明能干的人设法抢在刺史之前把奏章送上去，太史慈被郡守选中了。

太史慈怀揣郡守的奏章，马不停蹄地赶到京都洛阳，发现刺史派出去送奏章的人正等候在接受奏章的官署前，还没有把奏章送上去。太史慈心生一计，拍马上前，装作朝廷命官的样子问："你是哪里来的？是送奏章吗？"

刺史派去的官吏不辨真假，如实做了回答。

太史慈又问："奏章的格式有没有错误啊？拿给我看看！"

那人立即从车中取出奏章，双手呈给太史慈。太史慈接过奏章，走马观花地看了一遍，取出一把刀子，把奏章划成碎片，又乘对方惊愕之际，说："我是奉郡守之令来察看刺史的奏章是否已经呈递上去的，不过，郡守并未让我毁掉刺史的奏章，现在我们是难兄难弟了，大丈夫四海为家，我们何必为他们之间的钩心斗角卖命呢？大家都逃走吧！"

太史慈说服那名官吏与他一起逃出京城，然后各奔前程。太史慈走了一程后，又折回京都，把郡守的奏章呈送上去，方才回到故乡向郡守交差。

刺史得知自己的奏章被毁，急忙再写奏章，日夜兼程送往京城，但朝廷早已收到郡守的奏章，对刺史的奏章不感兴趣，因此，这一场"窝里斗"以刺史的失败而告终。

太史慈自此以智勇双全而闻名。

苏无名破太平公主珍宝案

唐朝武则天在位时，太平公主丢失了两箱奇珍异宝，武则天大怒，限令洛阳长史在三天内破案，否则严惩不赦。长史诚惶诚恐，派出捕役四处搜寻，捕役们没有寻到与案件有关的线索，却在途中遇到了以破案闻名的湖州别驾（官职名）苏无名。捕役们把苏无名推荐给长史，长史又把苏无名推荐给武则天。苏无名请求武则天将破案期限延长，武则天同意了。

苏无名回到衙门中，对众捕役说："过几天就是清明节，你们分头到城东门守候，如发现有穿孝服的胡人出城向北邙方向走去，就跟踪他们，察看他们的动向。

但千万不要惊动他们,同时赶紧派人报告给我。"

到了清明节,捕役们乔装打扮,混在百姓当中,守候在城东门附近,果然发现有十多个胡人在北邙山扫墓。捕役们一面远远地跟随在后,一面派人去报告给苏无名。十多个胡人到了北邙山,在一座新墓前停下,摆上各种祭品,面向新坟跪下,哭了一通。祭奠后,又围着新坟转了一圈,然后离去。捕役们隐匿在树丛中,发现十几个胡人并无悲伤之情,哭声是硬装出来的,绕坟走动时还有人在笑,于是把这一切都报告给了匆匆赶来的苏无名。

苏无名立即下令捕人:"赶快调集人马,将那十几个胡人捕捉归案,不许漏掉一人!他们就是盗窃太平公主珍宝的贼人。"又对捕役头头说:"再派几个人将新坟掘开,太平公主的珍宝尽在坟内!"

捕役们立刻一一照办。十几个胡人被捕获后,对所窃珍宝之事供认不讳。挖开新坟,太平公主的珍宝果然全在坟中。

武则天重赏了苏无名,又向他请教破案之法。苏无名回话道:"臣在来都城时曾与十几个胡人在东门不期而遇,当时看见他们抬着一口棺材出葬,神色有异,就怀疑他们不是好人,棺材内装的可能不是死人。后来听说公主丢失了珍宝,捕役们四处搜寻也找不到踪影,臣立刻想到了这伙歹人身上,只是不知道他们把棺材抬到哪里下葬去了。清明时节,照例应该出城祭奠,臣估计这伙歹人肯定会出城,于是派捕役在东门等候。歹人们哭得不悲伤,这证明坟内埋的不是人;歹人们围着坟转,并且发笑,证明珍宝还在坟内。臣请求陛下宽限破案时间,这是为了麻痹他们,否则,他们狗急跳墙,挖开坟墓,取出珍宝,逃之夭夭,这案件就不好侦破了。"

郭子仪大智大勇联回纥

唐代宗宝应二年(公元763年),西北边疆少数民族吐蕃纠集回纥等其他民族共二十多万人气势汹汹地杀入大震关,一度攻入京都长安。唐代宗命长子李适为元帅驻守关内,命老将郭子仪为副元帅,率兵赴咸阳抵御。

郭子仪在平定安史之乱时与回纥建立了友好关系,他勇敢善战,身先士卒,回纥人十分钦佩,都称他为"郭公"。郭子仪决定利用这种关系拆散回纥与吐蕃的联

盟，把回纥拉到自己这边，共同对付吐蕃。为此，郭子仪派部将李光瓒去"拜访"回纥头领药葛罗。

药葛罗得知郭子仪来了，大为惊异，因为他在出兵前就听说郭子仪和唐代宗已经死了，于是提出要见见郭子仪。

李光瓒回到军营，将药葛罗的话转告给郭子仪，郭子仪立即决定到回纥军营去亲自跟药葛罗"叙叙旧"。郭子仪的儿子和众将领纷纷劝说郭子仪不能去冒险，又说："即使去，最少也要带五百精兵作护卫，以防万一。"

郭子仪笑道："以我们现在的兵力，绝不是吐蕃和回纥的对手；如果能说服回纥退兵，或者，说服回纥与我们结盟，那就能打败吐蕃。冒这个险，我看值得！"说罢，只带领几名骑兵向回纥军营进发，同时派人先去回纥军营报信。

药葛罗及回纥将领听说郭子仪来了，都大惊失色。药葛罗唯恐有诈，命令摆开阵势，他本人弯弓搭箭立于阵前，时刻准备开战。郭子仪远远望见，索性脱下盔甲，将枪、剑放在地上，独自打马走上前。药葛罗见来者果然是郭子仪，立即召唤众将跪迎郭子仪入营。郭子仪见状，慌忙下马，将药葛罗及众将搀起，携手进入军营。

郭子仪对药葛罗说："回纥曾为大唐平定安史之乱出过不少力，唐王也待回纥不薄，这一次为什么反要来攻打大唐呢？"药葛罗羞愧地说："郭公在上，我们回纥人不说假话，这一次出兵实在是被大唐叛将仆固怀恩骗来的。仆固怀恩说郭公和代宗都已不在人世，如今郭公就在眼前，我们马上退兵！"

郭子仪说："我们大唐兵多将广，像安禄山、史思明这样的叛乱都能被平定下去，吐蕃与安、史相比尚且不如，哪里会是大唐的对手！如果回纥能与大唐联手，共同打败吐蕃，代宗皇帝一定会感谢你们的。"

药葛罗激动地说："我们回纥听郭公的！就这么办！"说罢，命令士兵取酒来，与郭子仪盟誓，郭子仪连连拱手致谢。

回纥人十分讲信义，盟誓之后，立即调兵遣将，向吐蕃发起攻击；郭子仪也倾全军精锐同时向吐蕃发起进攻。吐蕃大败，损兵折将数万，仓皇逃命而去。

郭子仪大智大勇，未费一刀一枪，将"劲敌"回纥"转化"为朋友，又借助回纥人的力量打败了吐蕃，捍卫了大唐的疆域。

周文王访贤

　　商朝的末代国王纣,是个荒淫无耻、惨无人道的暴君。周国的周文王姬昌看到纣王的昏庸腐败,决心讨伐商朝,取而代之。为此,他一方面亲自率领老百姓在田间耕作,努力发展农业生产;一方面广泛访求各方面的人才,常常忙得连吃饭的工夫也没有。当时许多有名的志士仁人,都被他招纳来了,连商朝的一些文臣武将也不断跑来投奔他。但周文王感到还缺少一位既有雄才大略,又善于运筹帷幄的军事统帅,他就经常外出访求。

　　有一天,他以打猎为名,又到民间访贤。在渭水河边,他看见一个鹤发童颜、目光炯炯的老渔翁,坐在一块大石头上钓鱼,任凭马嘶人叫,丝毫不受惊扰。周文王跳下车来,拱手走到老渔翁面前,诚恳地和他攀谈起来,并向他请教对天下大势的看法。老渔翁从容不迫,口若悬河,从政治到军事,见解精辟,分析透彻。周文王喜出望外,把这位老渔翁请回,尊称为"太公望"。传说"太公望"姓姜,名尚,字子牙。他的祖先也是东方的贵族,但到他这一辈已经没落了,穷得吃了上顿没下顿。但他勤学好问,到处借书抄书,刻苦攻读,特别是对于军事学,他钻研得更加精深,造诣很深。但在暗无天日的商朝,他报效无门,直到七八十岁,仍不为人知。后来,他听说周文王访求人才,准备伐商,就从东方来到渭水之滨,并在周文王常打猎的地方钓鱼,一心等待周文王的来临,他一连钓了三天,竟没有一条鱼上钩。气得他把衣服脱了,帽子也扔了。有个农民对他说:"要把钓线换成细一点儿、长一点儿的,鱼饵换成香一点儿的,下钩时手脚再轻一点儿,耐住性,沉住气,这样,鱼就上钩了。"姜子牙照办了,很快钓住了大鱼,还从中悟出了一个道理:同钓鱼一样,要想推翻商朝的残暴统治,就要力戒急躁情绪,一切要从长计议,悄悄地做好准备。只有这样,才能钓住商纣王这条"大鱼"。

　　周文王请到姜子牙后,立即拜为军师。他们一面整顿内政,鼓励生产,训练兵马;一面对周围的小国恩威并施,团结、争取。结果,使芮、虞等一些小国归附了周国,西边的犬戎和密须被征服了,这就为大军东进解除了后顾之忧。随后,他们便东渡黄河,吞并了邘、黎、崇等商朝的附属国,为进军商都朝歌(今河南淇县)扫清了障碍。

正当他们准备向朝歌挺进时，周文王不幸病逝。姜子牙继续辅佐文王的儿子武王，统率浩浩荡荡的大军，在离朝歌七十里的牧野，与商军进行了决战。商纣王大败后在鹿台自焚身亡。从此周朝取代了商朝。周武王封姜子牙为齐侯，姜子牙就成了春秋战国时期齐国的始祖。

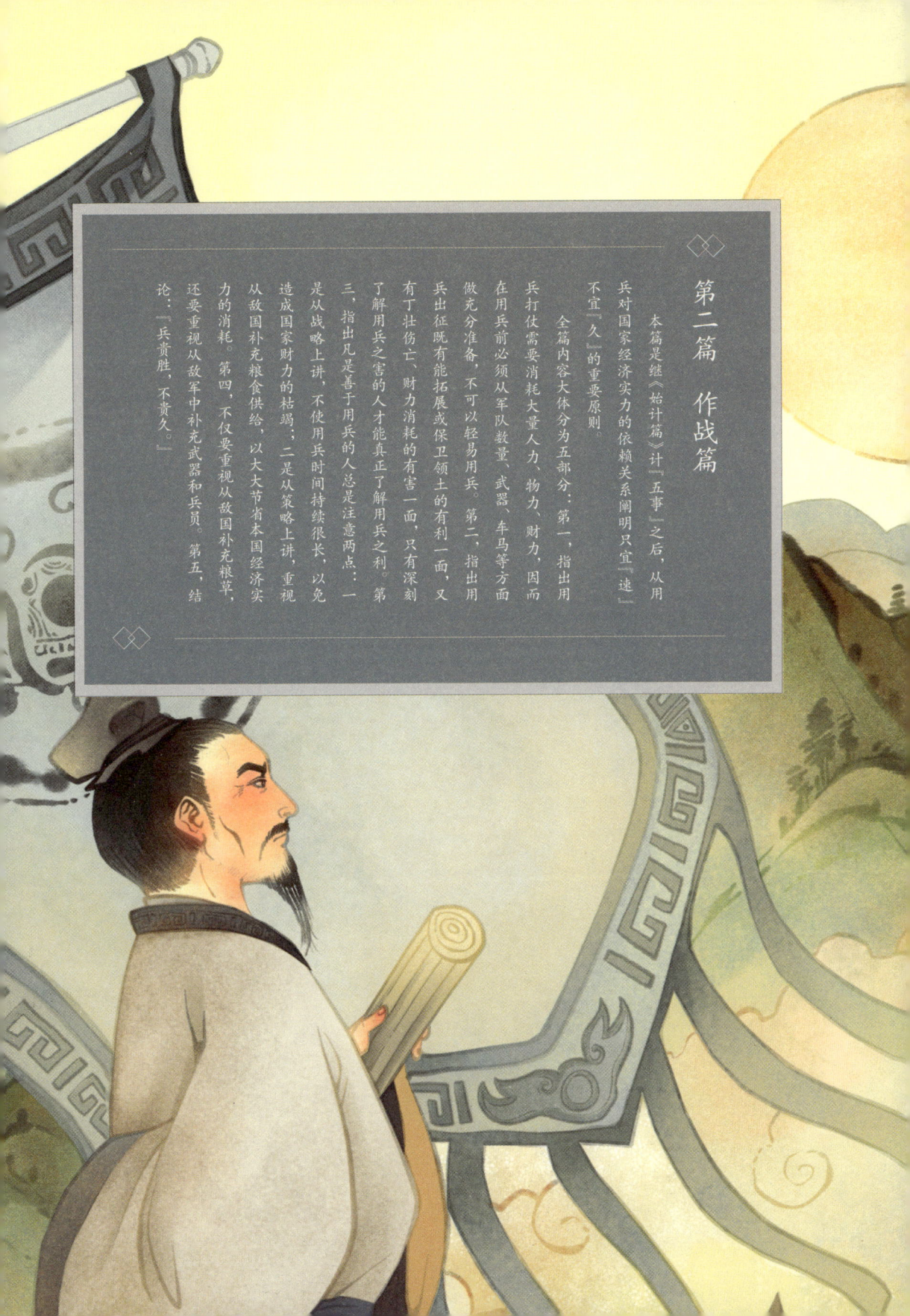

第二篇 作战篇

本篇是继《始计篇》计"五事"之后,从用兵对国家经济实力的依赖关系阐明只宜"速"不宜"久"的重要原则。

全篇内容大体分为五部分:第一,指出用兵打仗前必须从军队数量、武器、车马等方面做充分准备,不可以轻易用兵。第二,指出用兵出征既有能拓展或保卫领土的有利一面,又有丁壮伤亡、财力消耗的有害一面,只有深刻了解用兵之害的人才能真正了解用兵之利。第三,指出凡是善于用兵的人总是注意两点:一是从战略上讲,不使用兵时间持续很长,以免造成国家财力的枯竭;二是从策略上讲,重视从敌国补充粮食供给,以大大节省本国经济实力的消耗。第四,不仅要重视从敌军中补充武器和兵员,还要重视从敌国补充粮草。第五,结论:"兵贵胜,不贵久。"

兵贵胜　不贵久

孙子曰：凡用兵之法①，驰车千驷②，革车千乘③，带甲④十万，千里馈粮，则内外之费，宾客之用，胶漆之材，车甲之奉，日费千金，然后十万之师举矣。

其用战也胜，久则钝兵挫锐。攻城则力屈⑤，久暴师则国用不足⑥。夫钝兵挫锐，屈力殚货⑦，则诸侯乘其弊而起，虽有智者，不能善其后矣。故兵闻拙速，未睹巧之久也。夫兵久而国利者，未之有也。故不尽知用兵之害者，则不能尽知用兵之利也。

善用兵者，役不再籍⑧，粮不三载⑨。取用于国，因粮于敌，故军食可足也。国之贫于师者远输，远输则百姓贫；近于师者贵卖，贵卖则百姓财竭，财竭则急于丘役。力屈、财殚，中原内虚于家。百姓之费，十去其七；公家之费，破车罢马，甲胄矢弩⑩，戟楯蔽橹⑪，丘牛大车，十去其六。

故智将务食于敌。食敌一钟，当吾二十钟；萁秆一石，当吾二十石。

故杀敌者，怒也；取敌之利者，货也。故车战，得车十乘已上，赏其先得者，而更其旌旗⑫，车杂而乘之⑬，卒善而

孙子兵法解析　第二篇 作战篇

22

养之，是谓胜敌而益强。

故兵贵胜，不贵久。故知兵之将⑭，生民之司命，国家安危之主也。

注 释

①用兵之法：法，规律、特点。

②驰车千驷（sì）：战车千辆。驰，奔、驱的意思，驰车即快速轻便的战车。驷，原指一车套四马，这里作量词，千驷即千辆战车。

③革车千乘：用于运载粮草和军需物资的辎重车千辆。革车，是古代重型兵车，主要用于运载粮秣、军械等军需物资。乘，辆。

④带甲：穿戴盔甲的士兵，此处泛指军队。

⑤力屈：力量耗尽。屈，竭尽、穷尽。

⑥久暴师则国用不足：长久陈师于外就会给国家经济造成困难。暴，显露，暴露。国用，国家财政供给。

⑦屈力殚（dān）货：殚，枯竭、竭尽、耗尽。货，财货，人力，物力，意即人力、物力被耗尽。

⑧役不再籍：役，兵役。籍，本义为名册，此处用作动词，即按名册征发。此句意为不会多次按照名册征发兵役。

⑨粮不三载：三，多次。载，运送。此句意为不多次从本国运送军粮。

⑩甲胄矢弩：甲，护身铠甲。胄，头盔。矢，箭。弩，弩机，一种依靠机械力量射箭的弓。

⑪戟楯（dùn）蔽橹：戟，古代戈、矛功能合一的兵器。楯，同"盾"，盾牌，用于作战时防身。橹，用于攻城的大盾牌。

⑫更其旌旗：更，更换。此句意为在缴获的敌方车辆上更换上我军的旗帜。

⑬车杂而乘之：杂，交错编排。乘，驾、使用。意为将缴获的敌方战车和我方车辆交错编排使用。

⑭知兵之将：知，懂得、了解。此句指深刻理解用兵之法的优秀将帅。

译文

孙子说：凡兴师打仗的通常规律是，要动用轻型战车千辆，重型战车千辆，军队十万，同时还要越境千里运送军粮。前方后方的经费，款待列国使节的费用，维修器材的消耗，车辆兵甲的开销，每天耗资巨大，筹划好费用之后十万大军才能出动。

用这样大规模的军队作战，就要求速胜。旷日持久就会使军队疲惫，锐气受挫。攻打城池，会使得兵力耗竭；军队长期在外作战，会使国家财力发生困难。如果军队疲惫、锐气挫伤、实力耗尽、国家经济枯竭，那么诸侯列国就会乘此危机发兵进攻，那时候即使有足智多谋的人，也无法挽回危局了。所以，在军事上，只听说过指挥虽拙但求速胜的情况，而没有见过为讲究指挥工巧而追求旷日持久的现象。战争久拖不决而对国家有利的情形，从来不曾有过。所以不完全了解用兵弊端的人，也就无法真正理解用兵的益处。

善于用兵打仗的人，兵员不再次征集，粮草不多回运送。武器装备由国内提供，粮食给养在敌国补充，这样，军队的粮草供给就充足了。国家之所以因用兵而导致贫困，就是由于远道运输。军队远征，远道运输，就会使百姓陷于贫困。临近驻军的地区物价必定飞涨，物价飞涨，就会使得百姓之家资财枯竭。财产枯竭就必然导致加重赋役。力量耗尽，财富枯竭，国内便家家空虚。百姓的财产将会耗去十分之七；国家的财产，也会由于车辆的损坏，马匹的疲敝，盔甲、箭弩、戟盾、大橹的制作和补充以及丘牛大车的征调，而消耗掉十分之六。

所以，明智的将帅总是务求在敌国解决粮草的供给问题。消耗敌国的一盅粮食，等同于从本国运送二十盅。耗费敌国的一石草料，相当于从本国运送二十石。

要使军队英勇杀敌，就应激发士兵同仇敌忾的士气；要想夺取敌人的军需物资，就必须借助于物质奖励。所以，在车战中，凡是缴获战车十辆以上的，就奖赏最先夺得战车的人，并且换上我军的旗帜，混合编入自己的战车行列。对于敌俘，要优待和保证供给。这就是说愈是战胜敌人，自己也就愈是强大。

因此，用兵打仗贵在速战速决，而不宜旷日持久。懂得用兵之道的将帅，是民众生死的掌握者，是国家安危存亡的主宰。

◆◆ 名家点评 ◆◆

兵贵神速　以快制胜

孙子从"不尽知用兵之害者，则不能尽知用兵之利"这一朴素的辩证法思想，着重阐述了在进攻作战中速战速决的战略主张。他说："兵闻拙速，未睹巧之久也。"这话的意思是说，指挥虽拙而求速胜，决不为稳妥而旷日持久。孙子参加的吴军破楚入郢之战，就是这一战略思想绝好的说明。当时如果楚军封锁楚国北部的三关要塞，前后夹击，吴军将处于十分被动的地位。战争由于其偶然性和不确定性的程度较大，因此，总是带有一定程度的冒险性。所以，在当时的条件下，孙子主张实行速战速决的战略是有其客观依据的，孙子主张速胜是无可非议的。无论古今中外，凡是对敌武装实行战略进攻的一方，无不主张速战速决，反对旷日持久。反之，实行战略防御的一方，都主张持久抗击而反对急于求胜。之所以如此，是由攻防双方战争的政治目的、经济条件和军事力量等基本条件决定的。

兵法解析

凡用兵之法，驰车千驷，革车千乘，带甲十万，千里馈粮，则内外之费，宾客之用，胶漆之材，车甲之奉，日费千金，然后十万之师举矣。

孙子说，根据用兵作战的原则，若动用轻型战车千辆，辎重车千辆，全副武装的士兵十万，并且还要越境千里，运送军粮的话，那么前方与后方的费用，款待使节、策士的开支，器械物资的供应，车辆兵甲的维修保养，每天都要耗资千金，然后十万大军才可出征。

"日费千金，然后十万之师举矣。"孙子在这里提出了战争对经济的依赖。进行战争，首先要筹划费用、粮草、车马、用具，然后才兴兵出征，这样才会有胜算的可能，所谓"兵马未动，粮草先行"，说的是同一道理。

孙子的"日费千金，然后十万之师举矣"的思想，深刻地揭示了战争对物质的依赖作用。因此，非不得已，不可兴兵作战。自古以来，穷兵黩武，往往导致民穷

财尽，引发内乱。隋朝时，隋炀帝曾三次派兵征讨高丽（今朝鲜）。隋炀帝在河南和江淮造兵车5万辆，送至河北高阳；又在东莱（今山东）海口造船300艘，征用民夫230万运送军粮。第一次进攻高丽，派兵100万，可战败逃回国的只剩2000余人，损失惨重。由于连续三年的征讨，国内土地荒芜，生产力严重破坏，各种矛盾激化，导致了农民大起义的爆发。这样的穷兵黩武，隋朝的覆灭也就难以避免了。

战争必然要大量耗费物力，所以孙子在《作战篇》中详细预算战费，恳切地提出劝勉：只有物资齐备，方可兴兵。

【古今实例】

《孙子兵法·作战篇》说："车杂而乘之，卒善而养之，是谓胜敌而益强。"意思是：对夺得的战车，要更换车上的旗帜，混合编入己方车队之中，对俘虏来的士卒，要给予善待和使用，这就是所说的战胜敌人，壮大自己。

孙子重视"以战养战"，不仅提倡"因粮于敌"，同时提倡"因兵于敌"。在春秋战国时代，斩杀俘虏成风的情况下，孙子能提出对"俘虏"善而养之的思想，无疑是一大进步。孙子的这种"卒善而养之"的思想，借鉴于人才开发中，可以理解为广招人才为我所用，以实现"胜敌而益强"的目标。

在实际工作中，领导者必须做到以诚待才，为人才创造良好的环境并广开求才的渠道，才能达到自己的企业中人才济济，才尽其用的目的。

伯乐推荐九方皋

伯乐是相马的好手。韩愈说："世有伯乐，然后有千里马。千里马常有，而伯乐不常有。"这说明了识别和发现人才的人的重要性。

伯乐年纪大了，秦穆公跟他商量说："你的子孙当中，有谁可以接替你的职务呢？"

伯乐深知自己子孙的才识不高，不赞成由他们接替自己的职务。于是，秦穆公又问："那么，让谁来接替你好呢？"

伯乐向秦穆公推荐了九方皋。他说:"九方皋是早些年和我一起挑柴担菜的小伙子,论相马的本领,不在我以下,请您能像信任我一样地信任他。"

秦穆公半信半疑地接见了九方皋。为了试一试他相马的本领,立即派他去选一匹天下最好的千里马。九方皋经过三个月的跋涉奔波,终于在沙丘发现了一匹好马。于是,九方皋向秦穆公报告说:"在沙丘找到了一匹好马,好像是一匹黄色的母马。"跟他同去相马的人一听,异口同声地纠正说:"他说错了,是一匹纯黑色的公马!"

秦穆公听了感到不快。他把伯乐找来,用带有几分责备的口吻说:"你所推荐的九方皋,连马的毛色和公母都搞不清,怎能分辨出马的优劣呢?"

伯乐喟然长叹说:"真的到了这种地步了吗?依我看,这恰恰是他比我高明千万倍的地方!九方皋相马,只着重于马的风骨、精神和品格,并没有把重点放在马的形体、公母和毛色上;只注意了他认为特别需要注意的方面,有意识地忽略或放弃了他认为无关紧要的方面。像他这种相法,才是最可贵、最高超的相马法啊!"

过了一段时间,九方皋相中的那匹马被送到了宫廷,虽然不是一匹黄色的母马,而是一匹黑色的公马,但果真是一匹千里良马。秦穆公对伯乐的慧眼识人和

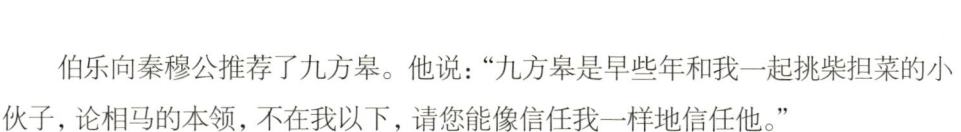

九方皋的慧眼识马，都很佩服，于是任命九方皋接替了伯乐的职务。

燕昭王高筑黄金台

筑黄金台，是燕昭王招募人才的一种手段。

战国时期，燕昭王收复了被齐国攻占的国土后，想要依靠众多人才，富国强兵。他向郭隗请教招募人才的方法。

郭隗没有正面回答，只是给他讲了一个高价买马骨的故事。古时候，有个国君打算花一千两黄金买一匹千里马，三年仍未买到。有个人自告奋勇地要为国君效劳。他找了三个月，才找到了一匹千里马。可惜他刚一赶到，那匹马就死了。他就花了五百两黄金，为国君买了这匹马的骨架。国君见后大怒，训斥说："我要买的是活马，谁让你买这没用的死马骨头？"那人向国君解释说："我这样做，是要让大家知道，国君肯花五百两黄金买千里马的骨头，那还愁没人把千里马给陛下送上门来吗？"果然，这消息一传开，不到一年，千里马就被送来了三匹。

燕昭王听后深有启发。郭隗说："您如果真想招贤纳士，不妨就先从我身上做起吧！让天下人都看到，像我这样不才的人都受到您如此的尊重，国内外的贤才就会自动地向您聚拢了。"于是，燕昭王立即给郭隗盖了富丽堂皇的房子，恭恭敬敬地拜他为师。还在易山筑了一座"黄金台"，里头堆满了黄澄澄的金子，专门用来招贤纳士。这样，燕昭王爱贤招贤的名声就传开了。许多有才干的人，纷纷来投奔燕国。如乐毅从魏国来，邹衍从齐国来，剧辛从赵国来，屈庸从卫国来，苏代从洛阳来，出现了"士争凑燕"的局面。有首唐诗曾写道："燕昭北筑黄金台，四面豪杰乘风来。"不久，燕国日渐强大，成为战国七雄之一。

曹操三下求贤令

三国之主各能用人，而曹操的用人思想与方略高人一筹，成为三国时代人才思想的集大成者。他当政以后，在用人问题上除旧布新，力图扭转迂腐旧俗。

曹操非常渴求贤才。他在《短歌行》一诗中写道："月明星稀，乌鹊南飞；绕树三匝，何枝可依？山不厌高，水不厌深；周公吐哺，天下归心。"这首诗的意思是说，像月夜乌鹊在寻找可靠的归宿那样，当世的人才都在寻找依托；山越高越显得雄伟，海越深越显得浩瀚，贤才聚拢得越多，事业就越兴旺；昔日周公一听说有贤士来访，即使正在吃饭，也要把食物吐出来，立即接见，因而得到了天下人的衷心拥护。

曹操共发布多次求贤令，他明确指出："唯才是举，吾得而用之。"他鄙视和排斥世俗的、虚伪的"礼义"观念，提出要注意选拔那些"负污辱之名，见笑之行，或不仁不孝而有治国的用兵之术"的人才。

为使天下贤才归心，他草拟了第一个《求贤令》，《求贤令》说："天下尚未平定，目前正是迫切需要人才之时……天下还有没有穿着粗布短衣，却才能出众，像姜太公那样在渭水河边钓鱼的贤才呢？还有没像陈平那样蒙受着'盗嫂受金'的坏名声，却没有遇上魏无知那样保举他的谋士呢？各级官吏一定要努力发掘并向我推荐这种被埋没的人才，我一定根据他们的才能，恰当地任用他们。"

建安十九年，曹操下达了第二个求贤令——《敕有司取士毋废偏短令》，令中提出对于有某些缺点的贤能之士，同样要予以任用，并强调说："人有某些缺点，在所难免，能因此就不用他们吗？选官的人员如果明白了这一点，那么，有才之士被埋没的可能性就会大大减小了。"

又过了三年，曹操下达了第三个求贤令——《举贤勿拘品行令》，令中说："对那些确实英勇果敢，能够

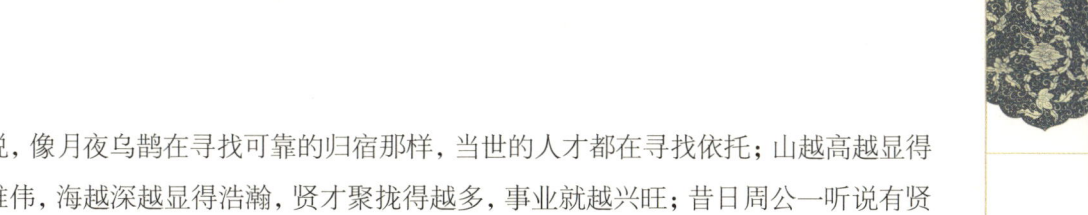

舍生忘死与敌人拼死战斗的人，对那些屈居下僚而本领高强，能够胜任将军、郡守职务的人，即使有过不光彩的名声，有过被人耻笑的行为，甚至不仁不孝而有治国用兵之术的人，各级官吏一定要把自己所知道的推荐上来，不得把他们遗漏了。"

三次求贤令的颁布，使曹操聚集了众多人才，形成了"猛将如云"的局面。

左光斗私访察贤才

实地查访，隐处求才，也是我国古代常见的一种招用贤才的办法。

左光斗是明朝万历、天启年间的重臣。他为人方正清廉，刚直不阿。有一年，他在京城一带视察学务，为了能给国家选拔真正的贤才，在大考前，他带人四处查访。一个深冬之夜，风雪交加，天寒地冻。左光斗带着一队人马到京郊私行察访，途中遇到一座古庙，见一年轻人伏在一张破旧的书桌上睡着了。左光斗拿起书桌上墨迹未干的文稿，不禁被文中忧国忧民、振兴华夏的情感所吸引，深感这位年轻人非同凡响。经向庙里的和尚打听，这位年轻人叫史可法，从家乡进京赶考，因贫穷住不起客店，只好在庙内栖身用功，准备应试。不久，考试开始了，史可法的考卷呈上后，左光斗亲自审阅，最后荣获了第一名。考试结束，他把史可法邀至家中做客，并向夫人称赞说："我们的几个孩子都是庸碌之辈，将来能继承我的志向的，只有这个学生了！"

史可法历任西安府推官、户部主事、右参议、右佥都御史等职，清廉方正，干练精明，政绩显著。后来，清兵入关南下时，史可法坚持抵抗。在督师扬州时，率领军民坚守七天七夜，终因寡不敌众，城陷被俘，英勇就义，表现出崇高的民族气节。

李愬善待降将克蔡州

唐宪宗元和九年（814年），彰义（彰义、淮宁，均属淮西道，治所在蔡州）节度使吴少阳去世，他的儿子吴元济隐匿父丧不报，对外谎称父亲得病，由他自己统领军务。随后，吴元济以蔡州为据点，在淮西烧杀抢掠，公然反叛。唐宪宗派人安抚不成，只得调遣各路兵马前往讨伐。平叛战争持续两年多，屡遭失败。长期的战乱给人民带来了灾难。为了尽快结束战事，李愬主动给唐宪宗上书，请求领兵讨伐吴元济。

李愬是唐朝著名大将李晟的儿子，青年时代即受朝廷的重用，历任多种官职，政绩卓著。当时新任宰相裴度也认为李愬有军事才能，可以重用。唐宪宗遂命李愬为随、唐、邓三州节度使，负责指挥西路官军。

元和十二年（公元817年）正月，李愬到达淮西前线的唐州（今河南泌阳）。他看到官军将士普遍惧战，士气低落，因而决定暂时不主动出击。他首先慰问将士，抚恤伤病人员，让部队战士休养生息。淮西叛军由于连败官军，滋生轻敌情绪，又见新任的统帅李愬并不采取军事行动，因而不做任何准备。西线官军经过几个月的整顿，已经可以作战了，李愬便着手进攻蔡州。考虑到兵力不足，他便采取"以敌制敌"的斗争策略，削弱叛军实力，增强自身力量，最后消灭叛军。一天李愬部将马少良在巡逻时与叛军丁士良相遇，展开一场恶战。最后丁士良战得精疲力竭，被马少良生擒而归，丁士良随即被押到李愬跟前。李愬问他有何话说，丁士良镇定自若地说："大丈夫死则死耳，啰唆什么！"李愬叹道："好一个大丈夫！"即令部下给他松绑，并任他为将。于是，丁士良感激李愬再生之恩，甘愿以死相报。当时蔡州西面有一个重要的外围据点文城栅，由叛将吴秀琳驻守，唐军曾数攻不克。丁士良向李愬献策道："文城栅之所以难以攻破，都是因为有陈光洽在为吴秀琳出谋划策。公若许可，我就设法去把陈光洽捉来。"李愬欣然表示赞同。丁士良果然捉获了陈光洽。吴秀琳由于失去陈光洽为他谋划，没多久就献出文城栅，率部投降，李愬重用他为衙将。吴秀琳属下有一员干将，名叫李宪，颇有才勇，李愬替他更名为李忠义，然后让他在身边做事。李愬又命人把文城栅降将的家属全部迁到唐州保护起来。由于连续取得胜利，官军士气重新振奋起来。叛军见形势不利，纷纷投降。李愬让他们去留自便，对于家有父母的，还特别发给衣帛路费。不少降卒感激不已，愿意留下为李愬打仗。李愬每得降卒，必定亲切接待，多方询问，因而叛军中地形险易、兵力虚实无不知晓。

李愬开始谋取蔡州叛将，吴秀琳献策道："兴桥栅（在文城栅以东）守将李祐是吴元济的健将，骁勇善战，公欲取蔡，非先取李祐不可！"一日，探马飞报，说是李祐率领士卒在张柴村割麦。李愬设下三百伏兵，活捉了李祐。由于李祐在以往

的战斗中杀死不少西路官军，众将都非常恨他，纷纷要求把他杀死。李愬连忙退众将，亲自为李祐松绑，待为上宾。李祐见李愬如此优待降将，愿弃暗投明，与李愬一起筹划攻取蔡州。由于诸将对李愬把人人切齿痛恨的降将待为上宾，并委以重任的做法，不理解，不服气。李愬只好派人将李祐押送朝廷处置。但他事先上了一道密表，详细地阐述了自己的意图，并且说："李祐是讨伐吴元济不可缺少的将才，如若杀了他，平定蔡州恐怕难以成功。"唐宪宗甚为赞赏李愬善待降将的做法，下诏赦免了李祐，让他返回到李愬军中。李愬随即任命李祐为散兵马使，令其佩刀，可自由出入李愬营帐。经过这一番波折，李祐愈加感激朝廷的信任，不断为李愬出谋献策。其他降将见此，更加愿意拼死效力。没多久，李愬用李祐的计策，雪夜攻破蔡州，迫降吴元济。

慕容廆军智胜敌

晋元帝太兴二年（319年）十二月，平州刺史崔毖，自以为是中原望族出身，镇守辽东，本该众望所归；而文士百姓却多数归附割据辽东的鲜卑族首领慕容廆，因此崔毖心里很不服气。几次派人招集流亡的士民，大家都不肯来，崔毖便料定他们是被慕容廆拘留下了。于是，崔毖就秘密游说高句丽王国、辽西段家部落及宇文部落，联合攻击慕容廆，并约定消灭了慕容廆以后，瓜分其土地。崔毖手下有个渤海郡人名高瞻，从中极力加以劝阻，崔毖就是不听。

三方面联军集结兵力合围慕容廆所在的棘城，慕容廆的将领们请求出城迎战。慕容廆说："这三方联军受到崔毖的诱惑，都想乘机捞好处。况且联军刚刚集结，士气正旺，我们暂时不可迎战，应该固守城池，先挫败敌人的锐气。这些人不过是一群乌合之众，既没有一个最高统帅，自然没有人听别人的号令，久而久之，必定互相猜忌，发生叛离。一则怀疑我们与崔毖有意设圈套，将他们一举消灭；二则联军三方互相怀疑，并不卖力。等到他们军心离散，我们再出击，准可破敌。"

三方联军进攻棘城，慕容廆闭门坚守，派使节单独送牛肉美酒犒劳宇文部落。果然，高句丽军和段家军怀疑宇文部落与慕容廆有密谋，不愿吃亏，于是各自撤出了战斗。

善于用兵的人，总是避开敌人的锐气，等到敌人松懈疲惫了才去打它，这是掌握军队士气的方法；以自己的严整来对待敌人的混乱，以自己的镇静来对待敌人的哗恐，这是掌握军心的方法。即所谓"避其锐气，击其惰归""以治待乱，以静待哗"者。面对强大的"三国四方"联军的进攻，慕容廆沉着镇定，力排众议，采取攻心之术，乱敌阵脚，求得以弱胜强之壮举。为此，慕容廆故意犒劳宇文氏部落军，造成宇文部落与自己有密谋的假象，致使三国联盟破裂，未战已先挫敌锋芒，分敌兵势。

重赏求勇夫刘秀昆阳大捷

东汉创业主刘秀，就凭着一场"昆阳之战"，为自己的江山打下了第一个最重要的基础；而昆阳之战之所以胜利，就是因为刘秀能重赏求勇夫。新朝皇帝王莽上台后，一阵动荡，天下大乱，各地好汉纷纷起事，王莽派兵四处镇压。有一天，新莽大将王邑率领四十万大军打到了昆阳。当时昆阳兵力不足一万，由于实力悬殊，大伙儿计议了半天，决定派刘秀突围到外面找救兵。

刘秀突围后，好不容易收集了几千兵马，但大家一听到要到昆阳对战王邑四十万大军时，各个脸色苍白，生怕丧命享用不到抢来的财宝，没人肯应，刘秀便婉言相劝：

"敌人身上就有真正大财宝，只要把他们打败了，要什么没有？反之，若是失败了，命没了，大家守着身上的小钱小财，又有何用？"

大伙儿一听有理，把原先抢来的财宝全扔了，笃定跟着刘秀去救昆阳。

在强大的利益诱惑下，人人奋勇，各个争先，最后居然打败了王邑，救了昆阳。

乘虚用兵汉败楚

自从项羽自称西楚霸王，建都彭城（今江苏徐州）以后，刘邦在汉中积极准备攻打项羽。公元前205年四月，刘邦乘项羽出兵山东之机，占领了彭城。项羽得知后，立即回击刘邦，把汉军打得大败。刘邦带了几十人突围后，退到荥阳（今河

南荥阳）、成皋（今河南氾水西北）一带，组织防御。他聚集残军，阻滞了楚军的追击，自此展开了楚汉成皋之战。

楚汉两军相持于成皋、荥阳一线正面战场后，拥有优势兵力的项羽不断向汉军发动进攻。刘邦一面坚持防御，一面积极地展开一系列军事和外交活动，争取促成有利于决战的局面。在左翼，刘邦派韩信率兵出击，攻打归附楚军的魏、赵、燕、齐等国；刘邦又运用政治手段，使项羽的宿将英布背楚归汉，成了汉军有力的右翼；他又将活动在楚军后方的彭越部队，作为汉军的"游兵"，威胁项羽的心脏地区；刘邦还用计策离间了项羽和他的谋士范增的关系，使项羽失去了有力助手。公元前203年六月，项羽攻陷荥阳，进围成皋，刘邦为了避免不利条件的决战，就放弃了成皋。一面征兵，一面派人破坏楚军的粮道，坚守不战，等候战机。

经过两年多的相持，到公元前203年十月，侧翼的韩信攻下齐国都城，齐国向楚求援，项羽派了大将率兵二十万援助，结果被韩信歼灭。同时，活动在楚军后方的彭越部队打下了十七座城池，切断了楚军由彭城到成皋的一切供应联系。这时，楚军在战略上已经完全陷入被动。

为了打通粮道，项羽被迫亲自率兵攻打彭越，而把成皋一线交给曹咎，要曹咎坚守成皋，切勿出战。这时，刘邦认为决战时机已经成熟，便积极策划转入反攻。刘邦利用曹咎性情暴躁、军事素养不高的缺点，令汉军连日在楚军外挑战、辱骂。曹咎在盛怒之下率军横渡氾水，攻击汉军。当楚军刚渡河一半时，汉军发动猛烈反攻，将楚军击溃，又乘胜追击，夺回了成皋。项羽得知后，回军营救，但已难以挽回危局。

成皋之战后，战争的优势和主动权完全落在汉军手里，为汉军在楚汉战争取得全胜创造了有利条件。

楚汉成皋之战，刘邦在战争全局上就是采取釜底抽薪的作战方针，使强大的楚军陷于多面作战的困境，失去战争的主动权。

明英宗授权失控成战俘

公元1449年秋天，重新统一了蒙古各部落的瓦剌部落入侵明朝的北部边境。消息传入京都，明英宗朱祁镇慌忙召来最受宠信的太监王振入宫商议。

明英宗自九岁开始当皇上，凡事都依赖王振，时年已二十三岁，事事还都离不开王振，大权已落入王振手中。

王振见明英宗一筹莫展，不由放声大笑，道："区区几个瓦剌兵何足挂齿！只要皇上亲自出征，管保瓦剌军望风而逃。"

明英宗对王振百依百顺，见王振说得这么轻巧，也认为出师必捷，马上表示同意。文武大臣听说皇上要亲自出征，纷纷跪倒在皇宫午门外恳求英宗收回成命。明英宗只听信王振一人之言，竟下令将劝谏的大臣治罪，自此再无人敢上朝劝谏。

王振从全国各地紧急调集了五十万人马，出居庸关向西进发。由于仓促行事，将士们连必备服装都没有准备。进入山区后，山路崎岖，又逢秋雨连绵，将士们又累又冷，叫苦不堪。瓦剌军见英宗亲征，采取了诱敌深入的方针。明英宗一切都听王振的，王振不懂行军作战之事，还以为瓦剌军畏怯惧战，竟趾高气扬地说："御驾亲征，战无不胜，攻无不克，瓦剌军果然害怕了！"

明英宗率大军长驱直入，后勤供应不足，许多士兵病死、饿死，士气低落到极点。瓦剌军首领也先觉得时机已到，在深山峡谷中设下埋伏，待明军的先锋部队进入埋伏圈后，突然发起攻击，将先锋队伍一举歼灭。西宁侯朱英和武进伯朱冕急忙赶去增援，也遭到全军覆灭的厄运。消息传到王振耳中，王振急忙命令部队后退。不料，瓦剌军首领也先率二万铁骑越过长城在宣府（河北宣化）追上明军。王振慌忙派成国公朱勇迎战，朱勇不敌瓦剌军，本人战死，三万兵马被也先全歼。

明军退到距怀来县城二十余里的土木堡时，王振发现自己从大同搜刮来的一千多车财物没有到达，遂下令在土木堡扎下营寨，等候他的财物。也先马不停蹄地追赶上来，于第二天拂晓向明军发起攻击，明军都指挥使郭懋等人拼死抵挡，付出了重大伤亡的代价，才勉强遏制住瓦剌军的冲击。

也先见硬攻不下，佯作退却，提出与明军讲和。王振大喜过望，接受了也先的讲和条件。由于瓦剌军控制了水源，明军几十万军队的饮水成了大问题，讲和

之后，王振下令把军队移向河边扎营，明军几十万军队，人人争先向河边跑去。也先见明军阵势大乱，出动铁骑，从四面向明军发起猛攻，土木堡前顿时变成一片血海。

护卫将军樊忠眼见明军败局已定，怒发冲冠，大吼一声："我为天下诛此贼！"一锤把王振击毙，明英宗长叹一声，坐在草地上，束手就擒。

土木堡一战，明军数十万军队毁于一旦，明英宗及数十名文武大臣成为瓦剌军的俘虏。

李广智勇败匈奴

汉文帝死后，汉景帝（公元前157年～公元前141年在位）继位。这时，李广做了陇西郡（治所在今甘肃临洮南）都尉，不久又升任骑郎将。

汉景帝继续实行汉文帝时期的基本政策，采用了著名政论家晁错"削藩"的建议，进一步削夺诸侯王国的土地，并逐步收归中央直接统辖，以削弱地方割据势力，加强中央集权。汉高祖的侄子吴王刘濞，早就"积金钱、修兵革"，招降纳叛，蓄谋夺取中央政权。汉文帝为防止吴王刘濞叛乱，曾把自己的次子刘武封在梁国（即梁孝王），作为屏障。

景帝三年（前154年），刘濞因反对"削藩"，便联合楚、赵等七个诸侯王，打着"诛晁错、清君侧"的旗号，发动武装叛乱，并首先进攻梁国的棘壁（在今河南睢县），杀死数万人。梁孝王被迫坚守睢阳（在今河南商兵南），抗拒吴楚叛军，不使西进。当时，汉景帝既要平定叛乱，又要削弱梁国势力。他派太尉周亚夫率领大军前去讨伐时，接受了周亚夫提出的"以梁委（放弃给）吴，绝其食道"的战略，所以周亚夫不是直接援救睢阳，而是进驻梁国东北部的昌邑（在今山东巨野东南），并采取防御战术，坚守不出。梁孝王多次向周亚夫呼救，吴楚叛军也多次向周亚夫挑战，周亚夫坚守如故，同时却派轻骑兵在淮泗口（在今江苏淮阴西）断绝吴楚叛军的粮道。吴楚叛军粮草短缺，欲战不能，相持三个月，便被迫退却。周亚夫乘机指挥大军，奋起追击，一举击溃叛军。由于"七国之乱"不得人心，所以很快就被平定了。

在昌邑之战时，李广正在周亚夫手下做骁骑都尉，他英勇作战，夺得了叛军的

旗帜，再立战功。从此，李广开始闻名于世。当时，汉景帝的弟弟梁孝王为了表彰李广的战功，特意授给他将军的勋衔和印信，李广接受了。但是，李广身为西汉朝廷的命官，竟私自接受一个诸侯王的封赏，这是汉朝法令所不允许的。所以，回到长安以后，李广没有得到汉朝的封赏。不久，便被调出长安，到上谷郡（治所在今河北怀来东南）担任太守。

上谷郡位于汉朝北部，与匈奴相毗连。那里经常是战云密布，狼烟滚滚。匈奴和李广几乎三天两头打仗。李广每次都亲临战阵，经受了许多凶险。当时有个名叫公孙昆邪的人，很为李广的安全担心。有一天，公孙昆邪跑到汉景帝面前，哭哭啼啼地对汉景帝说："李广才气非凡，天下无双；但是，他自恃武艺高强，屡次跟匈奴交战，死打硬拼，要决一雌雄。我真担心会损失了这员勇将！"于是，汉景帝又把李广调到上郡（治所在今陕西榆林东南），继续担任太守。

跟上谷郡相比，上郡离京师长安要近得多。但是，上郡也是汉朝和匈奴经常发生战争的地区。李广到上郡以后，就跟匈奴大队骑兵发生了一次意外的遭遇。

有一次，匈奴骑兵大举进攻上郡。汉景帝把一个亲信宦官派到上郡，去跟李广参加军事训练，准备抗击匈奴。

一天，那位宦官率领几十名骑兵，离开大营向北驰骋。路上发现三个匈奴人，宦官自以为人多势众，便跟他们交战。三个匈奴人毫不畏惧，沉着回射。几十名骑兵纷纷中箭伤亡，宦官也险些丧命。

宦官带着箭伤，狼狈逃回，急急忙忙地跑到李广那里，报告事情的经过。李广一听，就断定那三个匈奴人是射雕的能手，于是翻身上马，带着一百多名骑兵前去追赶。李广一行快马加鞭，一口气儿追了几十里，只见那三个匈奴人连马都没有骑，正不慌不忙地走着。李广一面命令骑兵从左右两翼包抄过去，一面盘马弯弓，连发几箭，两个匈奴人应声倒地，另一个也被活捉了。

李广刚把这位射雕的能手绑在马上，突然发现前面尘土飞扬，原来是匈奴的大队骑兵，有好几千人。这时，匈奴骑兵也发现了李广。他们见李广一行人数不多，便疑心是汉朝的诱兵。于是，迅速占据了附近的一个山坡，摆开阵势，观察李广一行的动静。

李广的一百多名骑兵见大敌当前，神色紧张。他们都想掉转马头，赶快撤退。在这万分危急的关头，李广沉着镇定。他冷静地分析了形势，认为自己已经远离大营几十里，身边又只有一百多名骑兵，要是仓皇撤退，匈奴大队骑兵就会乘机追杀过来，这一百多人就会全部丧命。唯一的办法就是坚持下去采用指桑骂槐的计谋，利用匈奴的错觉，让匈奴相信这一百多人确实是诱兵。这样，匈奴就不敢发动进攻。

于是，李广把这个道理告诉士兵，并命令他们继续前进。当他们走到离匈奴阵地只有二里来地的时候，这才停下来。接着，李广又命令他们都下了马，并卸下马鞍。

这样，一边是兵力占着绝对优势、严阵以待的几千匈奴铁骑；一边是下马解鞍、放松戒备的一百多个汉朝骑兵；两军相距只有二里地。李广的部下更加紧张，纷纷议论说："匈奴骑兵这样多，离我们又这样近，万一发生紧急情况，怎么办？"李广回答说："匈奴以为我们会撤退，我们却偏偏卸下马鞍，叫他们知道我们绝不后退一步。这样就会加深他们的错觉。"

果然，兵强马壮、英勇善战的匈奴骑兵，因为错把李广等人当成了诱兵，害怕中汉军的埋伏，不敢进攻；李广也巧妙地利用匈奴的错觉，冒险坚守自己的阵地。双方相持良久，气氛十分紧张。战场上鸦雀无声，寂静异常。

过了一会儿，一个骑着白马的匈奴头目到阵前监护匈奴骑兵，李广见了，立即跨上战马，带领十几名骑兵，冲上前去，射杀了那位"白马将军"。然后又从从容容地回到原地，解下马鞍，让大家把马放了，横七竖八地躺在地上休息。

这时，天色渐晚，夜幕徐徐降临。匈奴骑兵对李广一行的举动始终觉得神秘莫测，一直没敢贸然进攻。到午夜时分，他们唯恐受到汉朝伏军的袭击，便趁着夜色全部退走了。

第二天凌晨，李广见对面山坡上静悄悄的，一个人也没有，这才带着那一百多名骑兵平安地返回大营。这时，汉营里的大军还不知道李广到哪儿去了呢！而跟着李广的那些骑兵却捏了一把冷汗，他们好不容易才熬过了那漫长、紧张而又可怕的一天一夜啊！

这段巧计退敌的故事，充分表现了李广临危不惧、指挥若定和随机应变的军事才能。在匈奴稳操胜券、汉军危在旦夕的不利情况下，李广不仅看到了匈奴骑兵在兵力上的优势，而且准确地掌握了匈奴骑兵的心理变化，并靠着自己的正确指挥和布置，运用指桑骂槐的计谋迷惑了对方，保存了自己的兵力，不费一兵一卒，就顺利地渡过了危难关头。

此后，李广又先后在陕西、北地、雁门（治所在今山西右玉南）、代郡（治所在今河北蔚县东北）、云中（治所在今内蒙古托克托东北）等郡担任太守。在长期驻守汉朝边郡期间，李广都以力战闻名。

度尚奇兵息贼乱

度尚是汉桓帝时的荆州刺史，胆识过人。当时，湖南长沙、零陵一带，盗贼蜂起，尤以卜阳、潘鸿二贼为烈。度尚奉命进剿，三战三捷，卜阳、潘鸿二人被迫退入深山，凭险顽抗。度尚意图乘胜进剿，一举平息贼乱，但官兵们的口袋中已装满了金银珠宝，人人不思再战，各个渴望回师。度尚见状，心生一计，道："卜、潘二贼非等闲之辈，现已退入谷中，凭险固守。我军连连征战，已疲劳不堪，不便轻进。如今，我正在调集各路兵马来增援，待援兵到达后，合兵一处，一举破贼。援兵到来之前，弟兄们可以多多休息，养精蓄锐；也可以习武练功、上山打猎。"命令一下，各营官兵无不欢天喜地。开始几天，官兵们还是有所约束；几天之后，上山的上山，打猎的打猎，白天几乎倾营出动，晚上则又吃又喝，闹得不亦乐乎。

一天，度尚趁军营中无人之机，暗派亲信人员潜入各军营中，将几座营盘一把火烧光。到了傍晚，外出行猎的官兵们陆续归来，见军营和私囊中的金银珠宝全部化为灰烬，不由得连连叫苦，又恼又恨。度尚趁机对官兵们说："卜、潘二贼着实可恶！不杀不足以平我等心头之愤！卜、潘二贼所居之处，金银珠宝堆积如山，大家奋力剿杀二贼，今日的损失，明日补回，大家意见如何？"

官兵们无端遭受了这么大的损失，哪里还有不愿意的？

第二天，度尚出奇兵飞抵卜、潘二贼的山寨，卜阳、潘鸿只道是官兵还在吃喝、行猎，没有丝毫的防备，被官兵一阵猛杀猛砍，四散逃走，卜阳和潘鸿两人则被杀死在混战之中。

荆州的盗贼之乱从此平息。

曹操神速破乌桓

袁绍兵败官渡，呕血死去，他的两个儿子袁熙、袁尚投奔了乌桓的蹋顿单于，准备东山再起。曹操为巩固北部边疆，消灭蹋顿和二袁，于公元207年亲自远征乌桓，但是，由于人马多，粮草辎重多，行军速度大打折扣，走了一个多月才到达易城（今河北雄县西北）。

谋士郭嘉对曹操说："兵贵神速。只有迅速接近敌人，深入敌境，打敌人一个措手不及，才能取胜。像我们这样慢腾腾地往前走，敌人以逸待劳，又早早地做好了准备，怎能轻易地打败敌人呢？"

曹操接受了郭嘉的意见，亲率几千精兵，日夜兼程，在崎岖的山路中行军五百多里，突然在距蹋顿的老窝柳城仅一百里的白狼山，与蹋顿的几万名骑兵相遇。

蹋顿的骑兵没有料到会在自家门口与敌人相遇，显得茫然失措；曹操等人见敌我如此悬殊，知道只能拼死一战，或许还有活路，因此人人拼死战斗，无不以一当十。战斗空前残酷，曹操的几千人马死伤大半，而蹋顿及其部下将领死的死、伤的伤，群龙无首，终于被曹操打败。

袁熙、袁尚听到蹋顿阵亡的消息，带领随从逃出乌桓，投奔了辽东太守公孙康，不久便被公孙康设计杀死。曹操北部边疆从此安定下来。

司马炎一举灭孙皓

魏灭蜀后，魏、吴南北对峙。魏咸熙二年（265年）八月，司马昭病死，其子司马炎废黜魏元帝曹奂，自立为武帝，国号晋，改元泰始。吴国自蜀国灭亡之后，形势已岌岌可危。吴永安七年（264年）吴景帝孙休病死，孙权之孙孙皓为帝，孙皓沉湎酒色，后宫美女多达五千名，奢侈无度，国用入不敷出。孙皓宠幸佞臣，迷信巫卜，有敢于上谏和得罪于他的大臣，不是被挖眼、断足，就是被剥皮、锯头。朝中人人自危，朝不虑夕。

司马炎经过五年的努力，国内政局稳定，军事实力大增，于是就着手灭吴，派尚书右仆射羊祜统领荆州诸军，镇守襄阳，虎视江南。晋泰始六年（270年），河西（今甘肃河西走廊）一带的鲜卑族首领秃发树机能起兵反晋，占据凉州，司马炎分兵御边。泰始八年（272年）边地稍安，司马炎即召来羊祜商议伐吴。羊祜认为当年曹操南征失败，原因是缺乏水师，现应训练水军，制作舟舰，控制上游，一旦时机成熟，水陆齐发，一举灭吴。司马炎当即密令益州刺史王濬在巴蜀训练水军，建造大舰，长一百二十米，可载二千余人，可驰马往来。

吴国建平（今四川巫山北）太守吾彦发现上游不断有大量碎木漂下，推断晋必攻吴，上疏孙皓，请求增兵建平，守住险要，以防晋军顺水而下。孙皓以为晋国无力对吴用兵，根本不予理睬。吾彦只得自命民工，铸造铁链、铁锥，在西陵峡设置障碍，横锁江面。羊祜在荆州实行怀柔策略，减少守备巡逻部队，进行屯田，积蓄军粮，并与吴人友好相处。会猎时，捕获被吴人射伤的禽兽送还吴人。羊祜的这些举动，麻痹了吴人的警觉。晋泰始十年（公元274年），吴名将陆抗病死，他所辖的军队由他的五个儿子率领。吴国长江中下游防务，由于失去干练的统帅更加薄弱。

羊祜认为，伐吴时机已到，向司马炎进言："现在伐吴可以不战而胜。"司马炎赞同。不久，羊祜病死，司马炎任命杜预为镇南大将军，都督荆州诸军事。晋咸宁五年（279年）年底，司马炎以琅琊王司马伷出涂中，安东将军王浑出江西，建成将军王戎出武昌，平南将军胡奋出夏口，镇南大将军杜预出江陵，龙骧将军王濬沿江东下，六路大军共二十余万人，水陆齐发，直扑东吴。王濬水师，越瞿塘，过巫峡，一举击破丹阳城（今湖北秭归东），活捉丹阳守将盛纪。进入西陵峡，舰船受阻于拦江的铁链和铁锥。王濬命水性好的士卒，撑数十个大木筏先行，将铁锥拔出，又命令士卒，将巨大的火炬安置船前，烧熔铁链。吴军原以为这些障碍足以阻止晋军，未曾派兵把守。晋军顺利地拆除水障，继续进军。在王濬进军的同时，杜预也出兵策应，派部将周旨率奇兵八百人，乘夜渡江，埋伏在乐乡（今湖北滋县东北）。王濬军抵达乐乡，都督孙歆率军迎战，吴军大败。伏于城外的周旨军趁乱入城，孙歆做了晋军的俘虏。杜预、王濬水陆大军合攻江陵，斩守将伍延。随即逼降武昌（今湖北鄂城）守将，胜利结束长江上游作战。

吴主孙皓为挽救危局，派丞相张悌领精兵三万渡江退敌。军至牛渚（今安徽采石镇），太守沈莹建议在此坚守，以防晋军水师。张悌不纳，率全军渡江，寻找晋军决战。吴军在杨荷（今安徽和县境内）遇王浑前锋张乔所率七千余人。张悌将其包围。张乔见寡不敌众伪降。吴军继续前进，至牌桥（杨荷以北），与王浑主力遭遇。沈莹率五千精兵发起冲击，被晋军击退，沈莹阵亡。

吴军后退，晋军乘势反击，张乔也从背后杀来，吴军全线崩溃。副军师诸葛靓劝丞相张悌后撤，张悌决意以身殉国。诸葛靓挥泪离去，不久，张悌为晋兵所杀。王濬水师抵达三山（今南京西南五十里）。吴主孙皓派游击将军张象率万余水军前去阻挡，张象竟望风而降。孙皓于是将全部军权交给陶濬，命他第二天领兵迎敌。谁知吴军将士不是纷纷逃走就是过江降晋。孙皓采用光禄勋薛莹、中书令胡冲等人的计策，同时分送降书给王浑、王濬、司马伷，想使三人争功以激起晋军内乱。王浑接到降书后，要王濬来江北商议，王濬借口"风大，不能停泊"，扬帆直指建业（今南京）。三月十五日，率八万水师进入建业。吴主孙皓被迫到王濬军门请降。

晋军仅用两个月的时间，就灭亡了割据江东五十七年之久的孙吴政权。

第三篇 谋攻篇

本篇着重论述用兵打仗"必以全争于天下",即力求"全胜"的战略思想和策略原则。内容分为四部分:第一,提出用兵作战应力求"全胜"的观点,应有上、中、下三策,上策是"伐谋",以计谋取胜;中策是"伐交",通过外交手段促使敌国放弃抵抗或让地赔款;下策是"伐兵",通过兵刃相见。第二,提出在不得已的情况下,进行流血战争所应掌握的基本策略和战术原则。第三,强调三军统帅,作为君主的辅佐,责任重大,其辅佐得周密与否,关系国势的强弱。第四,提出五条预测胜利的方法:一是知道在何种形势下可以战或不可以战;二是懂得根据敌我双方力量对比的不同情况采取不同的策略和战术;三是全军上下同心同德;四是以我方的有准备对付敌方的无准备;五是将帅有才能而又不受君主的掣肘。

上兵伐谋　知己知彼

孙子曰：凡用兵之法：全国为上，破国次之；①全军②为上，破军次之；全旅为上，破旅次之；全卒为上，破卒次之；全伍为上，破伍次之。是故百战百胜，非善之善者也；不战而屈人之兵，善之善者也。

故上兵伐谋③，其次伐交④，其次伐兵⑤，其下攻城。攻城之法，为不得已。修橹轒辒⑥，具器械，三月而后成；距闉⑦，又三月而后已。将不胜其忿而蚁附之，杀士三分之一，而城不拔者，此攻之灾也。

故善用兵者，屈人之兵而非战也，拔人之城而非攻也，毁人之国而非久也，必以全争于天下，故兵不顿而利可全⑧，此谋攻之法也。

故用兵之法，十则围之，五则攻之，倍则分之，敌则能战之，少则能逃之，不若则能避之。故小敌之坚，大敌之擒也。⑨

夫将者，国之辅也，辅周则国必强，辅隙则国必弱。

故君之所以患于军者三：不知军之不可以进，而谓之进⑩，不知军之不可以退，而谓之退，是谓縻军⑪；不知三军之事，而同三军之政，则军士惑矣；不知三军之权，而同三军之任，⑫则军士疑矣。三军既惑且疑，则诸侯之难至矣，是谓乱军引胜⑬。

故知胜有五：知可以战与不可以战者胜，识众寡之用者胜⑭，上下同欲者胜，以虞待不虞者胜，将能而君不御者胜。此五者，知胜之道也。

故曰：知彼知己者，百战不殆；不知彼而知己，一胜一负；不知彼不知己，每战必败。

注释

①全国为上，破国次之：全，使完整。国，春秋时主要指都城，或者还包括外城及周围的地区。破，攻破、击破。此句说以实力为后盾，迫使敌方城邑完整地降服为上策，而通过战争交锋，攻破敌方城邑则稍差一些。

②军：军、旅、卒、伍皆为春秋时军队编制单位。一万二千五百人为军，五百人为旅，一百人为卒，五人为伍。

③上兵伐谋：上兵，最高级的军事手段。伐，进攻、破坏、挫败。谋，谋略。此句意为：用兵的最高级的军事手段是挫败敌人的谋略。

④其次伐交：交，交合，此处指外交。伐交，即进行外交斗争以争取主动。当时的外交斗争，主要表现为运用外交手段瓦解敌国的联盟，扩大、巩固自己的盟国，孤立敌人，迫使其屈服。

⑤伐兵：指战胜敌人的军队。兵，军队。

⑥修橹轒（fén）辒（wēn）：制造大盾牌和攻城的四轮大车。修，制作、建造。橹，藤革等材料制成的大盾牌。轒辒，攻城器械，攻城用的四轮大车，用桃木制成，外蒙生牛皮，可以容纳兵士十余人。

⑦距闉（yīn）：距，通"具"，准备，制作。闉，通"堙"，小土山。为攻城做准备而堆积的土山。

⑧故兵不顿而利可全：顿，同"钝"，指疲惫、受挫。利，利益。全，保全、万全。

⑨故小敌之坚，大敌之擒也：小敌，弱小的军队。之，助词。坚，坚定、强硬，此处指固守硬拼。大敌，强大的敌军。擒，捉拿，此处指俘虏。弱小的部队坚持硬拼，就会被强大的敌人所俘虏。

⑩谓之进：谓，使的意思，即"使（命令）之进"。

⑪是谓縻（mí）军：这叫作束缚军队。縻，束缚、羁縻。

⑫不知三军之权，而同三军之任：不知军队行动的权变灵活性质，而直接干预

军队的指挥。权,权变、机动。任,指挥、统帅。

⑬是谓乱军引胜:引,却,失去之意。此言自乱军队,失去了胜机。

⑭识众寡之用者胜:能善于根据双方兵力对比情况而采取正确的战略,就能取胜。众寡,指兵力多少。

译文

孙子说:一般的战争指导法则是:使敌人举国降服为上策,而击破敌国就略逊一筹;使敌人全军完整地降服为上策,而击溃敌人的军队就略逊一筹;使敌人全旅完整地降服为上策,而打垮敌人的旅就略逊一筹;使敌人全卒完整地降服是上策,而用武力打垮它就次一等;使敌人全伍降服是上策,用武力击溃它就次一等。因此,百战百胜,并不就是最高明的;不经交战而能使敌人屈服,这才算是最高明的。

所以,用兵的上策是用谋略战胜敌人,其次是挫败敌人的外交联盟,再次就是直接与敌人交战,击败敌人的军队,下策就是攻打敌人的城池。选择攻城的做法,是出于不得已。制造攻城的大盾和四轮大车,准备攻城的器械,费时数个月才能完成;而构筑用于攻城的土山,又要花费几个月才能完工。如果主将难以克制愤怒与焦躁的情绪而强迫驱使士卒像蚂蚁一样去爬梯攻城,结果士卒损失了三分之一而城池却未能攻克,这就是攻城带来的灾难。

所以,善于用兵的人,使敌人屈服而不是靠交战,夺取敌人的城池而不是靠强攻,毁灭敌人的国家而不是靠久战。一定要用全胜的战略争胜于天下,这样既不使自己的军队疲惫受挫,又能取得圆满的、全面的胜利。这就是以谋略胜敌的方法。

因此,用兵的原则是,拥有十倍于敌的兵力就包围敌人,拥有五倍于敌的兵力就进攻敌人,拥有两倍于敌的兵力就设法分散敌人,兵力与敌相等就要努力抗击敌人,兵力少于敌人就要退却,兵力弱于敌人就要避免决战。所以,弱小的军队如果一直坚守硬拼,就势必成为强大敌人的俘虏。

将帅是国君的助手,若辅助周密,国家就一定强盛,若辅助有失误,国家就一定衰弱。

国君危害军事行动的情况有三种：不了解军队不能前进而硬使军队前进，不了解军队不能后退而硬使军队后退，这叫作束缚军队；不了解军队的内部事务，而去干预军队的行政，就会使得将士迷惑；不懂得军事上的权宜机变，而去干涉军队的指挥，就会使得将士产生疑虑。军队既迷惑又心存疑虑，那么诸侯列国乘机进犯的灾难也就随之降临了。这叫作自乱其军，徒失胜机。

所以能把握胜利的情况有五种：知道可以打或不可以打的，能够胜利；了解多兵和少兵的不同用法的，能够胜利；全军上下意愿一致的，能够胜利；自己有准备来对付无准备的敌手的，能够胜利；将帅有才能而国君不加掣肘的，能够胜利。凡此五条，就是把握胜利的方法。

所以说：既了解敌人，又了解自己，百战都不会有任何危险；虽不了解敌人，但是了解自己，那么有时能胜利，有时会失败；既不了解敌人，又不了解自己，那么每次作战必定失败。

◆◆ 名家点评 ◆◆

故兵不顿　而利可全

"谋攻"，直译就是用谋略攻敌。换言之，就是在战略策略上战胜敌人。核心是一个"全"字。

孙子首先以强力强攻和以谋巧攻这两种取胜的方法进行了分析，他说："凡用兵之法，全国为上，破国次之；全军为上，破军次之；全旅为上，破旅次之；全卒为上，破卒次之；全伍为上，破伍次之。""全"就是使敌人全部屈服而自己又不受损失；"破"就是击破敌人而自己也难免受到一定的损失。

孙子提出了一条取胜的总的指导思想，即"必以全争于天下，故兵不顿而利可全"。以既能自保，又能全胜为出发点，来确定"攻"的方式，是本篇的主旨。

孙子毕竟由于历史条件和阶级条件的限制，不可能全面地观察各种类型的战争，也不可能揭示战争的深刻的社会本质，因此，他的全胜思想只是当时特定历史条件下的产物。对于此，我们虽不能苛求前人，但也应作出正确的解释。春秋时代的许多战争，由于其战争目的和战略企图简单、低级，因而常常只需炫耀一下武力，进行一番外交斗争，或者通过一般的战场较量就达到了政治目的，完成了战略企图，结

束了一场战争。正是在这样的历史条件下，孙子总结和提出了"全胜"思想。

兵法解析

故知胜有五：……上下同欲者胜。

孙子说，有五种情况可以预先知道战争的胜利，其中就包括能全国上下、全军上下同心同德、齐心协力，可预知会胜利。

"上下同欲者胜"是孙子《谋攻篇》提出的一条制胜原则。上下同欲，宋本《十一家注孙子》中，曹操注云："君臣同欲。"张预云："百将一心，三军同力。"梅尧臣言："心齐一也。"总结诸家之说，上下同欲即为人和，而人和是克敌制胜的一个重要因素。《将苑·人和》云："夫用兵之道，在于人和，人和则不劝而自战矣。若将吏相猜，士卒不服，忠谋不用，群下谤议，逸愿互生，虽有汤、武之智，而不能取胜于匹夫，况众人乎？"道出了"上下同欲"即人和在战争中的作用。

怎样才能使上下同欲呢？一是目标一致。以信仰与正义使官兵同仇敌忾、全力以赴；或以利益使上下齐心协力。二是荣辱与共。君主、将帅要与士兵同甘苦、共患难，才能激励士兵，使其奋不顾身。

齐国名将田单在即墨之战中，曾用火牛阵大破燕军，收复失地七十余城。公元前279年，田单准备攻打狄邑。临行前，去向齐国谋士鲁仲连告别。鲁仲连却对田单说："将军此次攻打狄邑，难以取胜。"田单听后，不悦道："我在即墨作战时，曾以老弱残兵大破拥有兵车万乘的强大燕国，收复了齐国失地七十余城。如今齐国兵强车盛，声名赫赫，难道连小小的狄邑之地都不能攻克吗？"说完上车不辞而别。

田单发兵攻打狄邑，把狄邑围困得如铁桶一般。可却如鲁仲连所预料的，三个月都没有攻下来。齐国的童谣唱道："大冠若箕，修剑柱颐。攻狄不能下，垒枯骨成丘。"

田单此时才醒悟过来，就去向鲁仲连请教。鲁仲连说："将军在即墨虽贵为主帅，但坐下来就与士兵一起编织草袋，站起来就同士兵一样拿锹干活。当时，将军有必死的决心，士兵也同样如此，听到你的命令没有不挥泪振臂纷纷请战的。上下同心，这是打败强敌燕军的原因。如今，将军以功封安平君，东有夜邑的租赋供奉，西有淄上可寻欢作乐；金带围腰，驱车跃马于淄、渑之间，已无昔日决死的雄心，所以就不能打胜仗了。"田单拜谢道："谢谢先生的教诲。"田单回到部队后，如同换了一个人。他亲自巡视狄邑城防，站在石矢如雨之处，挥槌擂鼓，激励士兵。士兵勇气大增，冲锋陷阵，很快就攻下了狄邑。

所以，要使军队能"上下同欲"，其要义在于将帅与士兵能共患难、同安危，以一人之心争取万人之心，这样全军上下才能团结一致，共同奋战。

【古今实例】

《孙子兵法·谋攻篇》中指出："将能而君不御者胜。"意思是说将帅有才能而国君不加以牵制的，能胜利。《十一家注孙子·张预》解释为："将有智勇之能，则当任以责成功，不可从中御也。"所谓从中御，就是从中干涉、牵制、阻遏。引申而言，只要下属有能力完成某项任务，能够"独立"行动，实现某个目标，上级就应该赋予下级权力，即授权。

授权，用科学的语言表达，就是领导者将一定的职权委托（授予）下级去行使，使之有必要的权力去使用资源，作出决策，代为领导者负起相应的责任。简单点说，授权就是把权力从上司手里移交到下属手里。对领导者来说，授权是应该掌握的一项基本的领导技能。这是因为领导者精于授权会收到许多好处。

更为重要的是，一位领导者无论怎么精明能干，他所管辖的工作范围总是超出他本人的能力，纵使他有"三头六臂"，依靠自己的能力，也是不可能胜任其全部工作的。尽管在一二项或者更多的工作上，他可能比下属做得出色，但是不可能在所有的工作上都超过下属。特别是当领导者感到坐不下来讨论和研究大事的时候；当领导者感到要处理的事千头万绪，变成一个忙忙碌碌的事务主义者的时候；当领导者的部下整日闲荡无事的时候；当领导者的部下事无巨细地请示他的时候；当领导者的工厂发生了紧急情况的时候；解决这些问题的办法，就是把领导者的作用从他能做的工作扩大到他能控制的方面，从而增加有效的领导范围。

宋高宗干预军队遭失败

不了解不懂得军队的事情，而偏要去干预军队的指挥，自乱其军，自毁长城，在中国历史上莫过于宋高宗。

建炎元年（公元1127年），金兵破东京（今开封）俘徽、钦二帝。高宗于应天府（今商丘）即位。岳飞上千言奏疏，要求高宗主持北伐大业。苟且偷安的高宗，以"越职言事"的罪名革去岳飞军职。为脱离烽火连天的北方，高宗还将小朝廷迁往繁华的扬州。

公元1129年，金兵跨过黄河，迅速逼近扬州。高宗逃往临安（今杭州），金兵跟踪追击至沿海。岳飞率军击金兵于广德，六战六胜，再击金兵于常州，四战四捷。金兵退镇江、建康（今南京）。高宗回到临安，过着荒淫无道的生活。

北宋时，将帅出征，都必须按皇帝亲自绘制的阵图布阵，极大地限制了前线指挥官的积极性。岳飞认为，"运用之妙，存乎一心"，指挥打仗应从实际出发。

岳飞主动出击，收复襄阳、郢州六郡，捷报频传。岳飞奏请高宗增兵，将抗战进行到底。谁知高宗不仅拒绝增兵，反而任用投降派秦桧为宰相，并于公元1138年向金称臣纳贡、求和。岳飞抨击奸臣误国，被投降派所痛恨。

公元1140年金朝撕毁协议，向南宋大举

进攻。岳飞奉命北上，所向披靡，于郾城大破金军"铁浮图"及"拐子马"，直逼朱仙镇，金军逃向汴京。

正当抗金节节胜利之时，高宗却怕岳飞收复中原，迎还他哥哥钦宗而失去王位，下令立即停止进攻，一天以十二道金牌催岳飞班师回朝，十年抗金毁于一旦。

金以"必杀岳飞而后可和"为条件，宋廷将已解职的岳飞以"谋反"罪杀害，换取了金人第二次议和。宋朝从此更是内政不修，武备不整，国防更加孱弱不堪了。

岳飞违命收复中原

公元12世纪初，我国东北女真族崛起，国号金，先后灭亡了辽和北宋，接着又不断南侵。绍兴三年（公元1133年）江西沿江制置使岳飞，于两月之内收复了襄阳六郡。

岳飞上疏高宗，主张以襄阳为基地，联结河朔义军，直捣中原，收复失地。但高宗只求偏安江南，命岳飞移屯鄂州（今湖北武昌），不求进取。

绍兴十年（公元1140年）五月，金主以兀术（宗弼）为都元帅，分四路进攻南宋，分攻山东、洛阳、陕西，兀术亲率主力十余万攻陷开封。

不久，金军便遭到南宋军民顽强抵抗。刘琦在顺昌（今安徽阜阳）重创金兵，迫兀术退守开封。岳飞决心配合友军、联合义军，乘胜收复中原。

高宗畏战，在胜利的情况下，做出了"兵不可轻动，宜班师"的荒谬决定，命司农少卿李若虚赴德安（湖北安陆），阻止岳飞进军。

岳飞认为："收复中原指日可待，撤军则前功尽弃。"于是，不顾君命，进军中原，迅速收复颍昌（今河南许昌）、陈州（今河南淮阳）、郑州、洛阳，连战皆捷，对开封形成钳击之势。岳飞率轻骑进至郾城。

兀术认为南宋诸军，独岳家军将勇兵强，锐不可当，决定诱岳飞孤军深入，然后集中主力将其歼灭。金军抵郾城，以精锐"拐子马"1.5万布于两翼，诱岳飞由中央出击。岳飞以步兵持刀斧冲击金军拐子马。拐子马三匹相连，一马倒二马仆，给金军重大打击。兀术退，宋军并不追击。金军改攻临颍，守将杨再兴阵亡，张宪率援军赶至。兀术再攻颍昌，王贵坚守不出，岳云率军增援，兀术退开封。岳飞率军进逼朱仙镇。金军惊呼："撼山易，撼岳家军难！"兀术准备北渡黄河。岳飞见反攻时机已至，决意直捣黄龙府（今吉林农安），南宋朝廷这时却以十二道金牌强令岳飞班师，北伐遂成泡影。

杨广用计当太子

隋文帝杨坚有五个儿子，即杨勇、杨广、杨俊、杨秀、杨谅。杨坚自夺得帝位以后，便立长子杨勇为太子，"军国政事及尚书奏死罪以下，皆令勇参决之"，颇受重用。史称杨勇"颇好学，解属词赋，性宽仁和厚，率意任情，无矫饰之行"。他作为长子，又出身富贵之家，早早立为储嗣，志骄意满，也就种下祸机。

杨坚尚节俭，自己服御的东西，或坏或旧，"随令补用，皆不改作"。本人平日所食，"不过一肉而已"。在他的提倡下，那时的"丈夫不衣绫绮，而无金玉之饰，常服率多布帛，装带不过铜铁骨角而已"。然而，他"天性沉猜，素无学术，好为小数，不达大体"。而杨勇则截然不同，好奢华，文饰蜀铠，养马千匹，"春夏秋冬，作役不辍，营起亭殿，朝造夕改"。在冬至时，"百官朝勇，勇张乐受贺"，大张旗鼓地与百官来往，怎能不使"天性沉猜"的父亲心疑？但杨勇又不会矫饰，稍有不满，便"形于色"；其父派人"以伺动静，皆随事奏闻"；那些善于逢迎势利的群臣，得知杨坚生疑，自然趋奉当今君主，于是内外喧谤，过失日闻，使杨勇处在危机之中。

杨勇的所作所为，引起父母的猜疑，这就给其弟弟杨广谋夺储位带来希望。本来杨广身为次子，没有成为继承人的可能，但他"每矫情饰行，以钓虚名，阴有夺宗之计"。于是，杨广先使用瞒天过海之计，骗取父母的信任，然后使用围魏救赵之计的内引外联的手法，暗中密谋，伺机夺储。

于内，杨广深知父亲颇听信母亲的话，便千方百计骗取母亲的好感，期为内助。有一次，杨广要回扬州镇守时，拜见母亲独孤皇后。几句离别话未竟，便"哽咽流涕，伏不能兴"。惹得独孤皇后"泫然泣下"。趁母亲悲伤之时，杨广开始进谗言："臣性识愚下，常守平生昆弟之意，不知何罪，失爱东宫，恒蓄盛怒，欲加屠陷。每恐谗谮生于投杼，鸩毒遇于杯勺，是用勤忧积念，惧履危亡。"这一番话，引起独孤皇后对杨勇素日的不满，不由愤然说道："睍地伐（杨勇小名）渐不可耐，我

为伊索得元家女，望隆基业，竟不闻做夫妻，专宠阿云，使有如许豚犬（指云氏所生诸子）。前新妇（指元氏）本无病痛，忽而暴亡，遣人投药，致此夭逝。事已如是，我亦不能穷治。何因复于汝处发如此意？我在尚尔，我死后，当鱼肉汝乎？每思东宫竟无正嫡，至尊千秋万岁之后，遣汝兄弟向阿云儿前再拜问讯，此是几许大苦痛邪！"杨广闻言，"呜咽不能止"，独孤皇后见状，"亦悲不自胜"。杨广终于取得内援。尔后，"中使至第，无贵贱，皆曲承颜色，申以厚礼。婢仆往来者，无不称其仁孝"。杨广运用这种方法，牢牢地巩固住内线。

于外，杨广在朝臣中看中了"兼文武之资，包英奇之略，志怀远大，以功名自许"的杨素，便"倾心与交"，将谋夺储位之意告之。杨素跟随杨坚，立下许多功勋，杨素得知如此重大计谋，也不由权衡再三。于是，他先探明独孤皇后的心意，认为杨广有为储君的可能，便甘心为杨广的外援。

杨广运用内引外联的手法，使杨勇内失父母之爱，外寡群臣之助，削夺杨勇的内外势力，最终废掉杨勇，而代之为太子。

刘邦建汉赞三杰

汉高祖刘邦（前256—前195）击败项羽当上皇帝后，在洛阳南宫中举行庆功宴时，他询问群臣说："各路诸侯将军，我得天下的原因是什么，项羽失去天下的原因又是什么？"高起、王陵回答说："从表面上看，虽然陛下对人傲慢无礼，而项羽对人仁爱、恭敬，但是，陛下派人攻城略地，所夺得的城邑和土地都用来封赏有功之人，与天下的人共享胜利果实。而项羽却是嫉贤妒能，加害功臣，怀疑贤良，胜利不给有功者记功，得地不给有功者奖赏，这就是他失去天下的重要原因。"高祖刘邦说："你们只知其一，不知其二。运筹帷幄之中，决胜于千里之外，我不如张良；安邦定国，抚慰百姓，保证前方粮草物资的供应，我不如萧何；统率百万大军，冲锋陷阵，每战必胜，每攻必克，我不如韩信。这三个人是当今豪杰，我能重用他们，发挥他们的聪明才智，这就是我得天下的根本原因。项羽只有一个范增，尚且不能重用，这就是他被我消灭的原因。"

刘邦认为，张良、萧何、韩信三人是当今豪杰，也是他建功立业、改朝换代、夺取政权的得力助手。

张良（约前250—前189年），字子房，汉族，传为颍川城父（今河南宝丰）人，也有说为阳翟（今河南禹州市）人。汉高祖刘邦的谋臣，秦末汉初时期杰出的军事家、政治家，汉王朝的开国元勋之一，出身于韩国贵戚，他为了复韩反秦，曾经结交刺客，狙击秦始皇于博浪沙（今河南原阳）。传说他在下邳（今江苏古邳镇）曾遇黄石公，得《太公兵法》。在楚汉战争期间，他曾向刘邦提出不立六国后代，联结英布、彭越、韩信等策略，又主张追击项羽，彻底消灭楚军等谋略，均为刘邦所采纳。结果，项羽四面楚歌，自刎乌江，使刘邦得以建立汉朝。

萧何，早年任秦沛县狱吏，秦末辅佐刘邦起义。攻克咸阳后，他接收了秦丞相、御史府所藏的律令、图书，掌握了全国的山川险要、郡县户口，对日后制定政策和取得楚汉战争胜利起了重要作用。楚汉战争时，他留守关中，使关中成为汉军的巩固后方，不断地输送士卒粮饷支援作战，对刘邦战胜项羽，建立汉代起了重要作用。汉高祖十一年（前196年）又协助高祖消灭韩信、英布等异姓诸侯王。高祖死后，他辅佐惠帝。惠帝二年（前193年）卒，谥号"文终侯"。

韩信（约前231—前196），淮阴（今江苏淮安）人，西汉开国功臣，中国历史上杰出的军事家，"汉初三杰"之一。他归依刘邦为大将后，用兵如神，在荥阳、成皋之战中屡建战功。后又在垓下大败项羽，使刘邦取得了决定性的胜利。韩信是中国军事思想"谋战"派代表人物，被后人奉为"兵仙"。曾先后为齐王、楚王谋划，后贬为淮阴侯。为汉朝的建立立下赫赫功劳，后来却遭到刘邦的疑忌，最后被安上谋反的罪名而遭处死。

刘邦在夺取政权后，不把建立政权的功劳记在自己身上，而是能够充分肯定"三杰"的重要作用，这一点是难能可贵的，值得人们借鉴。汉高祖重用人才，是中国帝王中的典范。他对张良敬如师，自始至终保持着这种特殊关系；他对韩信，以军权王爵相付，稳住了韩信，保证了对项战争的进行；他对萧何，推心置腹，从不怀疑。汉高祖与三杰的亲密关系，这在中国历史上都是罕见的。汉高祖以杰出人才的资源优势，战胜貌似强大的敌人是政治家成功的根本原因。汉高祖南宫论三杰，见解之精辟，令人叹服，作为千古佳话而广为流传。

秦穆公善用百里奚

秦穆公派公子到晋国求婚，晋献公答应把女儿嫁给秦国，还要送一些奴仆作陪嫁。百里奚就是作为陪嫁的奴仆之一，但在半路上他溜走逃到楚国。为了谋生，他给楚人看牛。经他看管的牛长得特别肥壮，楚人管他叫：看牛大王。百里奚从此出了名，连楚国国王楚成王也知道了，就派他去看管战马。

当初秦国公子以为跑了一个奴仆根本没当回事。秦穆公看了陪嫁的名单里有百里奚的名字，便问："怎么没见到这个人呢？"公子答道："他是虞国人，是个亡国的大夫，半路上跑了。"后来，秦穆公了解到，百里奚是个挺有本领的人，可惜英雄无用武之地。秦穆公派人打听到百里奚在楚国看管战马，便想用厚礼从楚国换回百里奚。有谋士说："这可千万使不得。楚人不知道他有本领，才让他去看马。要是用重礼去换，楚成王就会明白其中的奥秘，就不会放他了。"于是，秦穆公就按当时奴隶的身价，派使者带了五张羊皮去见楚成王说："敝国有个奴隶叫百里奚，他犯了法，躲在贵国，请让赎回。"楚成王就将百里奚交给了秦国。

秦穆公与百里奚谈富国强兵的道理，接连谈了三天，深感他确是个人才。秦穆公要封他为相国，百里奚不答应，说："我的朋友蹇叔比我强得多呢，最好把他请来。"秦穆公听说后，立即派公子去请蹇叔。

蹇叔不愿应聘做官，但因为有朋友百里奚相邀，才答应到秦国走一趟。公子又跟蹇叔的儿子西乞术和白乙丙聊了一会儿，觉得他们也是了不起的人才。于是征得蹇叔的同意，父子三人一起来到秦国。

秦穆公见了蹇叔，请教怎样做个好君主，蹇叔对答如流，使秦穆公非常高兴。第二天，秦穆公就封蹇叔为右丞相，百里奚为左丞相；封西乞术、白乙丙为大夫。没多久，百里奚的儿子——有名的武将孟明视也千里迢迢前来投奔秦国。

秦国广招人才，操练兵马，发展生产，国家日益强盛。但西戎、姜戎经常进兵侵犯边界。秦穆公派孟明视率兵征讨，赶走了姜戎，占领了瓜州一带的土地，使秦国更强大了。

上下同心光复桂林

清军入关，大西军首领张献忠牺牲。1652年李定国率8万义军投广东肇庆明桂王朱由榔，继续抗清。义军不抢、不杀、不烧、不淫，纪律严明，所向披靡。连下靖州（湖南靖县）、武冈（湖南武冈市）、宝庆（湖南邵阳）、全州（广西全州），攻下严关，进围桂林。

桂林守将孔有德原为明将，投降清军，封平南王。自恃兵广将强，欲集全力消灭明军。但所属将士多为汉人，都想反清复明。孔有德指挥部众进攻严关，谁知派出的队伍到了阵前，均自动归降明军。孔有德以为偶然，再派第二支、第三支队伍前去攻打，结果都归降了明军。孔有德亲自率军攻取严关，激战两日，被义军杀得尸横遍野，江水变赤，逃回桂林，紧闭城门，以为墙高城坚，明军无可奈何。

李定国围定桂林之后，上下同心，日夜攻城。孔有德部将允成密告李定国：心不忘汉。愿率部投诚，并附守军部署图，以及接应攻城的方向、道路等。明军7月2日攻城，守军早已失去斗志，各自夺路奔逃，孔有德知城不保，引火自焚。李定国光复桂林，极大地鼓舞了各地抗清军民。

魏文侯用贤不疑

战国初期，中山国的国君荒淫无道。魏文侯打算派兵前往讨伐，正在物色一位领兵的大将。乐羊能文能武，有勇有谋，品质又好，有人推荐他担当此任。但也有人反对说："乐羊之子乐舒在中山国做官，让乐羊带兵去讨伐中山国，怎么能放心呢？"

魏文侯召见乐羊说："我有心让你率兵去收服中山国，偏偏你的儿子是中山国的大官，这事情可有点不好决定啊！"

乐羊答道："作为您的臣民，为国立功是我义不容辞的责任，怎么能为了父子的私情，而把国家的利益放在一边呢？我要拿不下中山国，请您惩处我好了！"

于是，魏文侯拜乐羊为大将军。乐羊带着人马，直奔中山国。他用火攻的办法，把中山国的大将鼓须打败，一口气追到中山国的都城下，将城团团围住。

中山国国君姬窟逼着乐舒从城楼上向乐羊喊话，劝说乐羊退兵。乐羊怒不可

遏，指着乐舒大骂了一通，并叫他及早献城投降。乐舒央求说："请能宽限我一段时间，容我与国君商计商计。"乐羊答应以一个月为限，逾期不降就要攻城。

姬窟以为乐羊看在儿子的面子上，不见得真会攻城。一个月的期限到了，他让乐舒要求再宽限一个月，乐羊又答应了，又过了一个月，乐舒还要求再宽限一个月，乐羊继续答应了。就这样，三个月的时间拖延过去了。这时，魏国宫廷里议论纷纷，不少人在魏文侯面前吹冷风，说乐羊的坏话。但魏文侯对乐羊的信任毫不动摇，并派人到前线去慰劳乐羊，犒赏将士。

又一个月的限期过去了，姬窟仍无献城的表示。于是，乐羊下令发动总攻。姬窟将乐舒五花大绑地推上城楼，把刀架在他的脖子上，向城下喊话道："如不停止攻城，乐舒就没命了！"乐舒也大声呼喊父亲救命。乐羊并不为之心动，他弯弓搭箭，对着儿子就要射去。这时，姬窟慌忙把乐舒拉下城楼杀了。乐羊身先士卒，带头冲锋，一举攻下了中山国，杀了暴君，安抚了百姓，留下五千人驻守，自己带着得胜人马回朝。

魏文侯领着满朝文武大臣，到安邑城外迎接。他拉着乐羊的手说："为了收服中山国，你舍了亲生儿子，寡人实在过意不去啊！"乐羊说："国而忘家，公而忘私，这正是做臣子的义务。"魏文侯在宫中大摆宴席，为乐羊庆功，并赏给他一只封得非常严实的箱子。回到家中，乐羊打开箱子一看，里面装的都是皇亲国戚、朝中大臣要撤职查办他的奏章。他边看边流泪，感慨万千地说："要不是国君用人不疑，哪会有我今天的成功呢！"

诸葛亮错用马谡失街亭

三国时期，司马懿用计杀掉叛将孟达后，奉魏主曹睿之令，统率20万大军杀奔祁山。诸葛亮在祁山大寨中闻知司马懿统兵而来，急忙升帐议事。

诸葛亮道："司马懿此来，必定先取街亭，街亭是汉中的咽喉，街亭一失，粮道即断，陇西一境不得安宁，谁能引兵担此重任？"

参军马谡道："卑职愿往。"

蜀帝刘备在世时曾对诸葛亮说："马谡言过其实，不可大用。"诸葛亮想起刘备的话，心中有些犹豫，便说："街亭虽小，但关系重大。此地一无城郭，二无险阻，

守之不易，一旦有失，我军就危险了。"

马谡不以为然，说："我自幼熟读兵书，难道连一个小小的街亭都守不了吗？"又说："我愿立下军令状，以全家性命担保绝无差失！"

诸葛亮见马谡胸有成竹，于是让马谡写下军令状，拨给马谡2.5万精兵，又派上将王平做马谡的副手，并嘱咐王平："我知你平生谨慎，才将如此重任委托给你。下寨时一定要立于要道之处，以免魏军偷越。"

马谡和王平引兵走后，诸葛亮还是不放心，又对将军高翔说："街亭东北上有一城，名为柳城，可以屯兵扎寨，今给你一万兵，如街亭有失，可率兵增援。"高翔接令，领兵而去。

马谡和王平来到街亭，看过地形后，王平建议在五路总口下寨，马谡却执意要在路口旁的一座小山上安寨。王平说："在五路总口下寨，筑起城垣，魏军即使有十万人马也不能偷越；如果在山上安寨，魏军若将山包围，怎么办？"马谡笑道："兵法上说：居高临下，势如破竹，到时候管叫他魏军片甲不存！"王平又劝道："万一魏军断了山上水源，我军岂不是不战自乱？"马谡道："兵法上说：置之死地而后生，魏军断我水源，我军死战，以一当十，不怕魏军不败！"于是，不听王平劝告，传令上山下寨。王平无奈，只好率五千人马在山的西面立一小寨，与马谡的大寨形成掎角之势，以便增援。

司马懿兵抵街亭，见马谡下寨在山上，不由仰天大笑，道："孔明用这样一个庸才，真是老天助我啊！"他一面派大将张郃率兵挡住王平，一面派人断绝了山上的饮水，随后将小山团团围住。蜀军在山上望见魏军漫山遍野、队伍威严，人人心中惶恐不安，马谡下令向山下发起攻击，蜀军将士竟无人敢下山；不久，饮水皆无，蜀军将士更加惶恐不安；司马懿下令放火烧山，蜀军一片混乱。马谡眼见守不住小山，便拼死冲下山，杀开一条血路，向山的西面逃奔，幸得王平、高翔以及前来增援的大将魏延的救助，方才得以逃脱。

街亭一失，魏军长驱直入，连诸葛亮也来不及后撤，被困于西城县城之中，被迫演出了一场"空城计"。

诸葛亮退回汉中，依照军法将马谡斩首示众，又上表蜀后主刘禅，自行贬为右将军，以究自己用人不当之过。

唐太宗知人善任

唐太宗李世民是个有雄才大略的皇帝，他在人才思想及实践方面均有重要的建树。

唐太宗总结了历史上人才得失决定事业兴亡的深刻教训，提出了"以铜为鉴，可以正衣冠；以古为鉴，可以知兴替；以人为鉴，可以明得失"的著名观点，做出了"为政之要，唯在得人"的论断。

唐太宗李世民继承皇帝位以后，原先的老部属纷纷向他伸手要官。为此，他公开申明："用人事关重大，必须大公无私，以德才为标准，不能按关系的亲疏和资格的新旧来确定官职的大小。我的用人标准不是任人唯亲、唯故，而是任人唯贤、唯才。"

唐太宗用人不拘一格，不讲出身，不分亲疏和新旧，只要确有突出才干，即使是原先的仇敌，也要极力争取过来，为我所用。如魏征、王珪，都是李建成集团中的知名人物，他不计前嫌，抛弃旧怨，放手使用；曾为王世充部下的戴胄，也被任命为户部尚书，参与朝政；曾给谋反被杀的李密披麻戴孝、收葬尸骨的徐懋功，也同样受到重用。

唐太宗还十分注意把那些出身寒门庶族的杰出人才提拔到中央政府里来，开辟了官资浅、门户低的人担任宰相的途径。在他的朝廷大臣中，有出身于农民而官至刑部尚书的张亮，有打铁匠出身而任右武侯大将军的尉迟敬德，有白布衣而为卿相的马周，还有来自少数民族的黑齿常之、契苾何力等等。

唐太宗坚信："官在得人，不在员多。"他任用官员，宁可少而精，不可多而滥。他对各级政府机构、官员数额均做出了明确规定。他下令"省官"，把中央各官府的官员从二千多人压缩到六百多人。唐律对乱置机构、私设官员的人，规定了惩罚条款。

唐太宗非常注意求贤择善，以保证官员的质量。他要求宰相不要不分轻重缓急，把大量的时间都消磨在鸡毛蒜皮的小事上，而要"广开耳目，求访贤哲"，把主要注意力放在发现人才、使用人才这样的大事上来。

对于地方官吏的选拔和任用，唐太宗也十分重视。各州刺史都由他亲自选拔，各县县令也要由五品以上的官员向他保举。他还把全国各地都督、刺史的名字都写在寝室的屏风上，随时将他们的政绩和过失记录在上面，作为提升和贬降的参考。他再三强调说："都督、刺史各掌管一个地区的军、政大权，他们的好坏直接关系到一个地方的治与乱，尤其需要委派称职的人，丝毫也不能掉以轻心。"他经常派出黜陟使到各地考察地方官员，有时还亲自下去考察。

　　唐太宗大力提倡和鼓励年迈体衰的老臣去职休息，以便年富力强的人才上来。贞观八年（634年），开国元勋李靖自感年事已高，向唐太宗提出了告老归乡的请求。唐太宗赞扬他说："自古到今，身居富贵而能知足的人很少。不少人缺乏自知之明，能力虽然不够，也要勉强占着官位，纵然年迈多病，也不肯逊位让贤。您能顾大局、识大体，实在难能可贵。我满足您的要求，不仅仅是为了成全您的雅志，更重要的是想把您树立为一代楷模啊。"

　　由于唐太宗能够知人善任，在他统治的贞观时期，出现了人才济济、群星灿烂的局面。太宗依靠这些人，使唐帝国富强昌盛，成为我国历代封建王朝中最强盛的一个朝代。

孙子兵法 解析　第三篇　谋攻篇

第四篇 军形篇

这一篇讨论战争的攻守问题,并着重讲述如何造成一种守必固,攻必克,以求"全胜"的形势。

本篇大体分为三部分:第一,提出在战争中实行进攻与防守所必须坚持的基本原则,即"先为不可胜,以待敌之可胜"。第二,提出应先认清必胜的形势然后用兵的原则。认为一般的人所能预见到的胜利以及通过兵刃交锋,硬拼死打获得的胜利都不是最理想的胜利。唯有从敌我双方实力及其发展趋势的对比中把握必胜的形势,进而采取措施夺取的胜利,才是善于用兵的人应该努力争取的胜利。第三,强调善于用兵的人应重视"修道而保法",修明政治,严肃法度,以造成我方必胜的形势。同时,还应从综合实力等方面对敌我双方的情况进行详细的比较与衡量,确认已形成必胜形势后,方才用兵。

攻守秉持　自保全胜

孙子曰：昔之善战者，先为不可胜①，以待敌之可胜②。不可胜在己，可胜在敌。③故善战者，能为不可胜，不能使敌之可胜。故曰：胜可知，而不可为。

不可胜者，守也；可胜者，攻也。守则不足，攻则有余。善守者藏于九地之下，善攻者动于九天之上，④故能自保而全胜也。

见胜不过众人之所知，非善之善者也；战胜而天下曰善，非善之善者也。故举秋毫不为多力，见日月不为明目，闻雷霆不为聪耳。古之所谓善战者，胜于易胜者也。故善战者之胜也，无智名，无勇功，故其战胜不忒。不忒者，其所措必胜，胜已败者也。故善战者，立于不败之地，而不失敌之败也。是故胜兵先胜而后求战，败兵先战而后求胜。善用兵者，修道而保法，故能为胜败之政。

兵法：一曰度⑤，二曰量⑥，三曰数⑦，四曰称⑧，五曰胜。地生度⑨，度生量⑩，量生数⑪，数生称，称生胜⑫。故胜兵若以镒称铢⑬，败兵若以铢称镒。

胜者之战民也⑭，若决积水于千仞之谿者⑮，形⑯也。

注　释

①先为不可胜：不可胜，使敌人不可能战胜自己。此句意为首先做到实力强大，使敌人不能战胜自己。

②以待敌之可胜：待，等待、寻找。敌之可胜，指敌人可以被我战胜的时机。

③不可胜在己，可胜在敌：指不被敌人战胜的关键在于自己不犯错误，能够战胜敌人的关键在于敌人是否出错。

④"九地、九天"句：九，虚数，泛指多，古人常把"九"用来表示数的极点。九地，形容地深不可知。九天，形容天高不可测。此句说善于防守的人，能够隐蔽

孙子兵法解析 第四篇 军形篇

军队的活动，如藏物于深不可测的地下，令敌方莫测虚实；善于进攻的人，进攻时能做到行动神速、突然，兵力调动得如同从云霄之上从天而降。

⑤度：指度量土地的面积。

⑥量：指计量物产收成。

⑦数：指计算兵员多寡。

⑧称：衡量轻重，指敌对双方实力状况的衡量对比。

⑨地生度：指一个国家的土地质量，决定了它的耕地面积的多少。

⑩度生量：指一个国家的耕地面积，决定了它的粮食收成的情况。

⑪量生数：指一个国家的粮食收成，决定了它的兵员数量的多寡。

⑫称生胜：指一个国家的实力大小，决定了它能否在战争中取胜。

⑬以镒（yì）称铢：镒、铢，皆古代的重量单位。一镒等于二十四两，一两等于二十四铢；铢轻镒重，相差悬殊。此处比喻力量相差悬殊，胜兵对败兵拥有实力上的绝对优势。

⑭胜者之战民也：战民，指挥士卒作战。民，作"人"解，这里借指士卒、军队。

⑮若决积水于千仞之谿（xī）者：仞，古代的高度单位，七尺（也有说八尺）为一仞。千仞，比喻极高。谿，山涧。

⑯形：指战争力量的外部形态，是交战双方力量对比的量度标志。

孙子说：从前善于用兵打仗的人，先要做到不会被敌方战胜，然后捕捉时机战胜敌人。不会被敌人战胜的主动权操在自己手中，能否战胜敌人则取决于敌人是否有隙可乘。所以，善于打仗的人，能创造不被敌人战胜的条件，但不可能做到使敌人一定被我战胜。所以说，胜利可以预知，但是不可强求。

想要不被敌人战胜，在于防守严密；想要战胜敌人，在于进攻得当。实行防御，是由于兵力不足；实施进攻，是因为兵力有余。善于防守的人，隐藏自己的兵力如同深藏于地下；善于进攻的人，展开自己的兵力就像自九霄而降（令敌人猝不及防），所以，既能够保全自己，又能夺取胜利。

预见胜利不超越一般人的见识,这算不得为高明中最高明的;通过激战而取胜,即使是普天下人都说好,也不算是高明中最高明的。这就像能举起秋毫称不上力大,能看见日月算不得眼明,能听到雷霆算不上耳聪一样。古时候所说的善于打仗的人,总是战胜那些容易战胜的敌人。因此善于打仗的人打了胜仗,既不显露出智慧的名声,也不表现为勇武的战功。他们取得胜利,是不会有差错的。其所以不会有差错,是由于他们的作战措施建立在必胜基础上,能战胜那些已经处于失败地位的敌人。善于打仗的人,总是确保自己立于不败之地,同时不放过任何击败敌人的机会。所以,胜利的军队总是先创造获胜的条件,而后才寻求同敌决战;而失败的军队,却总是先同敌人交战,而后乞求侥幸取胜。善于指导战争的人,必须修明政治,确保法制,从而能掌握战争胜负的决定权。

兵法的基本原则有五条:一是"度",二是"量",三是"数",四是"称",五是"胜"。敌我所处地域的不同,产生双方土地幅员大小不同的"度";敌我地幅大小——"度"的不同,产生了双方物质资源丰瘠不同的"量";敌我物质资源丰瘠——"量"的不同,产生了双方军事实力强弱不同的"称";敌我军事实力强弱——"称"的不同,最终决定了战争的胜负成败。胜利的军队较之于失败的军队,有如以"镒"比"铢"那样,占有绝对的优势。而失败的军队较之胜利的军队,就好像用"铢"比"镒"那样,处于绝对的劣势。

胜利者指挥军队与敌作战,就像在万丈悬崖决开山涧的积水,所向披靡,这就是"形"——军事实力。

孙子兵法 解析 第四篇 军形篇

◆◆ 名家点评 ◆◆

创造条件　寻机胜敌

本篇开宗明义指出："先为不可胜，以待敌之可胜。"这是本篇的主导思想。孙子认为，创造条件，积蓄军队的作战力量，使自己立于不败之地，是战胜敌人的客观基础。在这个前提下，去等待和寻求战胜敌人的机会，才能取得胜利。

兵法解析

胜兵先胜而后求战，败兵先战而后求胜。

孙子说，胜利的军队总是先具备了必胜的条件然后才与敌人交战，失败的军队总是先同敌人交战，而后在战争中企图侥幸取胜。

孙子在《军形篇》中提出的"胜兵先胜，败兵先战"乃兵家重要的作战准则。"先胜"就是已经"先为不可胜"，有准备，有把握，已胜券在握；而"先战"则必出于准备不充分，仓促上阵，企图侥幸取胜而孤注一掷。

历代兵家都很重视"先胜后战"这一谋略。《尉缭子》云："兵贵先胜于此，则胜于彼；非胜于此，则弗胜于彼矣。"意思是说，作战中最应重视的是，自己一方先须具备必胜条件，然后才能获胜，如果自己一方不具备获胜条件，那就胜不了。说得也是"胜兵先胜而后求战"这一道理。

怎样才能"先胜而后求战"呢？首先是要创造制胜的条件，其次是要把握胜利的时机。有了制胜条件而又能及时把握它，才是正确运用了孙子的谋略。

古往今来的兵战，无论是以弱击强，还是以强击弱，首先要做到"先胜"，只有"先胜"，才是决定战争胜负的关键。所谓先胜，即要有正确的谋略战术，周密而切合实际的作战计划，不打无把握之战。

第二次国内革命战争时期，毛泽东率领红军赢得第一次反"围剿"的胜利，就是"先胜后战"的典型一例。

1930年10月，蒋介石调集10万大军以鲁涤平为总司令、张辉瓒为前敌总指挥，发动第一次大规模军事"围剿"。蒋介石采用"分进合击、长驱直入"战术，兵分八路由南向北，企图一举全歼红军。

当时红军只有3万余人，且装备低劣。面对强敌，毛泽东制定了"诱敌深入"的方针，指挥红军后退，撤至根据地中部隐蔽待机。

这时张辉瓒率第十八师师部和两个旅9000余人向龙冈进犯，由于毛泽东诱敌深入的战法，制造了张辉瓒部的孤军深入。毛泽东当机立断，集中红军主力将其包围，将敌全歼，活捉了张辉瓒。

张辉瓒部的被歼，使敌闻风丧胆，纷纷撤退。红军乘胜追击，又歼敌半个师。

第一次反"围剿"胜利说明，弱军战胜强军，首先要创造制胜的条件，谋略运筹得当，制胜有方。

【古今实例】

《孙子兵法·军形篇》说："善用兵者，修道而保法，故能为胜败之政。"修道，即修明政治。保法，即严守法令制度。能为胜败之政，即能掌握胜败的决定权。

"修道保法"的思想，对于领导者来讲，是极为重要的。所谓修道，即是要做好思想政治工作，努力提高组织成员的素质；规章制度是一个组织的内部法律，它具有强制性的约束力，是组织的每个成员都必须遵循的行为规范。保法，即是要建立和完善各项规章制度，加强法制。"修道保法"是领导者"一手抓"精神文明建设，"一手抓"法制，"两手"都要抓，"两手"都要"硬"的具体体现。

明成祖治天下

明成祖朱棣是明太祖朱元璋的第四子，他依法治天下，使一个国家逐步走向稳定，为明朝的稳固发展奠定了基础。明成祖强调法治。一次，一名立有战功的将官触犯了刑法，刑部官员为将官说情，希望明成祖能"论功定罪"。明成祖批评刑部官员说："执法应该公正，赏罚应该分明。过去他有功，朝廷已经奖赏了他；如今他犯了法，那就该给他治罪。如果不治罪，那就是纵恶，纵恶如何能治理天下呢？不能'论功定罪'，而是要依法治罪。"

明成祖对外戚的约束很严，凡外戚"生事坏法"者都被处以死罪。有一次，太子的妻兄张旭放纵家丁，影响很坏。明成祖得知，亲自召见张旭，对张旭说："你是朕的亲戚，最应该遵纪守法，否则，我要罪加一等来惩治你。如果不这样，大家都去欺凌百姓，天下怎么能治理好？请你当心！"

明成祖继承了父亲勤政的好作风，每天除了早朝以外，还有晚朝。明成祖认为早朝过于繁忙，没时间与大臣们交谈，早朝之后他就把六部尚书留下来，与他们促膝谈心，交换各种意见，制定相关的法律政策，然后推而广之。

明成祖认为人才是治国的栋梁，因此，不但三令五申地告诫吏部（任免官吏的机构）官员要把有才能的人选拔上来，而且指示吏部官员对人才要做到"人尽其才"，即充分发挥每一个人的特有才能。明成祖曾说过一段发人深省的话："君子敢直言，不怕丢官丢命，因为他是为国家着想；小人阿谀奉承，只想升官发财，因为他是为一己私利着想。"

为了把各地有才能的人选拔上来，朱棣诏令对全国各州县的官吏进行考核，以九年期限为满考核，对那些在满考核中政绩卓著的官吏除嘉奖之外，还将其留在京城六部中任职。

明成祖讨厌阿谀奉承，喜欢直言快语。为了鼓励大臣们说真话、说实话，明成祖不止一次对众大臣表白道："国家大事甚多，我一个人再有能力，也难免有忘记的和处理错的，希望大家发现我忘记了就提醒我，做错了批评我，大家千万不要有所顾忌啊！"

一次，贵州布政司在奏折中写道：皇上的恩诏到达思南府，太岩山间都响起了"万岁"的声响，这是皇上的威恩远加山川的灵验啊！一些大臣听了这段话都纷纷向明太祖祝贺。明太祖面现不悦，说："在山顶上呐喊，千山万谷都会回应，这本是很平常的事，你们想用阿谀奉承来讨我欢心，实在不是贤人君子的作为！"

明成祖在位二十二年，扩大了疆域，发展了经济，使天下得以大治。闻名于世的多达二万二千多卷的《永乐大典》就是明成祖集全国三千多有名望的文人墨客共同编纂而成的。

隋文帝先备后战灭陈国

南北朝后期，北周的相国杨坚自立为皇帝，建立了隋王朝，杨坚即是隋文帝。隋文帝胸怀大志，决心一统天下，但在当时，隋文帝力量单薄，而北方的突厥人不时南侵，隋文帝便制定了先灭突厥、后灭陈国的战略方针。

隋文帝在与突厥交战期间，对南方的陈国采取了十分"友好"的策略：每次抓获陈国的间谍，不但不杀，反要以礼相送还；即使是有人要投靠隋文帝，只要他是陈国人，隋文帝从隋、陈"友好"出发，仍毅然加以拒绝。为增加国家实力，隋文帝大胆实行改革，简化了政府机构，鼓励农耕，提倡习武。

在击溃了突厥之后，隋文帝开始着手灭陈的行动。江南收获的时间较早，每到收获季节，隋文帝就派人大造进攻陈国的舆论，使得陈国紧急调征人马，以至误了农时。江南的粮仓多用竹木搭成，隋文帝派遣间谍潜入陈国，因风纵火，屡屡烧毁陈国的粮仓。经过几年的折腾之后，陈国的物力、财力都遭受到不小的损失，国力日益衰弱。

为了渡江作战，隋文帝派杨素为水军总管，日夜操练水军。杨素建造的战船，最大的叫"五牙"，可乘八百人；小的叫"黄龙"，也可乘一百余人。为了迷惑陈军，屯兵大江前沿的隋军每次换防时都要大张旗鼓，令陈军恐惧不已，以为隋军是要渡江作战。渡江前夕，隋军又派出大批间谍进行骚扰、破坏，搅得陈国军民不得安宁。

但是，面对磨刀霍霍的隋军，陈国国君陈后主竟然麻木不仁，依旧是醉生梦死。太史令章华冒死进谏，陈后主将章华斩首示众。公元588年十月，隋文帝认为条件已经成熟，指挥水陆军五十万人，从长江上、中、下游分八路攻陈，当元帅杨素的"黄龙"战船在破晓时抵达长江南岸时，陈国守军还都在睡梦之中。隋军除在岐亭（西陵峡口）遭到陈国南康内使占仲肃在江中以三条巨型铁索的阻截外，一路上攻无不克，战无不胜。第二年的正月二十日，隋军攻入陈都建康，陈后主仓皇躲入枯井之中，后被隋兵搜出，陈国就此灭亡。

长达近二百年的"南北朝"——中国社会长期分裂的局面终于结束了。

晋楚邲之战

晋楚城濮之战后，秦、晋发生崤函之战，两国关系破裂，晋陷于对秦对楚两面作战的不利处境。成公时期，郤缺执政，采取东和赤狄、西连白狄策略，晋西顾之忧减轻，腾出力量对楚。好在楚在这一期间，国内外也发生了一系列变故，晋楚双方没有发生大的战争。楚庄王继位，逐渐解决了内部矛盾，整军备战，势力又趋强大，再次积极推进争霸中原的战略意图。晋为维持盟主地位，在国力日渐衰落的情况下，也不得不起而与楚抗争，于是形成晋楚两霸的重新竞争对抗。楚争陈攻郑，晋援郑攻陈。短时间内楚向郑发动六次进攻，晋援郑攻陈两次，并和楚发生两次规模不大的战争。此去彼来，大规模战争已经无法避免，邲之战就是在这样的形势下发生的。

公元前597年春，楚庄王以郑国通晋叛楚为罪名，大举讨伐郑国。经过十七天紧张激烈的战斗，郑国势穷力竭，守城的男女士卒号啕痛哭。楚军以为郑国无力再抵抗，便略向后撤退。而郑襄公则趁机修缮城墙，男女一齐登城巡守，又共同战斗，楚军见状便再次对郑国展开进攻。郑国奋力抗击，战事延续到四月，郑军终于因支持不住，国都被楚攻破。郑襄公肉袒牵羊向楚庄王谢罪，两国议和，楚军退三十里驻扎于邲(今河南郑州北)。

郑国处于中原要地，介于晋楚之间，是两霸战略中必争之地，晋国怎能允许楚国控制这里，所以当他闻知郑国被围，便立即派荀林父为中军元帅，先谷佐之；士会为上军主将，郤克佐之；赵朔为下军主将，栾书佐之；赵括、赵婴齐为中军大夫，韩穿、巩朔为上军大夫，荀首、赵同为下军大夫，韩厥为司马，率兵车六百辆，步卒四万人，浩浩荡荡向郑国进发。然而，当晋军刚刚行至今河南省黄河北岸的温县时，即闻楚军已与郑议和南撤了。这样，摆在晋军面前的只有两种选择：要么继续进军渡河与楚军发生冲突，爆发晋、楚城濮战后的第二次大规模战争；要么停止进军，待机而动。晋军内部在这两种选择上发生了严重的分歧和剧烈的争执：中军元帅荀林父认为，郑国既然已经投降楚国，我们已失去救郑的时机，不如等楚国撤兵南归后，我们再讨伐背晋降楚的郑国，如此便可不与楚国作战，而仍可恢复对郑的控制，上军将领士会赞成荀林父的主张，并说："用师只观衅而动，楚此时无隙可乘，孙叔敖任令君以来，军政设施，德、刑、政、事、典、礼等方面取得了很重要的成就，做到了国富兵强，已是不可征服的国家。""见可而进，知难而退，军之善政，兼弱攻昧，武之善经也。"但士会的正确建议，却遭到勇而无谋、极好逞强的中军副帅先谷的反对。他认为"威师已出，闻敌强而退，不是大丈夫"，并擅自率兵渡河前进，想在战斗中一露身手，只会纸上谈兵的赵同、赵括，随先谷而去，他们的擅自行动严重破坏了晋军的指挥系统，软弱无能的荀林父如热锅上的蚂蚁，急得团团转，不知如何是好。就在他犹豫不决、毫无主见的情况下，司马韩厥提出："先谷以偏师陷敌，势必会招致危险。部属不听命令，是元帅的罪过，你不如命令全军前进，这样即使打不赢，有罪也是大家共同承担。"荀林父听了韩厥的话，无奈只得命令全军在衡雍（今河南郑州东）渡河。晋军由此走上了被动之途。

晋军渡河推进到敖、鄗（今河南荥阳境内的两个山名）地区，列阵以待。大战即将开始，但此时的晋中军、下军却无作战计划，只有上军士会与副帅郤克等决定所属上军的作战计划：于鄗山前沿分别设置七处伏兵，郤克和巩朔、韩穿担任伏兵指挥。

晋军由衡雍渡河的消息传到楚营，楚庄王、孙叔敖怕受晋军渡河的战略奇袭，立即统率楚军有计划地转移到荥阳以东地区，打算收兵南返，避免在不利形势下与晋军作战。孙叔敖认为：郑国还没有降服，应与晋国作战；郑国已经降服，何必寻仇于晋？全师而归，万无一失。而伍参则反对撤退，极力主战。孙叔敖斥责道："若战事失利，虽食伍参的肉，岂能赎主战之罪？"庄王同意孙叔敖的建议，由孙叔敖发布南返的命令。但伍参深悉晋军内部实情：荀林父优柔寡断，诸将意见分歧，多不听令。便不顾一切地向庄王陈述："荀林父初任执政，难以号令全军；副帅先谷刚愎不仁、不肯服从命令；三军主帅专行不获，我们此次应战，定胜无疑。"庄王听后也感到就这样收兵回国逃避战争确实是一种耻辱，于是断然推翻南返的决策，复转而向北前进。楚军很快到达管地（今河南郑州）与晋军遥相对峙。

楚庄王采取孙叔敖的意见，自己先按兵不动，而是让郑襄公派人对晋军说："郑国服从楚国，乃是为了自己的社稷，对晋国并无二心。楚军因骤然获胜而骄傲异常，未加设防，贵军若发动进攻，郑军可为内应，一定能把楚军打败。"这明明是借郑人之口劝说晋军与楚军作战，以便楚军击败晋军。面对郑国的劝战，晋军内部又出现了两派不同的主张：一派以先谷为首，力主决战，通过打败楚军来服郑；

一派以栾书为首,认为郑国劝战纯粹是为了自身考虑,以便在晋楚之间择强而从,切不可轻信。荀林父犹豫于两派意见之间,迟迟未做决定。这时,楚军又亲自派使节对晋军说:"楚军此次行动,乃是继承楚国成、穆二王的先例,抚定郑国而已,并不敢开罪于晋,请晋军不必留在此地。"晋国也愿意讲和休战,便以"王命"为辞,派人答复道:"昔日周平王命令晋国和郑国共同夹辅周室,如今郑有二心,所以我们特奉王命质问郑国,并无与楚对阵的意思。"但先谷则认为这样的回答太软弱,有谄媚敌人之意,并擅自将答词改为"必逐楚军,无避战"。其实,楚国此次遣使,并不是真心与晋国讲和,目的却在于探察晋军的意向与虚实,并给各方诸侯造成楚要和、晋要战,楚直晋曲的影响,先谷的举止恰合楚军之意。当楚庄王明了晋军上下意见分歧的情形后,再次假意派人以卑屈的言辞向晋军求和,就在晋军等待与楚军谈判的时候,楚军突然派出小股兵力,向晋军发起袭扰,请盟变为挑战,楚军进攻迫在眉睫,晋将鲍癸闻悉楚军挑战,即率兵车分三路追击,而此时晋将魏锜也以与楚军讲和为借口,率部向楚军进攻,楚将潘党亲自率兵车前来迎敌⋯⋯双方挑战与应战,揭开了晋楚邲之战的序幕。

就在魏锜前往楚营挑战遭到潘党追击之际,晋将赵旃也以同样理由开往楚营,他们停车于楚营门外,并派士卒进楚营挑战。进入楚营的士卒,杀人放火、彻夜骚扰,造成一片混乱。待至天色黎明,楚庄王便亲率左广驱逐赵旃,赵旃乘车逃奔松林口,屈荡下车与赵旃搏斗,一把抓住赵旃的甲裳,而赵旃却轻身逃脱。此时又见前面尘埃四起。原来,在荀林父派魏锜、赵旃前往楚营请和时,为防止发生意外,另派荀䓨率轵车(体积比较大,防御用的兵车)前往接应,这正是轵车带起的尘埃。楚军以为晋大军到达,立即向楚庄王报告。令尹孙叔敖担心楚庄王追逐挑战的晋军,有被晋军包围的危险,急忙饬令大军全部出动。楚庄王遥望北方尘埃高度有限,料定不是晋军主力,于是饬令全军,按照战前部署:楚左军攻击晋上军;右军攻击晋下军;中军攻击晋中军。他们迅速前进,并首先歼灭了孤军深入的晋军魏锜、赵旃部及荀林父派来接应他们的兵车,又车驰卒奔、蜂拥蚁附直冲晋营。

这时,荀林父还在营中幻想楚军派使者来讲和,哪知早已大敌压境。面对这突然如潮而至的楚国大军,毫无准备的荀林父顿时慌了手脚,他急忙下令应战,两军就在邲(今河南郑州东)混战起来。晋军将领不团结、指挥不统一、军队无斗

志；而楚军则上下团结一致，一齐向前。战事开始不久，晋军即告溃退。晋军统帅荀林父更是手足无措，赶紧命令全军渡河躲避，并大呼："先渡河者有赏！"这样一来，晋军更加混乱，中军、下军拥挤于河岸附近，纷纷争船渡河。由于人多船少，没有上船的，则纷纷跳入河中，手扒船舷泅水，船只因此不能开行。而在船上的人急于脱逃，挥刀乱砍，断臂残指纷纷坠入河中。等到第二天一早，晋军渡河后，已经伤亡大半了。只有晋上军将领士会，因预先有准备，已在敖山设伏，拒绝元帅敌前撤退命令而岿然不动，并给楚军公子婴齐部以沉重打击，后因当时敌情不便单独反攻，便指挥上军有秩序地向河北岸撤退。

楚军攻进了邲城，有人请楚庄王追上去，把晋人赶尽杀绝。楚庄王说："楚国自从城濮之战以后，一直抬不起头来，这回打了胜仗，已经把以前的羞耻洗去了。晋国灭不了楚国，楚国也灭不了晋国。两个大国总得讲和，才是道理，何必多杀人呢？"也有人对楚庄王说："把晋人的尸首堆起来，造成一座小山，一来可以留个纪念，二来也可以显显威风。"楚庄王听了，瞪着眼睛说："偶然打个胜仗，有什么值得纪念的？再说杀人杀得多，也不是什么光彩的事，还表什么功？况且，我们用武力已经达到了目的，如果太夸耀武功就会使天下不安，这样怎么能达到安定国家、建立功业的目的呢？还是快点儿把尸首全埋了吧！"于是，楚军埋了晋军的尸首，并进入践土王宫，筑楚先君宫殿，告捷凯旋。

晋、楚乃春秋时期两大诸侯国。晋国曾于城濮之战中大败楚军，做了诸侯的盟主，何以此战一败涂地呢？关键就在于晋国犯了一个兵家之大忌，《孙子》云："胜兵先胜而后求战，败兵先战而后求胜。"晋国在战前没有认真分析敌我双方的客观条件，又不做认真的战前准备，只有凭感情用事，盲目地向已有充分准备的楚国发动战争，势必造成战斗中的许多不利趋势。由此看来，晋国的失败也是意料之中的了。反观楚军，他们在战前已有充足的准备，并且分析到了晋军内部政令不一、矛盾重重的现实，因而制定了正确的作战方针。首先是骄敌，引诱晋军来战，战斗中又能把握战机，勇猛作战。由此观之，楚国胜利也是情理之中的事情了。

孙子兵法 解析 第四篇 军形篇

顷公轻敌留笑柄

公元前589年，齐顷公向鲁国发起战争，占领了鲁国的大片土地，接着又打败了来援救鲁国的卫国。鲁、卫两国慌忙向晋国求援。晋景公见鲁、卫两国同时求援，立即派大将郤克率八百辆战车浩浩荡荡地开到鲁国，与鲁、卫两军会合，准备与齐国一决雌雄。

齐国有一员虎将名叫高固，他看到晋、鲁、卫三国联军逼近自己的阵地，竟全然不放在眼里，独自一人闯入晋军，趁晋军慌乱之机，飞身夺得一辆战车，驱车跑回自己营中，并在军营里到处飞跑，边跑边喊："谁想要勇气，请到我这来买，我还有很多剩余的勇气呢！"

齐顷公接连打败鲁国、卫国的军队，气势正盛，现在又看到高固一人独闯晋军，还夺得一辆战车回来，于是更不把晋、鲁、卫三国联军放在眼里。双方军队在鞌地摆好阵，约定来日清晨决战。

第二天，齐顷公披挂齐整，登上战车，进入阵地。这时，晋、鲁、卫三国联军已严阵以待，而齐国尚未布好阵。齐顷公不以为然，对身边的将士说："等我消灭了这些敌人之后，再来吃早饭吧！"部将连忙劝阻道："主公，我方阵势还没有布好，恐怕不妥。"齐顷公道："怕什么？他们都是手下败将，只要我们的大军掩杀过去，他们就都抱头鼠窜了！"说罢，亲自擂响战鼓，指挥三军，发起攻击。

齐军的攻势十分凶猛，但晋、鲁、卫联军凭借列好的阵势，顽强抵抗，不肯后撤半步，战斗空前激烈。齐军由于准备不足，双方对峙不下时，将士们就开始显露出信心不足。这时，晋军元帅郤克手臂中了一箭，不能擂鼓，驾车的解张虽然也中箭负伤，但他立即接过郤克的鼓槌，奋力击鼓。晋军将士大受鼓舞，一个个齐声呐喊，奋勇反击。晋军士气大振，鲁、卫两国也受到鼓舞，齐军纷纷后退。郤克是位身经百战的将领，他见时机已到，便指挥大军，奋力冲杀，齐军落荒而逃，齐顷公幸得驭手逢丑夫的保护，才没有沦为晋军的俘虏。

齐顷公骄傲轻敌，导致大败，他在战前所说的"等我消灭了这些敌人之后，再来吃早饭"（即成语"灭此朝食"）一句话流传下来，成为后人的笑柄。

孙子兵法 解析 第四篇 军形篇

伍子胥疲楚败楚

春秋时期，吴王阖闾在大将孙武、大夫伍子胥、太宰伯嚭的辅佐下，国力大增。公元前512年，阖闾认为可以攻打楚国了，于是召集孙武、伍子胥、伯嚭共议出兵大事。

孙武道："大王要远征楚国，时机尚不成熟。楚国地大物博、兵多将广，而我们吴国是个小国，人口少，物力也不够富足，要想打败楚国，还需要几年的准备。"

伍子胥因自己的父兄都被楚王杀害，急于报仇，在同意孙武的意见时，又提出了一个"疲楚"的妙计：把吴国的士兵分为三军，每次用一军去袭扰楚国的边境，一军返回，另一军则出发，这样，自己的军队可以得到充分的休整，而使楚国的军队疲于奔命，劳苦不堪。

孙武和伯嚭也都认为伍子胥的计策切实可行。于是，第二年，阖闾开始实施伍子胥的"疲楚"计划：派一支部队袭击楚国的六城和潜城（均在今安徽境内），楚国急忙调兵援救潜城，吴兵则已离开潜城攻破了六城。过了一些日子，吴兵又攻击楚国的弦（今河南境内），楚国慌忙调兵奔走数百里援救弦，但是，援军还没有赶到弦，吴兵已撤退回国了。一连六年，吴国用此"疲楚"之计使楚国士卒疲于奔走，消耗了其大量实力。

公元前506年，楚国令尹囊瓦攻打蔡国，蔡国向吴国求救，阖闾认为这是一个出兵攻楚的大好时机，再次召集伍子胥、孙武和伯嚭商议出兵之计，伍、孙、伯三人一致同意阖闾的意见。这一年冬天，阖闾亲率伍子胥、伯嚭、孙武，倾全国的军队计六万多人誓师伐楚。

楚军连年奔走作战，实在是"疲劳"已极，因此，吴军长驱直入，迫近汉水方才遇到囊瓦的"阻挡"。决战时刻，吴军士气旺盛，而楚军战战兢兢，勉强应战。双方军队一接触，楚军就土崩瓦解，囊瓦率先逃走，大夫史皇战死。吴军乘胜追击，接连在郢、随一带和雍地大败楚军，然后渡过汉水，迅速攻占楚国都城郢（今湖北江陵），楚昭王跑得快了一步，才没有成为吴军的俘虏。

战垓下四面楚歌

前203年八月,楚汉议和,划鸿沟为边界,"中分天下"。一个月后,项羽领军东归。

刘邦也想回西部去。谋臣张良、陈平劝谏道:"天下三分之二已归我们所有,目前楚军粮草不足,士兵疲乏,正是灭项羽的大好时机,岂可养虎遗患。"刘邦突然醒悟:刚订和约,项羽引兵东撤,一定疏忽麻痹,确实是天赐良机。他火速派人传令韩信、彭越同时出兵,自己亲率大军追击楚军,合力灭楚。

然而韩信、彭越均未发兵。刘邦孤掌难鸣,于固陵追上项羽,却被项羽打得大败。

刘邦无奈,只得采用张良的计策——裂地分封。封韩信为齐王,封彭越为梁王。使者一到,韩、彭二人果然领兵前来会师。

前202年十一月,汉大将刘贾渡淮河入楚地,诱降九江守将,兵围寿春。韩信西进占彭城,项羽四面受敌,转战南撤,退至垓下(今安徽灵璧南)。刘邦军紧紧跟来,四面合围。

刘邦将会合后的三十万大军统统交给韩信指挥,韩信布下十面埋伏,将项羽重重包围在垓下。但项羽此时尚有十万兵马,八千子弟兵,他坚守大营不出战,韩信一时也无法取胜。

楚军被困日久,粮食渐渐吃光,隆冬之际寒风凛冽,兵士衣服单薄,饥寒交迫,军心不稳。

这天晚上,夜深人静,突然从汉营飘来一片楚歌,且伴有箫声,甚是凄凉哀怨:"寒夜深冬兮,四野飞霜。天高水固兮,寒雁悲怆。最苦戍边兮,日夜彷徨……"

项羽听了,大吃一惊,心想:"汉军难道已经完全占领了楚地?他们怎会有那么多的楚人?"

楚歌仍不断地传来,听得清清楚楚:"虽有田园兮,谁与之守?邻家酒热兮,谁与之尝?白发倚门兮,望穿秋水。稚子忆念兮,泪断肝肠……"楚军将士不禁潸然泪下,这悲凉凄苦的歌声使他们想起了家园,想起了自己的父母与妻儿……

歌声彻底动摇了项羽的军心,三三两两的楚军士兵开始逃离楚营,到后来竟整批整批地逃跑,大将季布、钟离眛等也相继溜走,连项羽叔父项伯也去投奔张良。眼见败局已定,谁也不愿再在这里等死了。一夜之间,数万大军只剩一千多人。

项羽无计可施，借酒浇愁，唱起一首悲凉的歌："力拔山兮气盖世，时不利兮骓不逝；骓不逝兮可奈何，虞兮虞兮奈若何？"

夫人虞姬十分悲痛，持剑起舞作歌，歌毕自刎，其兄大将虞子期也引剑自刎，死在了妹妹身旁。项羽率八百余骑突出重围，又于乌江边被汉军追上，项羽自刎而死。

其实，项羽不知，那晚在汉营中唱楚歌的不全是楚地人，乃是张良布置的"攻心夺气"之计策。张良把在楚地的英布的九江士卒全分散到各营，让他们教所有的汉军将士唱楚歌，目的就是瓦解项羽军心。

陈平用计擒樊哙

陈平是西汉高祖刘邦的重要谋臣，自汉二年（前205年）投奔刘邦以后，屡以奇计辅佐刘邦，如以反间计离散项羽、范增君臣，使项羽失去了第一谋臣范增；汉三年（前204年）五月，设计乔装诱敌，使刘邦得以逃脱久遭楚王围困的荥阳；汉四年（前203年），他及时暗示刘邦，封韩信为齐王，为后来联齐攻楚，最后在垓下击溃项羽势力创造了机会；刘邦欲除楚王韩信，消灭异姓王，又是他帮刘邦定计作云梦泽伪游，一举擒获韩信；汉七年（前200年），刘邦在白登被匈奴冒顿单于以几十万大军包围，在粮尽援绝的紧要关头，又是陈平出计，以美人图活动单于之妻，大军才得以解围而出，陈平由此功封曲逆侯，成为刘邦左右功臣中唯一尽食一县者。陈平以奇计谋略，获得刘邦的尊重和信任，尤其到了刘邦晚年，张良功成身退，陈平就成为他赖以依靠的重要帮手，直至临死前，还向吕后嘱咐陈平可用。

汉高祖十二年（前195年），燕王卢绾起兵反汉，二月，刘邦命樊哙率兵平叛。樊哙出征不久，有人在刘邦前进言，说樊哙勾结吕后，就等高祖死后乘机夺权。刘邦听到此言，心中恼怒，说："樊哙见我病重，是要盼我速死。"打算临阵换将，以周勃替代。因担心樊哙领兵在外，手下有精兵强将，谋取不易，于是问计于陈平。陈平认为，不能到军中强行执缚樊哙，只有巧取才为妥当。绛侯周勃不宜公开出面，最好先隐蔽起来，由陈平出面先稳住樊哙，然后，周勃突然闯入军中，乘樊哙没有戒备时，宣旨斩杀，夺印代将。刘邦以为计策高明，令陈平、周勃速去。陈平、周勃领命出发，一路上两人商讨擒获樊哙的具体行动。在商谈时，陈平对周勃说："樊哙是皇上的故交，立下有如鸿门宴上救皇上等许多战功，又是现今朝中拥有强大势力的吕后的妹夫，既是功勋又是皇亲，皇上因一时生气，要我们杀他，如果事后气消，思之后悔，会归罪于我们。何况吕后及樊哙的妻子吕媭再在中间插手，我们的罪名更大。所以，不如暂时拿住樊哙，送往朝廷，听由皇上惩处。"周勃同意陈平的意见。

陈平、周勃临近樊哙军营时，周勃藏身大车之中。陈平让人在樊哙军营之外从速建筑一土台，作为诏宣皇帝圣旨所用，又派人去面见樊哙，通知他陈平代皇帝前来宣诏。樊哙本为一武将，见只有文官陈平带一些随从前来，真的以为陈平是来军中宣布皇上的一般诏书，丝毫不怀疑其中有诈，立即随陈平的手下赶到土台前接诏。正在陈平宣读诏旨时，哪知背后闪出绛侯周勃，只听一声令下，左右两边隐蔽的一些兵士一拥而上，把樊哙缚住，关入狱车中。周勃快马驰到樊哙大营，进入中军大帐，召文武属官集会，宣布樊哙罪行，自己遵旨代将。陈平则押解樊哙前往长安。

陈平不愧是汉初睿智的谋略家，耍起阴谋来也是不动声色，得心应手。这"明修栈道、暗度陈仓"之计，本是西汉第一谋臣张良在汉高祖元年（前206年）四月西就封国时，出谋要刘邦烧毁凌空高架的栈道，示意诸侯自己无东归之心，为麻痹项羽所用。张良的"明毁栈道"，导致了四个月后韩信的"明修栈道"，陈仓暗度，定灭三秦，此类故事，对陈平来说都是身历其中，自然如数家珍，非常清楚的。那"暗度陈仓"的好手韩信后来又是败在他的计策之下，所以说陈平运用暗度陈仓之计，有其得天独厚的优势之处，不过是现在他把此计由军事战场上，搬到了政治权力场的争斗上。刘邦晚年，随着异姓诸侯王的相继被杀，刘姓子孙诸王不断封藩，在中央政权内部，渐渐崛起了一股外戚吕氏势力。吕后是刘邦的结发妻子，吕氏宗族亦是刘邦起兵的最早参与者，吕氏利用刘邦年老身体有病，逐渐地把吕家一班人安排进朝廷的各个部门。大将樊哙与吕氏结成姻亲，领兵在外，廷内有颇有心术的辟阳侯审食其为吕后出谋划策，吕氏家族欲改刘家天下的苗头已经出现。在此情况下，陈平受命刘邦除杀与吕氏势力关系亲密的樊哙，这就不仅是一个简单遵旨杀人的事，更关系到陈平自身在未来的中央政权中能否存身。故此，陈平巧施暗度陈仓之计，以一介文官身份，单独约见樊哙，迷惑樊哙使其上当，而以大将周勃，隐藏偷袭，一举擒住樊哙。明里建台宣旨，暗里突袭擒敌。这样既避免了与樊哙军

将面对面的冲突，又能对刘邦交差，把杀樊哙的责任推卸给刘邦，使将要得势的吕氏家族不至于怪罪自己。果然，陈平在押解樊哙至长安途中，刘邦在京病逝，吕家班子把持了朝政，正要磨刀霍霍，向帮助刘邦开国的元勋功臣动手。陈平幸亏未斩樊哙，有了一个安抚吕氏的资本，于是急驰京都，以哭丧为名，实是示心意，泣告自己没有轻易处斩樊哙，只不过押解来京。吕后及其妹吕媭得知樊哙未死，放下心来，转而安慰悲伤的陈平，且收回让其出外就职的成命，吕后执政后，还让他做了丞相。

挟天子以令诸侯

曹操意欲挟天子以令诸侯之时，董卓的前车之鉴如何汲取，建安元年（196年），曹操在贺年节的会议中向重要的幕僚和将领提出了这个问题。

富于谋略的大胡子将领程昱首先表示意见："依情报显示，皇上在杨奉、董承等挟持下离开关中，进驻安邑，如果能趁机奉迎皇上，必能取得竞争优势。"

荀攸也表示："豫州离司隶区最近，目前有一半以上已在我们的控制中，如果要迎接皇帝，应以洛阳及许都最为合适，因此要准备这件工作，须先清除豫州境内的其他力量。"

猛将夏侯惇则有不同意见："虽然张邈的势力已清除，但吕布、陈宫等雄踞徐州，和袁术勾结，随时可能再度威胁兖州。因此属下认为应先稳定东方，彻底摧毁袁术及吕布的力量，再行经营豫州。"

几乎大部分将领及幕僚都赞同夏侯惇。曹仁更进一步表示："奉迎天子并不一定有利，董卓便成了众矢之的，以我们现有的实力，'挟天子'不见得能'令诸侯'。万一掌握不好，未蒙其利反将先受其害。"

满宠也表示："目前最重要的是探寻袁绍的动向，奉迎天子来讲，袁绍最有实力。如果这个时候因此事和袁绍闹翻，很可能会遭到倾覆危机，应审慎对待。"

曹操回答道："由冀州府传来消息，袁绍阵营里为了奉迎天子之事，意见分歧很大，审配坚持反对意见，袁将军本身似乎兴趣不大，况且和公孙瓒间的战争仍在持续中，依目前情报判断，或许不至于有所行动。"

荀攸大声表示："奉迎天子绝非纯为功利，从前高祖（刘邦）讨伐项羽，便以为

义帝复仇作为出师之名，因此得到天下诸侯响应。董卓之乱起，天子流亡关中，将军便首倡义军勤王，只因山东秩序混乱，才使我们无力兼顾关中。今皇上脱离西军掌握，正是大好机会啊！拥戴皇帝顺从民望，此乃大顺；秉持天下公道以收服豪杰，此乃大略；坚守大义网罗人才，此乃大德。即使会遭到其他势力围剿，也难不倒我们的。如不及时决定大计，等到别人也有所行动，就来不及了啊！"

在众人争执不休中，曹操突然想起当年反董联盟时自己和袁绍间的对话。

袁绍曾问曹操："如果这次举兵失败，您看我们应以何处为据点最为适当？"

曹操反问："以阁下的意见呢？"

袁绍说："我认为我们应以黄河以北的冀州山区为据点，争得北方异族的协助，以向南争取霸权。"曹操于是当机立断，决心奉迎汉献帝。

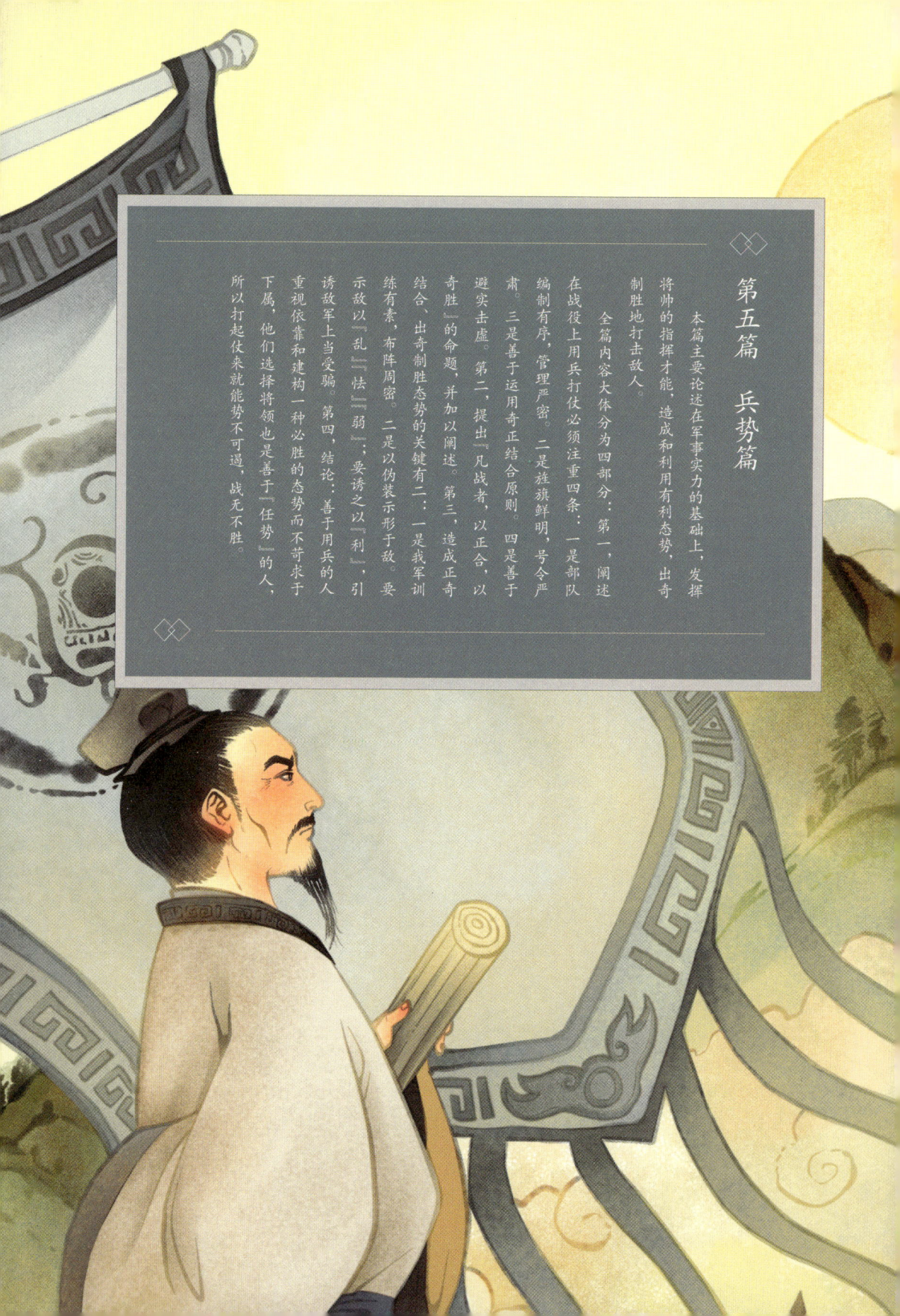

第五篇 兵势篇

本篇主要论述在军事实力的基础上，发挥将帅的指挥才能，造成和利用有利态势，出奇制胜地打击敌人。

全篇内容大体分为四部分：第一，阐述在战役上用兵打仗必须注重四条：一是部队编制有序，管理严密。二是旌旗鲜明，号令严肃。三是善于运用奇正结合原则。四是善于避实击虚。第二，提出"凡战者，以正合，以奇胜"的命题，并加以阐述。第三，造成正奇结合、出奇制胜态势的关键有二：一是我军训练有素，布阵周密。二是以伪装示形于敌。要示敌以"乱"、"怯"、"弱"。第四，结论：善于用兵的人诱敌军上当受骗。善于用兵的人重视依靠和建构一种必胜的态势而不苛求于下属，他们选择将领也是善于"任势"的人，所以打起仗来就能势不可遏，战无不胜。

用势造势　出奇制胜

孙子曰：凡治众如治寡①，分数是也②；斗众③如斗寡，形名是也④；三军之众，可使必受敌而无败⑤者，奇正是也⑥；兵之所加，如以碫投卵⑦者，虚实是也。

凡战者，以正合，以奇胜。故善出奇者，无穷如天地，不竭如江河。终而复始，日月是也；死而复生，四时是也。声不过五⑧，五声之变，不可胜听⑨也。色不过五，五色之变，不可胜观也。味不过五，五味⑩之变，不可胜尝也。战势不过奇正，奇正之变，不可胜穷也。奇正相生，如循环之无端，孰能穷之？

激水之疾，至于漂石者，势⑪也；鸷鸟⑫之疾，至于毁折⑬者，节⑭也。是故善战者，其势险，其节短。势如彍弩，节如发机。

纷纷纭纭，斗乱而不可乱也；浑浑沌沌，形圆而不可败也。乱生于治，怯生于勇，弱生于强。治乱，数也；勇怯，势也；强弱，形也。

故善动敌者，形之，敌必从之；予之，敌必取之。以利动之，以卒待之。故善战者，求之于势，不责于人，故能择人而任势。任势者，其战人也，如转木石。木石之性，安则静，危则动，方则止，圆则行。故善战人之势，如转圆石于千仞之山者，势也。

注释

①治众如治寡：治，治理、管理，意为管理人数众多的部队如同管理人数很少的部队一样。

②分数是也：分数，此处指军队的编制。

③斗众：指挥人数众多的部队作战。斗，使……战斗。

④形名是也：形，指旌旗。名，指金鼓。古战场上，投入兵力众多，分布面积也很宽广，临阵对敌，无从知道主帅的指挥意图和信息，所以设置旗帜，高举于手中，让将士知道前进或后退等，用金鼓来节制将士或号令进行战斗或终止战斗。

⑤必受敌而无败：必，意为即使。可使部队做到即使遭遇敌人攻击也不会失败的。

⑥奇正是也：奇正，古兵法常用术语，指军队作战的特殊战术与常规战术，以及机动灵活，出奇制胜的作战方法。就兵力部署而言，以正面受敌者为正，以机动突击为奇；就作战方式而言，正面进攻为正，侧翼包抄偷袭为奇；以实力围歼为正，以诱骗欺诈为奇等。

⑦以碫(xiá)投卵：碫，《说文》训"碫，砺石也"，即磨刀石，泛指坚硬的石头。以碫投卵，比喻以坚击脆、以实击虚。

⑧声不过五：声，古代的基本音节为宫、商、角、徵、羽五音。故此言声不过五。

⑨五声之变，不可胜听：即宫、商、角、徵、羽五声的变化，听之不尽。变，变化。胜，尽，穷尽之意。

⑩五味：指甜、酸、苦、辣、咸五种味道。

⑪势：在战争中，主要指军事力量的优化集中，妥善运用和充分指挥表现为战场上有利的态势和强大的冲击力。

⑫鸷(zhì)鸟：鸷，凶猛的鸟，如鹰、雕、鹫之类。

⑬毁折：指猛禽捕捉擒杀弱小的鸟雀。

⑭节：出击的时机和节奏。这里指动作爆发得既迅捷、猛烈，又恰到好处。

译文

孙子说：通常而言，管理大部队如同管理小部队一样，这属于军队的组织编制问题；指挥大部队作战如同指挥小部队作战一样，这属于指挥号令的问题；整个部队遭到敌人的进攻而没有溃败，这属于"奇正"的战术变化问题；对敌军所实施的打击，如同以石击卵一样，这属于"避实就虚"原则的正确运用问题。

　　一般的作战，总是以"正兵"合战，用"奇兵"取胜。所以，善于出奇制胜的人，其战法的变化如天地运行那样变化无穷，像江河那样奔流不息。终而复始，就像日月的运行；去而复来，如同四季的更替。乐音的基本音阶不过五个，然而五个音阶的变化，却是不可尽听；颜色，不过五种色素，然而五色的变化，却是不可尽观；滋味不过五样，然而五味的变化，却是不可尽尝。作战的方式方法不过"奇""正"两种，可是"奇""正"的变化，却永远未可穷尽。"奇""正"之间的相互转化，就像顺着圆环旋绕似的，无始无终，又有谁能够穷尽它呢？

　　湍急的流水迅猛地奔流，以致能够把巨石冲走，这是因为它的流速飞快形成的"势"；鸷鸟迅飞猛击，以致能捕杀鸟雀，这是由于短促快捷的"节"。因此，善于指挥作战的人，他所造成的态势险峻逼人，他进攻的节奏短促有力。险峻的态势就像张满的弓弩，迅疾的节奏犹似击发弩机把箭突然射出。

　　战旗纷乱，人马混杂，在混乱之中作战要使军队整齐不乱。在兵如潮涌、混沌不清的情况下战斗，要布阵周密，保持态势而不致失败。向敌诈示混乱，必须己方组织编制严整；向敌诈示怯懦，必须己方具备勇敢的素质；向敌诈示弱小，必须己方拥有强大的兵力。严整或者混乱，是由组织编制的好坏所决定的；勇敢或怯懦，是由作战态势的优劣所造成的；强大或者弱小，是由双方实力大小的对比所显现的。所以善于调动敌人的将帅，

伪装假象迷惑敌人，敌人便会听从调动；用小利引诱敌人，敌人就会前来争夺。用这样的办法积极调动敌人，再预备重兵伺机掩击它。

善于用兵打仗的人，总是努力创造有利的态势，而不对部属求全责备，所以他能够选择人才去利用和创造有利的态势。善于利用态势的人指挥军队作战，就如同滚动木头、石头一般。木头和石头的特性是，置放在平坦安稳之处是静止的，置放在险峻陡峭之处就滚动。方的容易静止，圆的滚动灵活。所以，善于指挥作战的人所造成的有利态势，就像将圆石从万丈高山上推滚下来那样，这就是所谓的"势"。

◆◆ 名家点评 ◆◆

体系严密　训练有素

本篇首先提出了四个范畴：分数、形名、奇正、虚实，也是用兵作战必须掌握的四个环节，这是发挥军队力量的关键问题。这四者的先后顺序，不是随意排列的。孙子认为，从指挥关系上说，"分数"（组织编制）是第一位的，能否治理、提挈全军，这是关键。其次才是"形名"，是通信、指挥问题。再次是"奇正"，即变换战术和使用兵力，这是孙子在本篇所要论述的中心。最后是"虚实"，即避实击虚的作战指导，这是下篇的篇名和论证中心。这四个环节之间的逻辑联系是，要取得作战胜利，首先军队要有严密的组织体系，再要有一个灵便的通信联络、指挥系统，训练有素，令行禁止，善于机动的"堂堂之阵"，然后要有精通战术的将领指挥作战，最后是正确选定主攻方向，从而把胜利的可能性变为胜利的现实性。

兵法解析

凡战者，以正合，以奇胜。故善出奇者，无穷如天地，不竭如江河。终而复始，日月是也；死而复生，四时是也。声不过五，五声之变，不可胜听也。色不过五，五色之变，不可胜观也。味不过五，五味之变，不可胜尝也。战势不过奇正，奇正之变，不可胜穷也。奇正相生，如循环之无端，孰能穷之？

"奇正相生"是孙子《兵势篇》中提出的重要的谋略思想。正中生奇，奇中有正，奇正相生、相变，使敌方无法摸清行动意图，从而收到出其不意战胜敌人的效果。

"奇正"是一个从战场上的兵力部署和兵力运用中抽象出来的概念，指的是作战方法的异法与常法。所谓正，在指挥系统上，正面开战为"正"，公开挺进为"正"，实力围歼为"正"；所谓奇，指灵活机动用兵，应变而出奇，如出敌不意，攻其无备，侧翼迂回，两翼包抄，诱敌诈取等等。在"奇"与"正"的关系上，孙子重视"正"，"凡战者，以正合"，也就是说，不了解正，不懂得一般的作战规律与方法，就不能与敌对峙；但又强调"奇"，要"以奇胜"，只有出奇才能制胜。

奇离不开正，正是奇的基础。只讲奇不讲正，就不可能出奇；只讲正不讲奇，也不可能克敌制胜。这是其一。其二，奇正是循环变化的，正变为奇，奇变为正。孙子用"日月""四时""五声""五色""五味"来论述奇正循环往复的特性，以证明其"不可胜穷"的本质。其三，奇正又是相生相变的，奇中可以生正，正中可以生奇，正中有奇，奇中有正，或我设为奇，敌视之为正，我设为正，敌视之为奇。所以孙子说："奇正相生，如循环之无端，孰能穷之？"也就是说作战中的异法可以上升为常法，而一般作战的常法可以指导特殊的战法，新创造的异法又可以丰富一般战法，如此这般发展下去，是谁也难以穷尽的。

孙子"奇正相生"的精辟论述译成白话，就是一般的作战，通常是以"正"兵当敌，以"奇"兵取胜。所以说，善于用奇的人，其变化就像天地那样不可穷尽，像江河那样永不枯竭。周而复始，如同日月的运行；去而复来，如同四季的更替。声音不过五个音阶，而五音的变化，却会产生出听不胜听的声调来；颜色不过五种色素，而五色的变化，却令人不可尽观；滋味不过五样味道，而五味的变化，却令人不可尽尝；作战的战术不过"奇""正"，而奇正的变化，却永远不可穷尽。"奇""正"之间的相互转化，就如同顺着圆环旋转而无始无终，有谁能够将它穷尽呢？

古今兵家用兵，善用奇正之术克敌制胜。牧野之战是史载最早运用奇正的战例。公元前1046年，周武王出师征讨商朝，两军在距商国都朝歌仅70里的牧野（今河南淇县）摆开阵势。主将吕尚率少量精锐正面冲击商军，转移敌军的注意力并挫其锐气；当商军遭此突然打击，阵脚大乱之时，武王率主力投入决战，猛烈冲

击敌阵,取得决定性胜利。此战周武王采用了先正后奇、出奇制胜之术。500多年后,越王勾践在排兵布阵上运用先奇后正术,在笠泽(今太湖)击败吴军。笠泽之战发生于公元前478年,越国趁吴国连年征战,国内空虚之机,发兵讨伐。两军对峙于笠泽一带。勾践先是命士兵在阵地两翼鸣鼓佯攻,引得吴军兵分两路后,乘机率主力隐蔽渡过笠泽,出其不意攻击吴军薄弱之处,迫使吴军溃逃,然后乘势追击,三战皆捷,取得了灭吴的决定性胜利。

当然,运用奇正之术,关键要根据战局的变化灵活处置,不能拘于一格。东汉时,羌族起兵侵犯武都,虞诩奉命率兵3000征讨羌兵。当汉军进抵崤谷(今陕西大散关)附近时,发现羌军已有准备。虞诩设计突破崤谷,率部日夜兼程,每天日行100多里。宿营时,又令官兵每人造两个锅灶,逐日递增。紧随其后的羌兵,发现汉军锅灶一天天增加,以为虞诩救兵已到,不敢贸然追击。虞诩摆脱了追击,顺利进军武都,解除了武都之围。

战国时期,孙膑曾用减灶的计谋胜庞涓,事隔四五百年,虞诩却反其道而行之,采用增灶办法退敌取胜。一个减灶,一个增灶,做法完全相反,却都达到了克敌制胜的目的。原因何在呢?兵法上云:"法有定论,而兵无常形。"作战中的奇正之法,必须根据时间、地点、条件的不同、敌情的不同而灵活运用。孙膑本强而示弱,故以减灶引诱敌人;虞诩本弱而示强,故以增灶迷惑敌人。所以,唐代李靖说:"敌意其奇,则以吾正击之;敌意其正,则以吾奇击之。"意思是说:敌人以为我出奇兵,我就用正兵出击;敌人以为我出正兵,我却用奇兵奇袭,这样才能稳操胜券。

战争中的奇与正是相辅相成的,此时为正,彼时为奇。用正时,奇在其中,用奇时,正在其中,这就是孙子所云"奇正相生,正合奇胜"的奥秘。

【古今实例】

在《孙子兵法·兵势篇》中有言:"故善战者,求之于势,不责于人,故能择人而任势。"意思是善于指挥打仗的将帅,要依靠有利的态势取胜,而不苛求部属,因而他就能选到适当的人才,利用有利的形势。这里的"择人",是指根据不同的敌情,选择优秀的指挥员,此处的人,一方面指己方之人,另一方面也指敌方。"任

势"，是指通过主观努力，造成有利的战场态势。总之，"择人"与"任势"是一个问题的两个方面，统兵作战，不"择人"则不知如何用兵；不"择人"则不知将之优劣。知敌之情，方能正确"任势"；知将之优劣，方知部署之妥否。因而，"择人任势"实际上是求全胜所不可少的大谋略，是领导者正确选人用人不可忽视的大问题。

郑成功奇袭鹿耳门

顺治十七年（1660年）五月，安南将军达素率大军围攻郑成功于厦门，突入岛上的清军全部被歼。

厦门一仗虽然获胜，但郑成功意识到已经难再与清兵对抗，于是决心收复1624年被荷兰殖民主义者侵占的台湾。为此，郑成功一面积极招募人员，修整船只，备造军器，并且招聘了三百名熟悉台湾海港、地形情况的领航员，做好东征准备；一面派人送信给在台湾的荷兰总督揆一，重申对荷兰国之善意，麻痹对方。由于郑成功在大陆战事的失利，荷兰国正以为郑成功将进攻台湾，派巴达维亚（今印尼首都雅加达）樊特郎率领一支十二艘船的舰队，运载一千余人增防台湾。揆一看了郑成功的信后，以为郑成功不可能进攻台湾，于是只留下三艘战舰、六百名士兵和一些军需物资，其余又返航回巴达维亚去了。郑成功得到这一消息，觉得时机已经成熟。是年三月，率战船数百艘，共二万五千人的舰队，由料罗湾出发，开始渡海东征。

荷军在台兵力约二千余人，主力防守在本岛西侧的鲲身岛，小部分兵力约二百余人防守在本岛上的普罗文查城。由外海进入台湾的水道，主要是大港，不仅水深，大船可以通行无阻，而且距离近。但有荷军主力防守，航道全在荷军炮火控制之下。其次是鹿耳门港，但沙石淤浅，航程远，退潮时只能通行小船。但荷军在此只派六名士兵驻守。

根据情况，郑成功决定由敌人意料不到的鹿耳门港进入台江，在敌人没有防备的禾寮港登上本岛，直插赤崁城（今台南市），然后再各个击破敌人。四月初二早晨，郑率舰队抵达鹿耳门外，轻而易举地抢占北线尾岛，于午后涨潮时驶抵禾寮港，主力开始登陆。早已联络好的接应人员和台湾人民纷纷前来接应，不到两小

时，郑军全部上岸。部队登陆之后，首先抢占了赤崁街的粮食仓库，同时包围了普罗文查城。

荷军对郑军突然在鹿耳门登陆一无所知，十分惊慌，急忙出动四艘战舰向郑军舰队攻击。荷军一向傲慢，甚至认为中国人受不了火药味和枪炮的声音。想不到郑军集中炮火，一举击沉荷主舰"赫克脱"号，"斯·格拉弗兰"号和"白鹭"号，仓皇败逃日本，快艇"马利亚"号逃往巴达维亚。荷舰队彻底瓦解。在海战的同时，荷军又派出阿尔多普上尉率领二百多名士兵增援赤崁，在郑军的截击下，遭重创。不久，又由贝德尔上尉率领二百四十名荷军，企图夺回北线尾岛，恢复鹿耳门港的控制权。在郑军的夹击下，遭到歼灭性打击。与此同时，苦难深重的台湾人民也掀起了反对荷兰殖民统治的高潮。淡水、基隆、新岸等地郑军尚未到达地区的人民，都自发起来捣毁荷兰教堂和统治机构。

粉碎荷军反扑后，四月初六，郑军集中兵力围攻赤崁城，荷军司令描难实叮举起白旗投降。四月初七，郑军水陆两路强攻台湾城（今台南市安平镇），未克，伤亡较大。郑成功随即改为长期围困，将主力抽往各地建立政权和屯垦，迅速站稳了脚跟。年底，困守孤城的荷军见大势已去，被迫投降。

郑成功在后有追兵、前有强敌的情况下，采取攻其无备的战略方法，顺利收复了台湾，捍卫了祖国的领土完整，表现了他的大智大勇。

郑相国子皮让贤

郑简公二十三年（公元前543年），郑国的相国子皮年纪大了，主动要求把自己的职位让给比他年轻能干的子产。子产激动不安地说："朝中有权有势的贵族这么多，他们会听我的吗？"

子皮说："我带头执行你的命令，率领群臣服从你的领导，这样，还有谁敢不尊重你呢？"

子产执政以后，颁布了一系列政策法令，组织生产，发展教育，开放乡校，鼓励人们议论国政，从而使那些忠诚勤俭的人们兴旺起来，奢侈越轨的人受到了抑制和制裁。

当时，子产的法令规定："一般人不得为祭祀而田猎杀鲜。"但有个横行不法的贵族丰卷，无视子产规定的法令，打算带大队人马去打猎，用猎获的野味来祭祀祖宗。子产予以制止后，丰卷竟召集部属、家兵，杀气腾腾地来围攻子产。子皮闻讯后，用他元老重臣的威望，制止了丰卷无法无天的行为，把他从郑国驱逐出境，从而维护了新任国相的尊严，巩固了子产的政治地位。

　　子产执政的第二年，子皮想让尹何担任自己私邑的长官。但尹何尚未成年，学识也不够，子产认为这样做不妥，但子皮说："这孩子谨慎老实，我特别喜欢他，让他到任以后再学习吧！"子产耐心地向子皮解释道："对于珍贵的锦绣，您肯定不会让那初学的人裁剪，私邑是您安身的地方，您却让初学的人管理。我只听说过先学好本领而后再授予政事的，没听说过先委以要职而后才学习治理的本领的。就像打猎一样，只有熟练地掌握了驾车射箭的技术，才能猎获禽兽；如果一个人根本就没有登过车射过箭，他就会老是担心翻车和被压，哪还顾得上去瞄准猎物呢？"子皮惭愧地说："你说的对极了！都怪我老糊涂了。还是你站得高，看得远。听了你的一席话，我算明白过来了。"

　　从这以后，子皮对子产更加信任了。在子产执政的二十年里，郑国国内安定，并受到各国诸侯的尊重。

曹操择将守合肥

　　公元215年，孙权攻破皖城之后，率十万大军直逼合肥。

　　此时，曹操想乘刘备在西蜀立足未稳之际，消灭刘备，特委派大将张辽守卫合肥，以防孙权的偷袭。张辽只有七千余人，将士们听说孙权以十倍有余的兵力来攻合肥，一个个谈虎色变。急迫间，曹操派人送来一个木匣，上面写着四个字："贼来乃发。"张辽立即打开木匣，匣内有一封短信，信上写道："若孙权

至者,张、李将军出战,乐将军护城(如果孙权来攻城,张辽和李典两位将军出去迎战,乐进将军守城)。"

张辽把曹操的信递给乐进和李典,李典看后默不作声,乐进问张辽:"将军想怎么办?"张辽说:"孙权乘主公(曹操)远征在外,率大军而来,以为必胜无疑,我们只有先主动迎击,打掉他们的锐气,才能守住合肥。"乐进见李典不说话,便说:"敌众我寡,我看还是不要冒险吧!"张辽道:"现在已是生死关头,待我出城,与孙权一决死战!"说完即吩咐备马出城。李典见状,慨然而起,道:"将军如此,李典难道能因私废公吗?我愿意听从您的指挥!"原来,李典一向与张辽不合,所以一直没有说话。

张辽留乐进守城,与李典一起率领八百名精悍将士乘孙权的军队尚未建好营寨之际,突然杀入孙权所在的大营,孙权措手不及,慌忙上马逃窜,吴军大败,死伤惨重。待孙权重新把大军集结好时,张辽、李典已率八百壮士退回合肥城。

吴军失了锐气,人人惧怕张辽的威名,虽然倚仗人多,天天攻城,但都心怀畏惧,攻城也不肯出死力。这样,一连攻了十多天城,合肥城依然固若金汤。

据《三国志》记载:张辽,"武力过人";乐进,"有胆略";李典,"有雄气""不与诸将争功"。曹操正是根据三将各自的长处予以重任,才取得了以少胜多和反围城的胜利。

吴起爱卒如子所向无敌

吴起是战国时期的著名军事家。他曾在鲁国做将军,为鲁王打了不少胜仗。后因鲁王不信任,吴起便离开鲁国投奔了魏国,被魏文侯封为将军。

吴起治军,以爱惜士卒、与士卒共患难而闻名。魏文侯命令吴起统率大军攻伐秦国。西征之中,吴起与普通士兵一样,背着粮袋,徒步行走,而将战马让于体弱的士卒骑。吃饭时,吴起也不吃"小灶",而是与士兵们坐在一起,围着大锅,喝大碗汤、吃大碗饭,有说有笑,俨然一名小卒。睡觉的时候,吴起还是与士兵们滚在一起,以天为被,以地为席。士卒们深受感动,打起仗来,都愿意为吴起出死力。

有一名士兵的背上生了个大疽(一种皮肤肿胀坚硬而皮色不变的毒疮),由于军队正在行军，一时找不到好药进行治疗，吴起就亲自为士兵把疽中的浓汁用嘴吸出来，为士兵治好了病。这名士兵的母亲闻讯后，竟放声大哭。邻居大惑不解，说："吴将军为你儿子吸毒治疽，你不感谢吴将军，却哭泣不止，这是为什么？"这位母亲回答道："不是我不感谢吴将军，我是想起了我的丈夫啊。我丈夫以前也在吴将军手下当兵，也曾长了背疽，是吴将军为他吸出毒汁治好病的。丈夫感激吴起，打起仗来不要命，最终战死在沙场。我儿子一定也会对吴将军感恩不尽，恐怕儿子的性命也不会长久了。"说完，又哭了起来。

吴起爱惜士卒，士卒甘愿为吴起拼死作战。魏、秦两军交战后，魏军连战连胜、所向无敌，秦军一退再退，接连被吴起攻占了五座城池，魏军大获全胜。魏文侯闻报，非常高兴，任命吴起为西河郡（今陕西华阴附近）守将，把保卫魏国西部边疆的重任交给了吴起。

田单攻敌

周赧王三十一年（前284年），燕王以乐毅为上将军，统帅燕、秦、韩、赵、魏等国军队伐齐，于济西一战，消灭齐军主力，连克七十余城，随即率燕军攻占了齐国的国都临淄。在齐国仅存有即墨和莒两座城池的危急关头，坚守即墨的田单故意扬言：最怕燕人把俘虏的鼻子割掉，那样即墨城里的人就要畏敌怯战，城池就难保了。燕军听了这话，就照办了。即墨城齐国军民看到后，异常愤怒，死守不屈。接着，田单又派出间谍向燕军放风说：我最怕燕人挖掘即墨城外的坟墓，那会令人伤心沮丧。燕军闻讯，又挖开齐人的坟墓，烧骨示众。齐国军民从城头上看了，悲恸涕零，不忍先人受辱，拔剑而起，义愤填膺，士气大增，要求与燕军决一死战，报仇雪恨。田单见火候到了，大举反攻，先以火牛阵破敌，然后乘胜追击，收复全部失地。

对于正义之师来说，激怒部队的根本办法，就是揭露侵略者的凶残面目和掠夺本性，使被侵之国广大军民心中燃起扑不灭的怒火，常常成为驱逐侵略者出境的决定力量。

解放战争时期，我军开展以"诉苦"和"三查"为内容的新式整军运动，是激励士气的有效方法。毛泽东同志在《评西北大捷兼论解放军的新式整军运动》一文中说：新式整军运动对于最后推翻国民党的反动统治，加速解放战争的进程，起了不可估量的作用。

项羽破釜沉舟败章邯

秦朝末年，秦二世胡亥派大将章邯统率大军击败了陈胜、吴广的起义军，然后又北渡黄河，进攻赵国，将赵王歇包围在巨鹿（今河北平乡西南）。赵王歇慌忙向楚国求救，楚怀王派宋义为上将军、项羽为次将、范增为末将，统率大军援救赵国。

宋义知道章邯是员骁勇善战的老将，不敢与章邯交战。援军到达安阳（今河南安阳西南）后，宋义按兵不动，一住就是四十六天。项羽对宋义说："救兵如救火，我们再不出兵，赵国就要被章邯灭掉了！"宋义根本不把项羽放在眼里，对项羽说："冲锋陷阵，我不如你；运筹帷幄，你就不如我了。"并且传下命令："如有人轻举妄动，不服从命令，一律斩首！"项羽忍无可忍，拔剑斩杀宋义，自己代理上将军，并命令黥布和蒲将军率两万人马渡过漳河援救赵国。

黥布和蒲将军成功地截断了秦军粮道，但却无力解赵王歇的钜鹿之围，赵王歇再次派人向项羽求救。项羽亲率全军渡过漳河，到达北岸后，项羽突然下令：将渡船全部凿沉，将饭锅全部打碎，将营房全部烧掉，每个人只带三天的干粮。将士们惧怕项羽的威严，谁也不敢多问。项羽对将士们说："我们此次进军，只能前进，不能后退，后退就是死路一条！"将士们眼见一点退路也没有，人人抱着死战到底的决心与秦军拼杀。结果，项羽率楚军以一当十，九战九捷，章邯的部将苏角被杀、王离被俘、涉间自焚而亡，章邯狼狈逃走，钜鹿之围遂解。

钜鹿之战打出了楚军的威风。从此以后，项羽一步步登上了权力的最高峰，成了名扬天下的"西楚霸王"。

韩信背水列阵灭赵国

前204年，汉王刘邦派大将韩信率数万人马攻打赵国。赵王歇和赵军统帅陈余率二十万兵马集结在井陉口（今河北井陉山上的井陉关），准备迎击韩信。

井陉口地势险要，是韩信攻赵的必经之路。赵国谋士李左车向陈余献计道："汉军一路上势如破竹、士气高涨，但他们长途跋涉，必定粮草不足。井陉这个地方，车马很难行走，汉军走不上一百里路，粮草必然落在后面。我愿意率三万兵马从小路截断他的粮草，你再深挖沟、高筑垒，坚守营寨，不与他们交战。这样，汉军前不能战，后不能退，不出十天，我们就能活捉韩信。"

陈余是个书呆子，他认为自己兵力比韩信多十倍，打韩信犹如以石击卵，因而没有采纳李左车的建议。韩信探知陈余不用李左车的计策，又惊又喜。他率兵进入井陉狭道，在离井陉口三十里处下寨。到了半夜，韩信命令二千精兵每人带一面红旗，迂回到赵军大营的侧后方，授以密计，埋伏下来；又派一万人马作先头部队，背着绵蔓水（流经井陉口东南）摆开阵势。陈余见韩信沿河布阵，放声大笑，对部下说："韩信徒有虚名，背水作战，不留退路，这是自己找死！"

天亮以后，韩信命部下高擎汉军大将旗号，率汉军主力杀向井陉口。陈余立刻命令出营迎战，双方厮杀多时，韩信佯作败退，命令士兵抛下旗鼓，向河岸阵地退去。赵军不知是计，认为活捉韩信的时机已到，争先恐后跑出大营，追杀韩信。

这时，埋伏在赵营后面的汉军乘虚而入，将营内的少许守敌杀光，拔掉赵军旗子，换上了汉军的红旗。

韩信率汉军退到背靠河水的阵地后，再无路可退，于是掉转头来，迎战赵军。汉军被置于死地，人人背水拼命死战，以求死里逃生。赵军的攻势很快就被遏止住，既而又由进攻转为后撤。但是，赵军将士立刻发现自己的大营已插满了汉军的红旗，顿时军心大乱，斗志全无。韩信指挥汉军前后夹攻，赵军兵败如山倒，二十万大军顷刻间灰飞烟灭，陈余被杀，赵王歇也成了汉军的俘虏。

曹操赏谏

立战功者，奖；立大功者，重奖。激励斗志，提高部队战斗力，是历代兵家重要的治军思想。三国时，曹操非常强调论功行赏。据说，他每当攻破敌方的城池，都将缴获来的财物赏给作战中有功的将士。而对于没有功劳的人，则从不滥加赏赐。因此，将士们都争着建功立业，英勇作战。

建安十二年（207年），曹操打败了袁绍后欲北伐乌桓。有些将领认为是孤军深入，反对这次出兵，曹操没有采纳反对意见。北伐途中，阴雨连绵，泥泞难行，不得不凿山填谷，缓缓而行。缺少水源、粮食，杀掉了马充饥。特别是在冲破敌军防御时，伤亡了不少将士。当到了距乌桓二百里的地方，曹军突然与敌军主力相遇，情况十分危急。曹操亲自到阵前指挥，居然化险为夷，一战成功。胜利归来，曹操照例奖励作战有功的将士，还问是哪些人出发前劝我不要北伐的？当时劝谏过曹操的那些将领都非常恐惧，纷纷下跪请罪。曹操哈哈大笑，非但不予治罪，反而给以重赏。曹操说，这次北伐，差一点全军覆没，侥幸取胜的冒险行为只能偶一为之。其实，当初你们的意见是正确的。受赏者无不感叹，将士们无不信服。

赫连勃勃死地求生破强敌

我国古代十六国时期，夏王赫连勃勃亲率精骑两万攻入南凉国境，掳获数十万头牛、羊、马和数不胜数的财物，踏上归途。

南凉国君秃发傉檀统率大军追赶。部将焦朗献计道："赫连勃勃治军甚严，我军不如避其锐气，绕道而行，守住险关，再寻破敌之计。"

大将贺连讥笑焦朗胆小："焦将军何必长他人志气，灭自己威风。我军兵多将广，赫连勃勃又为几十万牲畜所累，怕他什么？"

秃发傉檀认为贺连言之有理，一声令下，数万兵马以排山倒海之势向赫连勃勃追去。

赫连勃勃得知秃发傉檀率大军追来，有心迎战，又担心寡不敌众；有心退却，又舍不得几十万头牛羊和一车车的财物。思来想去，唯有"置之死地而后生"一计可以两全。赫连勃勃察看了附近地形，选择在阳武下峡与南凉决一死战。时值初冬，峡中河水已经封冻。赫连勃勃下令将峡中积冰全部凿开，又命令把所有的车辆塞住通道，断绝了将士们的退路，迫使全军将士拼死一搏，求得生路。

果然，秃发傉檀率南凉兵追至阳武下峡时，夏军见退路已绝，人人奋力拼杀，个个以一当十。赫连勃勃左臂中箭，鲜血直流。他大喝一声，将箭拔出，挥动长剑杀入南凉阵中。夏军见国主如此勇武，军心大振，南凉军队兵败如山倒，一个个落荒而逃。

赫连勃勃指挥夏军，乘胜追击八十余里，秃发傉檀一败涂地，只带少数亲信落荒而逃。

岳飞大破"铁塔兵"

南宋初期，抗金英雄岳飞屡创金军，金军统帅兀术对岳飞又恨又怕。一次，兀术探听到岳飞驻军在郾城，身边只有少量骑兵和步兵，就集中了自己最精锐的"铁塔兵"和"拐子马"，气势汹汹地杀向郾城，企图一举击败岳家军。

金兀术的"铁塔兵"名不虚传。他们头戴铁盔、面罩铁网、身穿铁甲、脚穿铁靴，连坐骑身上也披着铁甲。"拐子马"是配合"铁塔兵"行动的轻骑兵，他们位于"铁塔兵"的两侧，机动灵活。

岳飞对金兀术的"铁塔兵"和"拐子马"早有所闻，并制定了破敌的对策。岳飞对士兵们说："'铁塔兵'固然厉害，但他们太笨重，离开战马就一事无成，而'铁塔兵'的坐骑偏偏有四条腿毫无遮掩地暴露在外边，我们只要砍断一匹战马的腿，一队'铁塔兵'就都一筹莫展。'拐子马'只能在两侧出击，我们集中力量攻击中间的'铁塔兵'，'拐子马'就失去了优势，与普通骑兵毫无差别。"岳飞组建了一支盾牌军，盾牌军的士兵左手持特制大盾牌，右手握一把专门砍马腿用的麻扎刀，并针对"铁塔兵"的行动特点进行了多次演练。

金兀术统领一万五千名"铁塔兵"和"拐子马"浩浩荡荡地杀至郾城，岳飞先以盾牌军迎战"铁塔兵"，后以精骑兵杀入敌阵。盾牌军以盾牌护身，以麻扎刀砍马腿，马腿一断，"铁塔兵"一个个从战马上摔下来，寸步难行，岳飞的精骑兵趁机冲入，配合盾牌军将"铁塔兵"消灭。待金兀术的"拐子马"杀回自己阵中时，"铁塔兵"已经所剩无几。

金兀术眼看自己苦心经营的"铁塔兵"损失殆尽,伤心得放声大哭。

岳飞知己知彼,指挥有方,再一次大败了金兵。

袁崇焕炮击努尔哈赤

1616年,努尔哈赤建立后金。此后,他见明边关防务松弛,就不断发动进攻,到1622年,关外的大片土地已归后金,并且直接威胁山海关。

明廷一片慌乱:究竟是退守关内,还是在关外拒敌?大臣们分持两种意见,议而不决。想派人去关外指挥,又愁没人!

正当此时,刚从关外实地调查归来的兵部职方主事袁崇焕自告奋勇去守辽东。于是袁崇焕立刻被破格提升为佥事,星夜赶赴关外监督军事。

袁崇焕到任后,主张积极防御,"坚守关外,以捍关内",决定在山海关外的宁远(今辽宁兴城)建立防线。因为宁远地形险要,东边是滔滔的渤海,西面是高高的群山,还可以和峙立海中的觉华寺互为犄角。在此设防,就可以扼住入关的通道。而辽东经略王在晋则主张"重点设险,卫山海以卫京师",坚持要在山海关外八里铺筑重关。这无疑是一种消极防御的方针。两人意见不合,袁崇焕只好以书面形式上报京师。

不久,朝廷即派兵部尚书孙承宗来山海关,孙承宗是个很有眼光的人,他通过实地调查,支持了袁崇焕,并委派他去宁远驻防。

袁崇焕到宁远后,见城墙只修了三分之一,且厚度和高度都不够,立即下令修筑城墙,要求墙基宽三丈,墙头宽二丈四尺,墙高三丈三尺,还在城墙头上修了六尺高的射箭护身墙,宁远成了一个坚固的军事重镇。1624年,袁崇焕得孙承宗批准,又把防线向前推进二百里,形成了以宁远、锦州为重点的宁锦防线。

在此关键时刻,朝廷派胆小如鼠的高弟接替孙承宗的职务,他不顾袁崇焕的坚决反对,把锦州、石屯等地的守军全撤回了山海关,仓促之间,连十多万石军粮也丢弃了。努尔哈赤得知明辽东前线换了主帅,前线防务自动撤离,立即调十三万大军,浩浩荡荡地杀了过来。宁远城共有一万多兵马,袁崇焕只好让百姓全部退入城中,烧掉所有民房,不给敌人留下任何掩体。

正月二十四日,努尔哈赤开始攻城。袁崇焕早已命人用水泼在城墙上,冻了

一层冰,惯于爬城的后金兵怎么也爬不上这光溜溜的城墙。金兵又搬来云梯、撞车,努尔哈赤亲自督战,大批骁勇的后金兵头顶盾牌,前仆后继。袁崇焕在城头上指挥明军用石头、弓箭、各种火器狠狠打击。但明军炮石、火器有限,又无援军,只能速战。袁崇焕令炮手对准后金兵密集的地方轰击,后金军成片成片地倒下,努尔哈赤只好收兵。

第二天,努尔哈赤又调集铁甲军顶着盾牌,分十几处登城。后金军箭如飞蝗越过城墙,眼看各处人马拥了上来,明军将士们急得直跺脚,可袁崇焕就是不许开炮,直等金兵接近城下,他才下达命令。霎时炮声震动天地,金兵死伤不计其数,侥幸未伤者仓皇逃命,互相践踏,连努尔哈赤也受了重伤,只得退兵,明军出城追杀金兵,大胜而归。

消息传到北京,朝廷喜出望外,他们原指望保住山海关就心满意足了,所以立刻封赏袁崇焕,任命袁崇焕为右佥都御史。

孙子兵法 解析 ○ 第五篇 兵势篇

第六篇 虚实篇

本篇主要阐述作战中的虚实原则。全篇内容大体为四部分：第一，总论实行虚实原则的一般前提。强调提出：实行虚实原则的根本关键是牢牢掌握战场的主动权，使敌军受制于我。二是善于运用"利"与"害"引诱、"调遣"敌军，使之受我牵制，从而为我军避实就虚、以实击虚提供可乘之机。第二，提出并论述关于虚实原则的基本方法。这就是：其一，就一般军事行动来说，应避敌之实，就敌之虚，出敌所不意。其二，就攻守的态势来说，应该是避实就虚，以实击虚。其三，就运用兵力来说，应是以我军相对分散之敌。其四，以上这些，都必须以"形人而我无形"为基本方法。第三，论述战争中侦察敌方虚实情况的步骤与隐蔽我军行动的要诀。第四，结论：兵形像水。在战场上，把握一切因时因地制宜，灵活运用虚实的原则。

避实就虚　因敌制胜

　　孙子曰：凡先处战地而待敌者佚①，后处战地而趋战者劳②。故善战者，致人而不致于人。能使敌人自至者，利之也；能使敌人不得至者，害之也。故敌佚能劳之，饱能饥之，安能动之。出其所不趋③，趋其所不意。

　　行千里而不劳者，行于无人之地也；攻而必取者，攻其所不守也。守而必固者，守其所不攻也。故善攻者，敌不知其所守；善守者，敌不知其所攻。微乎微乎，至于无形；神乎神乎，至于无声，故能为敌之司命。

　　进而不可御者，冲其虚也；退而不可追者，速而不可及也。故我欲战，敌虽高垒深沟，不得不与我战者，攻其所必救也；我不欲战，画地而守之，敌不得与我战者，乖其所之也④。

　　故形人而我无形，则我专而敌分。我专为一，敌分为十，是以十攻其一也，则我众而敌寡；能以众击寡者，则吾之所与战者，约矣。吾所与战之地不可知，不可知，则敌所备者多；敌所备者多，则吾所与战者，寡矣。故备前则后寡，备后则前寡，备左则右寡，备右则左寡。无所不备，则无所不寡。寡者，备人者也；众者，使人备己者也。

　　故知战之地，知战之日，则可千里而会战。不知战地，不知战日，则左不能救右，右不能救左，前不能救后，后不能救前，而况远者数十里，近者数里乎！以吾度之，越人之兵虽多，亦奚益于胜败哉⑤！故曰胜可为也。敌虽众，可使无斗。

　　故策之而知得失之计，作之而知动静之理，形之而知死生之地，角之而知有余不足之处。故形兵之极，至于无形；无形，则深间不能窥，智者不能谋。因形而措胜于众⑥，众不能知。人皆知我所以胜之形，而莫知吾所以制胜之形。故其战胜不复，而应形于无穷。

　　夫兵形象水，水之形，避高而趋下，兵之形，避实而击虚。水因地而制流，兵因敌而制胜。故兵无常势，水无常形。能因敌变化而取胜者，谓之神。故五行无常胜⑦，四时无常位⑧，日有短长，月有死生。⑨

注释

①凡先处战地而待敌者佚：处，到达、占据。佚，即"逸"，指安逸、闲逸。此句言在作战中，若能率先占据战地，就能使自己处于以逸待劳的主动地位。

②后处战地而趋战者劳：趋，快走，此处为仓促之意。趋战，指敌人急行军之后仓促应战。此句意为作战中若后据战地仓促应战，则疲劳被动。

③出其所不趋：出兵要指向敌人急行军无法到达的地方，即击其空虚。不，这里做"无法、无从"解。

④乖其所之也：乖，违、相反，此处指诱导敌人产生错误的思想。句意谓诱导敌人产生并实施了错误的思想。

⑤亦奚益于胜败哉：奚，何、岂。益，补益、帮助。谓越国军队人数虽众，然不能知众寡分合的运用，则岂利于其取胜之企图？

⑥因形而措胜于众：因，由、依据；因形，根据敌情而灵活应变。错，放置、安置之意。言依据敌情而取胜，将胜利置于众人面前。

⑦故五行无常胜：五行，木、火、土、金、水。古代认为这是组成物质的基本元素。战国五行学说认为这五种元素的彼此关系是相生又相胜（相克）的。孙子此言谓其相生相克间变化无定数，如用兵之策略奇妙莫测。

⑧四时无常位：四时，指四季。常位，指固定不变的位置。此言春、夏、秋、冬四季推移变换永无止息。

⑨日有短长，月有死生：日，指白昼。死生，指月晦明变化。句意谓白昼因季节变化有长有短，月光循环因而有晦明。此处孙子言五行、四时及日月变化，均是说明"兵无常势"之意。

译文

孙子说：凡先占据战场，等待敌人的就主动安逸，而后到达战场仓促应战的就疲惫被动。所以善于指挥作战的人，总是能够调动敌人而不被敌人所调动。能够

使敌人自动进到我预定地域的，是用小利引诱的缘故；能够使敌人不能抵达其预定领域的，则是设置重重困难阻挠的缘故。敌人休整得好，就设法使它疲劳；敌人粮食充足，就设法使它饥饿；敌人驻扎安稳，就设法使它移动。要出击敌人无法驰救的地方，要奔袭敌人未曾预料之处。

行军千里而不劳累，是因为行进的是敌人没有防备的地区；进攻而必定能够取胜，是因为进攻的是敌人不曾防御的地点；防御而必能稳固，是因为扼守的是敌人无法攻取的地方。所以善于进攻的，能使敌人不知道该如何防守；善于防御的，能使敌人不知道该怎么进攻。微妙啊，微妙到看不出任何形迹！神奇啊，神奇到听不见丝毫声音！所以，我能够成为敌人命运的主宰。

前进而使敌人无法抵御的，是由于袭击敌人懈怠空虚的地方；撤退而使敌人不能追击的，是因为行动迅速而使得敌人追赶不及。所以我军要交战时，敌人即使高垒深沟也不得不出来与我交锋，这是因为我们攻击了敌人所必救的地方；我军不想交战时，据扎一个地方防守，敌人也无法同我交锋，这是因为我们诱使敌人改变了进攻方向。

要使敌人显露真情而我军不露痕迹。这样，我军兵力就可以集中而敌人兵力却不得不分散。我们的兵力集中在一处，敌人的兵力分散在十处，这样，我们就能以十倍于敌的兵力去进攻敌人了，从而造成我众而敌寡的有利态势。能做到集中优势兵力攻击劣势的敌人，那么同我军正面交战的敌人也就有限了。我们所要进攻的地方敌人很难知道，既无从知道，那么他所需要防备的地方就多了；敌人防备的地方愈多，那么我们所要进攻的敌人就愈单薄。因此，防备了前面，后面的兵力就薄弱；防备了后面，前面的兵力就薄弱；防备了左边，右边的兵力就薄弱；防备了右边，左边的兵力就薄弱。处处加以防备，就处处兵力薄弱。兵力之所以薄弱，是因为处处分兵防备；兵力之所以充足，是因为迫使对方处处分兵防备。

所以，如能预知交战的地点，预知交战的时间，那么即使跋涉千里也可以去同敌人会战。不能预知在什么地方打，不能预知在什么时间打，那么就会导致左翼救不了右翼，右翼救不了左翼，前面不能救后面，后面不能救前面的情况，何况想要在远达数十里、近在数里的范围内做到应付自如呢？依我分析，越国的军队虽多，但对于决定战争的胜负又有什么补益呢？所以说，胜利是可以造成的，敌军虽多，可以使它无法同我较量。

所以要通过认真的筹算，来分析敌人作战计划的优劣和得失；要通过挑动敌人，来了解敌人的活动规律；要通过佯动示形，来试探敌人生死命脉的所在；要通过小型交锋，来了解敌人兵力的虚实强弱。所以佯动示形进入最高的境界，就再也看不出什么痕迹。看不出形迹，那么，即使是深藏的间谍也窥察不了底细，老谋深算的敌人也想不出对策。根据敌情变化而灵活运用战术，即便把胜利摆放在众人面前，众人仍然不能看出其中的奥妙。人们只能知道我用来战胜敌人的办法，但却无从知道我是怎样运用这些办法出奇制胜的。所以每一次胜利，都不是简单的重复，而是适应不同的情况，变化无穷。

用兵的规律就像流水，流水的属性，是避开高处而流向低处；作战的规律是避开敌人的坚实之处而攻击敌之弱点。水因地形的高低而制约其流向，作战则根据不同的敌情而制定取胜的策略。所以，用兵打仗没有固定刻板的态势，正如水的流动不曾有一成不变的形态一样。能够根据敌情变化而灵活机动取胜的，就可叫作用兵如神。五行相生相克没有固定的常胜，四季轮流更替也没有哪个季节固定不变，白天有长有短，月亮也有圆有缺。

◆◆ 名家点评 ◆◆

争取主动　以逸待劳

孙子提出"致人而不致于人"，这句话是本篇的主旨。所谓"致人"，就是调动敌人，所谓"不致于人"，就是不被敌人所调动。他认为，指挥作战要争取主动，避免被动，这是战争指导上的重要原则。

本篇首先指出，在未战之前，要"先处战地而待敌"，先敌完成作战部署，以逸待劳。他所谓的"佚"，就是先敌准整、先敌休备、先敌部署，这样便能居于有利地位，从容作战。

军事斗争的最高艺术，莫过于能调动敌人而不被敌人所调动。然而，敌人的指挥官也是有头脑的活人，采取一厢情愿、强加于人的办法，敌人是不会接受的。善于"投其所好"，方能调动敌人就我所范。

兵法解析

策之而知得失之计。

"策之而知得失之计"是孙武在《虚实篇》中提出的"相敌四术"之一。策,谋划,根据兵法准则,对敌方的兵力、形势、计划进行分析、筹算。意思是说:通过认真分析判断,以求明了敌人作战计划的优劣长短。

要正确判断敌情,必须以现实为出发点,不能想当然,这是其一;其二,"策之"的目的在于料敌料己,以决定作战大计。

战场上两军对阵,兵家历来重视用"策之"术,指挥作战。南朝时,陈国将领吴明彻曾率军讨伐北齐,兵逼寿阳。北齐派皮景和前来救援,在离寿春三十里地时就驻兵不前。陈国将领不知如何是好,问计于吴明彻。吴明彻道:"兵贵神速。北齐皮景和前来救援,却又驻兵不前,说明他信心不足,害怕与我军作战。"于是率领陈军发动进攻,一举冲垮了北齐援军,活捉皮景和。这是吴明彻用"策之而知得失之计",大获全胜。

北宋时,张齐贤任代州(今山西代县一带)知州。辽兵犯境,张齐贤派使者去向负责北部边防的大将潘仁美求救。哪知使者在路上被辽军截获。辽军陈兵观望。后来,潘仁美虽得到了消息,但派兵后又接到皇上密诏,不让出战,故援兵走了一半路又撤回去了。张齐贤想:"辽军只知援军要来,不知援军返回。"于是派二百名士卒,人人擎宋军旗帜,身背一捆柴草,星夜去代州城南、援军要来的路上,点起柴草,摇曳旗帜。辽军见并州方向有火光,又见宋军大旗在飘扬,以为宋人援军杀来,赶紧撤走。张齐贤使用"策之"术制造假象吓退了敌军。

"策之"术不仅可用于两军对垒的战场,对敌军的兵力、态势进行分析、筹算,以指导具体的战役,也可对天下大势进行"策之",以制定战略大计。

春秋初年,齐桓公欲称霸天下,管仲便运用"策之"法,为他分析天下大势:周王室虽已失去号令诸侯的能力,但在名义上仍是中原的共主和宗法上的大宗,影响还很大。而当时戎、狄等部族的入侵,又严重地威胁着中原各国的安全,"攘夷"是中原各国的共同心愿。要"攘夷"就要树立一面中原各国共同拥护的旗帜,那就是"尊王"。从而为齐国制定了"尊天子以令诸侯,尊华夏以攘四夷"

孙子兵法解析 第六篇 虚实篇

108

的政治战略。此后，齐桓公按照管仲制定的战略，展开了一连串的会盟与征伐。

公元前682年，宋国国君宋闵公被杀，齐桓公以周庄王的名义，召集宋、陈、蔡、邾四国之君会于北杏（今山东东阿北）。宋桓公不从，齐桓公假天子之命，会同陈、曹两国，共同伐宋，宋桓公无奈，只得听命于齐。次年冬，齐桓公与宋、卫、郑、单等国的君主会盟于鄄（今山东鄄城北），这次会盟，是齐桓公霸业的开始。

公元前678年，齐桓公因楚国灭息（今河南息县）入蔡（今河南上蔡西南），北侵中原之势甚急，而郑国此时暗中通好于楚，便遣兵与宋、卫之军伐郑，迫使郑国屈服于齐国。

又隔了十多年，山戎入侵燕国，燕向齐告急，齐遂兴师讨伐山戎。后又北伐狄戎，稳定了中原四周的形势。在北破狄戎，团结诸侯的基础上，齐国开始对楚国作战。公元前656年，齐国会合鲁、宋、陈、卫、郑、曹、许八国之军，越蔡伐楚。在齐桓公武力威逼下，双方在召陵签了和约，楚确认了齐桓公的霸主地位，表示要尊崇周王室。

管仲用"策之"术，为齐国制定"尊王攘夷"战略，使齐桓公实现了称霸中原、折服诸侯的目的。

【古今实例】

《孙子兵法·虚实篇》中说："水因地而制流，兵因敌而制胜。故兵无常势，水无常形，能因敌变化而取胜者，谓之神。"意思是水因地形而变化其流动方向，用兵要顺应敌情变化而克敌制胜。所以，用兵没有固定的规则，就像水没有固定的形态一样，能根据敌情变化而取胜，就称得上用兵如神了。在这里，孙子明确地强调用兵没有固定不变的模式，高明的将帅应该根据敌情的变化机动灵活、随机应变，这样才能克敌制胜。商战也是如此，市场竞争变化莫测，也没有固定不变的模式，企业要想在多变的市场竞争中取胜，也必须机动灵活、随机应变，具备正确的应变意识，任何故步自封、墨守成规的做法，最终都将被市场所唾弃。

徐达大破扩廓帖木儿

1368年，明大将徐达和常遇春在攻克了元朝的都城大都（今北京）后，统率大军继续向山西挺进。这时候，元朝太原守将扩廓帖木儿却击败渡过黄河的明将汤和，并乘胜进军，出雁门关（今山西代县北部），逼近居庸关，企图夺回大都。

徐达与诸将商议对策，道："扩廓帖木儿倾主力远出，太原一定空虚。古人有围魏救赵之举，我们何不仿效古人，避实击虚，直克太原？"

众将齐声说"好"。于是，徐达决定不回师增援大都，而是亲率骑兵，迅速扑向太原。果然，扩廓帖木儿已经进至保安（今河北涿鹿），听说徐达进军太原，担心老巢被端，立刻下令回师救援。双方大军在太原附近相遇。

徐达的军队全是骑兵，步兵尚未到达。徐达与大将常遇春正在营中谋划，忽有亲信来报："扩廓帖木儿部将豁鼻马愿意投降做内应，现派人来商讨。"

常遇春道："元顺帝及后妃、太子等人早已逃往开平（今内蒙古多伦西北），元军已成崩溃之状。扩廓帖木儿只是一支孤军，败局已定，因此，豁鼻马的投降可信。"

徐达认为常遇春的判断有理，并说："我军只有骑兵，与扩廓帖木儿正面交锋只能吃亏，如果利用豁鼻马为内应，集中兵力，乘夜奇袭，定能大破扩廓帖木儿！"

两位主将的意见取得了完全的一致。当天夜晚，他们一面派出使者与豁鼻马取得了联系，一面倾营而出，悄悄地包围了扩廓帖木儿的大营。在豁鼻马的策应下，明军突然杀入扩廓帖木儿的营中。扩廓帖木儿尚未就寝，忽闻营中一片喊杀声，急忙出营上马，在十八名亲信的保护下，拼死杀出一条血路，逃命去了。

徐达大破扩廓帖木儿，还收降了豁鼻马的四万精兵，乘势直捣太原。太原守军本来就不多，又闻扩廓帖木儿已经逃走，抛下城池，一个个落荒而逃，徐达不费吹灰之力就占领了太原。

张巡"草人借箭"守雍丘

唐朝末年，安禄山起兵反唐，派叛将令狐潮率重兵包围了雍丘（今河南杞县）。守将张巡留一千人守城，自己带领一千精兵，打开城门，分数队冲出。张巡身先士卒，冲进敌阵猛砍，兵士个个奋勇。叛军做梦也没想到张巡敢冲出城，于是措手不及,连连向后退。第二天令狐潮架起云梯,指挥士兵登城。张巡又率领士兵把用油浸过的草捆点燃抛下城来,登城的士兵烧得焦头烂额,非死即伤,惨叫之声不断。

此后六十多天里,只要一有机会,张巡就突然出兵攻击,或是夜里从城上缒下一队勇士杀入敌营,敌军日夜惊慌。张巡还用计夺取了叛军的大批粮食和盐。

粮盐虽足,但城中箭矢已消耗得差不多了。张巡又想出一条妙计。他让兵士扎了许多草人,给它们穿上黑衣。当夜,月色朦胧,张巡命令兵士用绳子把草人陆陆续续地缒下城去。城外叛军见这么多人缒下城,纷纷射箭,一时间箭如飞蝗。射了半天,叛军发觉不对劲,因为他们始终没听到一声喊叫声,而且又发现这一批刚拉上城去,那一批又坠下来,方知中计,所射的都是草人。这一夜,张巡竟得箭十万支。

当天深夜,张巡把外罩黑衣、内穿甲胄的士兵从城上放下去。叛军见了,都哄起来,以为又是草人。以后数夜,张巡都是如此,城外叛军全不在意。

一切准备就绪,张巡决定发起总攻。这一日,张巡又把五百名勇士趁夜色缒下城去,勇士们奋勇突进敌营。叛军一点准备也没有,立时大乱。接着,叛军的营房四处起火,混乱中,也不知来了多少官军,张巡率军直追杀出十余里,大获全胜。

老吏的妙计

明代的安吉州曾发生过一件这样的事：

某富豪人家娶儿媳，三亲六故和邻里都来庆贺，一个小偷也混了进来，潜入洞房，一头钻入床底。小偷本想乘新郎、新娘你欢我爱之机偷些金银首饰离去。不料，一连三天三夜，洞房内外，灯火通明，人员不断。小偷躲在床下，饥渴难挨，只好冒险从床下爬出来，拔腿向外逃去。

新郎、新娘突然看见床下爬出个人来，吓得魂飞魄散，"哇哇"乱叫，屋外的人听到惊呼声，又看见从屋中跑出来一个陌生的人，一拥而上将小偷抓获，送到官府。

县令立即升堂审问。小偷矢口否认自己是个盗贼，再三申明自己是新娘娘家派来的"郎中"，小偷争辩说："新娘从小就有一种怪病，娘家担心她的病复发，让我跟随而来，卧在床下，以便及时治疗。"

县令半信半疑，又拿新娘娘家的事情来盘问，小偷对答如流，并说："请让新娘来当堂对证，以辨清白！"

县令一想，也只好这样了，便传令原告去带新娘子来。原告回到家中，与新娘、新郎商量，新娘宁死也不肯出堂对证，新郎也宁可输掉官司而不愿意让爱妻抛头露面。县令无计可施，便问身边的一位老吏："你看这事如何是好？"

老吏道："我看被告鼠头鼠脑，不似好人。他料定新娘断然不肯出丑，才敢大言不惭让新娘来对证，如果放掉他，岂不是助纣为虐？"

县令道："依你看，怎样做才可令他显露原形？"

老吏说："被告躲在床底，又是仓皇逃出屋，新娘子生得如何模样，他未必清楚，只消如此、如此……"

县令大喜，立即派人去妓院找了一名年轻妓女，让她穿上新婚礼服，坐上花轿，一直抬到县府公堂门外。

县令对小偷说："新娘子已被传来，你可敢与她对证？"

小偷道："有何不敢？"边说边迎向走出花轿的妓女，大声嚷道："新娘子！你母亲让我跟随你来治病，为什么让你婆家的人把我当做贼送到这里来？"

小偷的话还没说完，满屋子的人哄堂大笑起来。

县令一拍惊堂木："来人！将这无耻贼人拉下去重打三十大板！"

小偷情知原形毕露，立刻跪倒在地，连连求饶。

陆逊火烧蜀军连营七百里

221 年七月，刘备率数十万蜀军，在巫城大败吴军后，次年二月又领兵沿江而下，大有直取荆州、鲸吞东吴之气势。此时，吴国孙权派陆逊领兵西进，抵御蜀军。陆逊到达前线后，见拒战不利，即下令退兵，撤退中刘备在夷道地区将孙权的族弟孙桓包围，众将士纷纷要求去解围，陆逊不允。吴军后退了五六百里，在夷陵、猇亭、夷道地区防御，准备决战。刘备出巫峡天险后，为尽快与吴军决战，将大本营立于猇亭，每日派人到阵前叫骂。可陆逊却稳坐军帐，置之不理。刘备见激将法不灵，又令数千老弱将士到吴军阵前的平地设营，企图诱敌出战。吴军部分将领见此景，杀敌心切，觉得机不可失，便急忙找陆逊请求出战。陆逊为了说服众将耐心等待战机，便领大家到阵前说："你们看，前面的山谷上空不是有烟雾在缭绕吗？那里必然伏有重兵。刘备这么做，只不过是引诱我军出兵攻击的计谋罢了。请大家坚守营寨，切勿轻易出战。"众将口上同意，心里却以为陆逊无能、怯战。数日后，刘备埋伏在山谷中的八千兵力，因不能克服长期露营和供应的困难，只得撤出来了。由于设伏诱敌的计谋被识破，面对坚城，强攻难以奏效，大军屯驻山中，运输补给困难，天气又逐渐炎热，刘备便决定暂缓进攻，等待秋凉再战。此时，陆逊突然派一部兵力来攻击蜀军营寨，幸而刘备有准备，一经接战，就把吴军击退。战后许多将领又埋怨陆逊。而陆逊对大家说："这次侦察战斗，虽然伤亡了一点人马，可是不仅搞清了敌军的虚实，而且还发现了取胜的具体手段。七八个月来我之所以一直坚持退却，其实并非怯战，只是因为敌军水陆并进来势凶猛。我若处处设防，势必兵力分散；若要集中对敌，山岳地带又无法展开兵力，加之交通不便，补给困难，不利于克敌制胜。现在我军退到这个地区，就把所有的不利因素统统甩给了刘备。他进攻不得逞，设伏不成功，无计可施，只好转为守势。他又把水军调到陆上，分散设营四五十处，连营达七百余里，岂能并力一战？这正是我等待已久的反攻时机啊！就上次侦察战所得的情况来看，敌人是用草木结成的营寨。因此，我军反攻的主要手段应是火攻。进攻时各位士兵要带一捆干柴，接近敌军营寨后，一齐纵火，敌军必然不战自乱。"这番话说得众将士如梦初醒。于是陆逊下令让一小部兵力进抵江北，保障侧翼安全；其余兵力全部集中专攻刘备的猇亭大营；又令水军夜间进入敌军纵深地带，切断敌军大江南北之联系。拂晓，刘备猇亭大营大火突起，火随东南风蔓延，蜀军被这突如其来的大火烧得无处藏身，周围又是杀声震天，各营寨顿时大乱，争相逃命，自相践踏，死者不计其数。吴军趁乱猛攻。刘备退守马鞍山，不能支持，遂率残部突出重围，落荒而逃，一口气跑到白帝城，才幸免于难。至此，蜀国多年苦心经营的精锐之师和大批战船、器械及其他军用物资，不是化为灰烬，就是成了陆逊的俘虏和战利品。

陆逊火烧连营七百里，在历史上给人们留下的最深印象是火攻，其实，取胜的重要因素，却在于陆逊能持重待机，在把握客观实际的基础上，进行大踏步后退，避敌锋芒，钝兵锉锐，乘敌之隙。

班超鄯善国先发制人

13年，汉明帝派班超率领三十六名将士出使西域，想跟西域各国建立友好关系。

班超首先到了鄯善国，国王热情接待了他们。可是没几天，国王突然对他们冷淡起来。班超想准是匈奴使者也到了鄯善国，匈奴人多势众，国王惧怕匈奴人，就冷淡我们了。恰在此时，鄯善国侍者来送饭，班超突然问道："匈奴使者住在哪？"鄯善国本来对这件事瞒得很严，不料被班超一语说破，侍者以为班超早已知道此事，只好如实奉告。班超立即把侍者扣留起来，对随行的三十六人说道："匈奴人刚到这里，国王的态度就变了，如果他派兵把我们抓起来交给匈奴人，那还有活命吗？"

众人都道："事到如今，只有同舟共济，生死关头，一切听从将军指挥！"

"不入虎穴，焉得虎子！"班超愤然说，"我们只有杀了匈奴使者，才能断绝鄯善国王投靠匈奴人的念头。"

当晚，气温骤降，飞沙走石，班超率三十余轻骑，顶着寒风，直奔匈奴人驻地。接近营寨之时，班超命十人持鼓，绕到营寨后面，叮嘱他们见前面火起，就击鼓呼喊，虚张声势；又命二十人各持弓箭、刀枪，摸到敌营前埋伏。一切布置停当，班超率领数骑冲进敌营，顺风放火。霎时，火光四起，战鼓声、喊杀声响成一片。匈奴人从梦中惊醒，惊慌失措，顿时乱作一团。班超一马当先，连杀三人，部下一拥而上，匈奴使者和三十多名随从当场被砍死，余下的一百多名匈奴士卒全部葬身火海，班超部下无一人伤亡。

第二天，班超将匈奴使者的头扔在鄯善国王的脚下，鄯善国王吓得面如土色。班超趁机向他宣传汉朝的威德，劝他与汉和好。鄯善国王本来就对匈奴经常来勒索财物不满，又见汉使者有勇有谋，当即答应与汉朝建立友好关系。

由于班超主动出击，取得了出使西域的第一个胜利。以后，他又处处争取主动，避免被动，先后使于阗、疏勒等西域诸国归服了汉朝。此后，他治理西域三十多年，为当地的发展做出了巨大的贡献。

李自成朱仙镇出奇兵

1642年，李自成率数十万大军转战河南并包围了河南首府开封。崇祯皇帝急调左良玉、丁启睿、杨文岳等大将统率四十万兵马去解开封之围。李自成闻讯后，抢先占领开封的重要门户——朱仙镇，截断沙河上流水道以断绝明军水源，又在西南要道上挖掘了深、宽各丈余的壕沟，环绕百余里，以截断明军逃往襄阳的道路。

左良玉、丁启睿和杨文岳率大军在朱仙镇东水波集会齐后，联营二十余里，但三路人马各揣心腹之事，谁也不愿意首先出击。左、丁、杨派使者与开封守军取得联系，希望开封明军开城出战，夹击李自成，但开封明军唯恐李自成趁机攻入，不敢开城。明军与李自成对峙了数日之后，断水缺粮，左良玉率先下令南撤，丁启睿和杨文岳跟着也下令撤离朱仙镇。

左良玉的十万余兵马是明军中的精锐，撤退的路线恰是直奔襄阳。李自成的部将纷纷要求出击，李自成道："左良玉有勇有谋，如果追击，必然死战，不如放其一条生路，以示我军怯弱，待他人困马乏，又无防备之时，再攻不迟。"于是，李自成任左良玉的步兵从容退走，不加追击。与左良玉的骑兵接战后，也是打不多时即自动退却。

左良玉果然中计，他错误地认为农民军不敢追击官军，便放心大胆地命令队伍向襄阳疾进。快到襄阳时，左良玉的大军行至李自成事先挖好的壕处沟。经过八十余里的奔波，明军已经人困马乏，又遇到大沟深壕，人马拥挤，顿时乱作一

团。紧跟在左良玉身后的李自成见时机已到，指挥大军，突然从后面杀向前去，明军官兵全无斗志，一个个争先越壕逃命，人马互相践踏，你拥我挤，尸体几乎将丈余深的壕沟填平。左良玉侥幸越过壕沟，但早已埋伏在前方的农民军又截杀过来，左良玉的十万精锐部队全被歼灭，左良玉只带领几名亲信杀开一条血路逃入襄阳。

李自成全歼左良玉的明军后，乘胜追击，追歼丁启睿和杨文岳的明军。丁、杨仓皇逃窜，连崇祯皇帝赐给的金印和尚方宝剑都丢失在亡命的路上，李自成的农民军声威大振。

弃寨屡退 奇兵灭敌

在南宋时期，洞庭湖一带曾有一支杨幺领导的农民起义军，他们英勇善战，闹得封建王朝的统治者坐卧不安。他们便派王躞、崔增、吴金率领 4 万人马去围剿。

1133 年 11 月初，王躞打前锋，气势汹汹地向义军扑来。他们不费多大劲就取胜，继而又轻而易举地拿下扬钦大寨和金琮寨。他们以为义军是乌合之众，不堪一击，便志得意满，更加骄狂，驱船直捣杨幺大寨。可是来到寨前，寨中竟然空无一人。

"他们上哪儿去了？"王理傻眼了。而这时杨幺早已带领义军战士摇船来到崔增、吴金管辖的部队附近。杨幺下令几条大船开出芦苇荡，船中暗藏士兵，顺流向官军漂去。狂妄自大的官兵们以为这是在上流被官军击败的义军空船，当他们快接近的时候，却突然从四周苇荡中冲出义军的战船，顿时流矢木石狂风般扫来，吓得官兵目瞪口呆，无处逃藏。而那些在水乡长大的义军士兵，个个生龙活虎，或是跃过船来无情砍杀，或是从水中冒出把官兵拽下水去。于是，崔增、吴金率领的数百只船，没有多大功夫便沉落湖底，滞留沙滩的官兵也全被消灭。

这一场战斗，是杨幺精心导演的。王理的"取胜"，不过是杨幺的佯败，避敌锋芒，把队伍转移到官兵意想不到的地方；而"空船"的放流，则是杨幺的"引蛇出洞"，寻找战机，以便集中兵力，歼灭有生之敌。贯穿全过程的则是尽力骄纵敌人，使敌人丧失警惕，以便战胜敌人。

水中作战要学会很巧地利用水的性质，在水中往往要有很好的水性，否则就容易被人从水下偷袭，而且在船上也应时刻保持警惕。

姜维虚实骗魏军

魏景元四年（263年）七月，魏主司马昭遣镇西将军钟会带兵十万由长安出发，直取汉中，安西将军邓艾由陇右出击，兵指沓中牵制姜维，向蜀汉展开了全面进攻。汉中很快失陷。沓中的姜维也被邓艾四面围攻打败，情势十分危急。

姜维听说汉中失守，欲重整兵马去救汉中，不料在去汉中的必经之路——阴平桥，又被魏将诸葛绪占领，此刻姜维仰天长叹说："这是天要丧我在此地呀！"

在此绝望之际，副将宁随对他说："现在魏兵虽然切断阴平桥头，但雍州兵力必然空虚，我们如果从孔函谷抄近路去攻雍州，诸葛绪必然会撤阴平桥守军去救雍州，这时我们再取阴平桥去守剑阁，那时便可以收复汉中了，这是声东击西的计谋。"姜维想，这也是唯一的绝路逢生之计了。于是依计而行。

据守阴平桥的诸葛绪，听说姜维去攻雍州了，心想，雍州是我的守地，一旦失守，上方怪罪下来，我可担当不起，便撤军去守雍州，桥头只留小量军兵把守。

姜维率兵走出三十里左右，见魏兵奔回雍州，便回兵轻而易举地占领了阴平桥，烧毁敌寨，率兵直奔剑阁。

诸葛绪回到雍州后，听说姜维返军夺了阴平桥，这时才知中了姜维"声东击西"之计。当他再回到阴平桥时，姜维已率军过去半日了，他因此受到了钟会的责罚。

邓艾奇兵渡阴平

三国后期，司马昭分兵多路南征蜀国。蜀将姜维在剑阁凭借天险，与魏国镇西大将军钟会苦苦对峙，一时高下难分。

魏国的另一镇西大将军邓艾对钟会说："将军何不派遣一支队伍，偷渡阴平小路，奇袭成都，出其不意，攻其不备，料想姜维必回兵救援，将军可乘机夺取剑阁。"

钟会大笑，连称："妙计！妙计！"并说邓艾是最佳人选，请邓艾早日起兵。待邓艾走后，钟会不屑地说："盛名之下，其实难副，邓艾不过是个庸才罢了！"

原来这阴平小路都是高山峻岭，地形极其险要。如果从阴平偷渡，西蜀只要

孙子兵法 解析 ◎ 第六篇 虚实篇

用一百人扼住险要，再派兵阻断进犯者的归路，进犯者就非冻死、饿死在山里不可。难怪钟会对邓艾做出这样的评价。

邓艾深信从阴平小路奇袭西蜀定能成功。他派自己的儿子邓忠带精兵五千充当先锋，在前面凿山开路，搭梯架桥；又选出精兵三万，带足干粮绳索，跟在先锋后面向前进发，每走一百多里，就留下三千人安营扎寨，以防万一。

邓艾率军在悬崖深谷中，披荆斩棘，行军二十多天，行程七百里，未见人烟。当他们来到摩天岭时，被摩天岭天险挡住。邓忠对父亲说："摩天岭西侧是陡壁悬崖，无法开凿，我们前功尽弃了。"邓艾观看了摩天岭地形，对众人说："过了摩天岭，就是西蜀的江油城。不入虎穴，焉得虎子？"说罢，用毡子裹住自己的身体，滚下摩天岭。

副将们见主将率先滚下山岭，一个个跟着用毡子裹住身体滚了下去，那些没有毡子的人，用绳子束住腰，攀着树枝，一个跟着一个往下下。就这样，开山壮士及二千兵士都过了摩天岭。

邓艾率领魏军突然出现在江油城下，守将马邈不知魏军是如何到来的，吓得魂不附体，不战而降。邓艾将阴平小路沿途军队接到江油，然后挥军直奔绵竹、成都。蜀国皇帝刘禅是个废物，尽管城中还有数万兵马，还是开城投降了。

至此，西蜀灭亡。这时候，蜀将姜维仍在剑阁与钟会打得难解难分。

第七篇 军争篇

本篇主要阐述在两军对垒中,为将者必须把握的基本战略和战术。

全篇大体分为四部分:第一,提出两军对战,最难掌握的是实行"以迂为直,以患为利"的"迂直之计"。第二,分析实行"迂直之计"既有其有利一面,又有很大的危险。危险主要有三:一是"举军而争利,则不及";二是"委军而争利,则辎重捐";三是"卷甲而趋,日夜不处,倍道兼行",则可能因士兵体力不支损兵折将。第三,提出实行"迂直之计"必须掌握的三条基本原则:不了解敌国的计谋,不能与之交战;没有当地的向导,不应深入敌国,轻易行军,不了解地形险阻,不可以同时还提出实行"迂直之计"的军事行动要求。第四,强调提出"迂直之计"必须善于运用金鼓、旌旗指挥军队统一行动;必须善于治气、治心、治力、治变,以及在向敌军进攻时必须遵守的八项原则。

以迂为直　以患为利

孙子曰：凡用兵之法，将受命于君，合军聚众①，交和而舍，莫难于军争。军争之难者，以迂为直，以患为利。②故迂其途，而诱之以利，后人发，先人至，此知迂直之计者也。

故军争为利，军争为危。举军而争利，则不及；委军而争利，则辎重捐。③是故卷甲而趋④，日夜不处，倍道兼行，百里而争利，则擒三将军⑤，劲者先，疲者后，其法十一而至。⑥五十里而争利，则蹶上将军，其法半至⑦。三十里而争利，则三分之二至。⑧是故军无辎重则亡，无粮食则亡，无委积则亡。

故不知诸侯之谋者，不能豫交；⑨不知山林、险阻、沮泽之形者，不能行军；不用乡导者，不能得地利。故兵以诈立，以利动，以分合为变者也。故其疾如风，其徐如林，侵掠如火，不动如山，难知如阴，动如雷震，掠乡分众，廓地分利，悬权而动。先知迂直之计者胜，此军争之法也。

《军政》曰："言不相闻，故为金鼓；视不相见，故为之旌旗。"夫金鼓旌旗者，所以一人之耳目也。人既专一，则勇者不得独进，怯者不得独退，此用众之法也。故夜

战多火鼓,昼战多旌旗,所以变人之耳目也。

故三军可夺气,将军可夺心。是故朝气锐,昼气惰,暮气归。故善用兵者,避其锐气,击其惰归,此治气者也。以治待乱,以静待哗,此治心者也。以近待远,以佚待劳,以饱待饥,此治力者也。无邀正正之旗,无击堂堂之陈,此治变者也。

故用兵之法:高陵勿向,背丘勿逆,佯北勿从,锐卒勿攻,饵兵勿食,归师勿遏,围师必阙⑩,穷寇勿迫。此用兵之法也。

注释

①合军聚众:此句意为聚合民众,组成军队。

②以迂为直,以患为利:迂,曲折、迂回。直,近便的直路。意为将迂回的道路变成直达的道路,把不利的(条件)变为有利的。

③委军而争利,则辎(zī)重捐:委,丢弃、舍弃。辎重,包括军用器械、营具、粮秣、被服等。捐,弃、损失。句意谓如果丢下物资装备而去争夺先机之利,那么物资装备就会损失。

④卷甲而趋:卷甲,卷起盔甲。趋,快速前进,急行军。意谓卷起盔甲急速行进。

⑤擒三将军:擒,俘虏、擒获。三将军,上、中、下三军的主帅。此句意为若奔赴百里,一意争利,则三军的将领会成为敌之俘虏。

⑥劲者先,疲者后,其法十一而至:意谓士卒身强力壮者走在前面,疲弱者滞后掉队,这种做法只有十分之一兵力能到达会战地点。

⑦其法半至:通常的结果是部队只能有半数到达会战地点。

⑧三十里而争利,则三分之二至:奔赴三十里以争利,则士卒也仅能有三分之二到达会战地点。

⑨不知诸侯之谋者,不能豫交:谋,图谋、谋划。豫,通"与",参与。句意为不了解诸侯列国的谋划、意图,则不宜与其结交。

⑩围师必阙:阙,缺口。意谓对已被包围的敌人,应给他们留下一个缺口,以避免其负隅顽抗。

译文

孙子说,大凡用兵的法则,将帅接受国君的命令,从征集民众、组织军队直到同敌人对阵,在这中间没有比争夺制胜条件更为困难的了。而争夺制胜条件最困难的地方,在于要把迂回的弯路变为直路,要把不利转化为有利。同时,要使敌人的近直之利变为迂远之患,并用小利引诱敌人。这样就能比敌人后出动而先抵达必争的战略要地。这就是掌握了以迂为直的方法。

军争既有顺利的一面,同时也有危险的一面。如果全军携带所有的辎重去争利,就无法按时抵达预定地域;如果丢下部分军队去争利,辎重装备就会损失。因此卷甲疾进,日夜兼程,走上百里路去争利,那么三军的将领就可能被敌所俘,健壮的士卒先到,疲弱的士卒掉队,结果是只会有十分之一的兵力到位;走五十里去争利,就会损折前军的主将,只有一半的兵力能够到位;走上三十里路去争利,也依然只有三分之二的兵力能赶到。须知军队没有辎重就会失败,没有粮食就不能生存,没有物资储备就难以为继。

所以,不了解诸侯列国的战略意图,不能与其结交;不熟悉山林、险阻、沼泽的地形,不能行军;不利用向导,便不能得到地利。所以用兵打仗必须依靠诡诈多变来争取成功,依据是否有利来决定自己的行动,按照分散或集中兵力的方式来变换战术。所以,军队行动迅速时就像疾风骤起,行动舒缓时就像林木森然不乱,攻击敌人时像烈火,实施防御时像山岳,隐蔽时如同浓云遮蔽日月,冲锋时如迅雷不及掩耳。分遣兵众,掳掠敌方的乡邑;分兵扼守要地,扩展自己的领土;权衡利害关系,然后相机行动。懂得以迂为直方法的将帅就能取得胜利,这是争夺制胜条件的原则。

《军政》里说道:"语言指挥不能听到,所以设置金鼓;动作指挥不能看见,所以设置旌旗。"这些金鼓、旌旗是用来统一军队上下视听的。全军上下既然一致,那么,勇敢的士兵就不能单独冒进,怯懦的士兵也不敢单独后退了。这就是指挥大部队作战的方法。所以夜间作战多用火光、锣鼓,白昼作战多用旌旗。这都是出于适应士卒耳目视听的需要。

对于敌人的军队,可以使其士气低落;对于敌军的将帅,可以使其决心动摇。军队刚投入战斗时士气饱满;过了一段时间,士气就逐渐懈怠;到了最后,士气就完

全衰竭了。所以善于用兵的人，总是先避开敌人初来时的锐气，进而等到敌人士气懈怠衰竭时再去打击它，这是掌握运用军队士气的方法。用自己的严整有序来对付敌人的混乱，用自己的镇静来对付敌人的轻躁，这是掌握将帅心理的手段。用自己的部队接近战场来对付远道而来的敌人，用自己部队的安逸休整来对付疲于奔命的敌人，用自己部队的粮饷充足来对付饥饿不堪的敌人，这是把握军队战斗力的秘诀。不要去拦击旗帜整齐的敌人，不要去进攻阵容雄壮的敌人，这是掌握灵活机变的原则。

用兵的法则是：敌人占领山地就不要去仰攻，敌人背靠高地就不要正面迎击，敌人假装败退就不要跟踪追击，敌人的精锐不要去攻击，敌人的诱兵不要加以理睬，对退回本国途中的敌军不要正面遭遇，包围敌人时要留出缺口，对陷入绝境的敌人不要过分逼迫。这些都是用兵的法则。

◆◆ 名家点评 ◆◆

远而虚者　易进易行

直径近，曲路远，这是普通常识。但是，在两军相争的战场上，远和近既是一定的空间概念，又和具体的时间概念相连。部队运动距离远，花费时间长；运动距离近，花费时间短。然而，兵无地不强，地无兵不险。远和近一旦与对方兵力部署的虚和实相结合，矛盾的双方就会各向其相反的方面转化：远而虚者，易进易行，机动快，费时少，成了实际上的近；近而实者，难进难行，机动慢，费时多，成了实际上的远。

军事对抗的双方，都在设法阻碍和破坏对方的计划和行动。因此，任何军队要达到自己的目的，都必须做迂回运动，在敌人的思维判断中造成"折射"幻觉，而不能直来直去地行动，使对方一眼看清你的虚实企图。

兵法解析

军争为利，军争为危。举军而争利，则不及；委军而争利，则辎重捐。是故卷甲而趋，日夜不处，倍道兼行，百里而争利，则擒三将军，劲者先，疲者后，其法

十一而至。五十里而争利，则蹶上将军，其法半至。三十里而争利，则三分之二至。是故军无辎重则亡，无粮食则亡，无委积则亡。

孙子说："军争（两军争夺制胜条件）是有利的，也是有危险的。全军带着所有的军用物资去争利，就会因行动迟缓而失掉时机；放下这些物资去争利，辎重就会损失。所以，卷起铠甲，急速前进，日夜不停，加倍强行军，走上百里去抢争有利时机，三军将领都可能被俘虏，身体强壮的士兵先到了，体弱疲倦的就掉队了，其结果只会有十分之一的兵力赶到；走上五十里的路程去争利，先头部队的将领会遇到挫折，队伍只有半数赶到预定地点。如果走三十里路程去争利，部队也只有三分之二的兵力能够按时赶到。所以，军队没有辎重就会失败，没有粮食就不能生存，没有物资储备就无法坚持作战。"

战场上两军对垒，谁都想争夺先机之利，但孙子却辩证地看到了军争的利与害。军队要快速运动，可怎么处理装备物资呢？如携带全部辎重则因行动迟缓，不能先敌占领有利地形；而舍弃全部物资去争利，又造成部队不能坚持作战，甚或无法生存。所以，孙子告诫兵家"军争为利，军争为危"。

赤壁之战后，刘备占据了荆州、益州，与黄河流域的曹操、占据江南的孙权形成三足鼎立之势。为了抢得主动，曹操在公元215年率大军攻克了汉中。

汉中的地理位置对于刘备与曹操都十分重要。它是四川东北的门户，曹操占据汉中，可以使益州北面无险可守；而汉中如果被刘备夺占，那么蜀军进可攻关中，退可守益州，因此，刘备决心将汉中夺回。

公元217年，刘备率军进攻汉中。曹操大将夏侯渊据险抵御。刘备选精兵轮番进攻汉中要地阳平关，始终没能得手，蜀军被迫退兵。

公元219年，蜀军又卷土重来。这一

次刘备改变了战法,他让军队避开地势险要、防守严密的阳平关,南渡汉水东进,一举夺占定军山,打开了通向汉中之路,又威胁阳平关的曹军。夏侯渊被迫分兵东移,与刘备争夺定军山,为防止蜀军北上,又在汉水南岸和定军山东侧,修建围寨、鹿角等防御工事。蜀军夜攻曹营,火烧南围鹿角,调动夏侯渊亲自派兵救援;蜀军又急攻东围,并派黄忠率精兵埋伏在东南围之间险要地段。结果,夏侯渊被杀,曹将张郃统领曹军退守阳平关。

曹操闻悉汉中危急,亲率大军从长安出斜谷,赶赴阳平关救援。此时,蜀军士气正旺,刘备对部将说:"曹操远道而来,急欲决战,我要避其锋芒。"待曹军赶到汉中,蜀军扼守险要之处不与曹军决战。同时,刘备派精兵袭扰曹军后方,劫其粮草,断其交通。曹军攻险不胜,求战不得,粮草缺乏,军心动摇,曹操不得不退兵,刘备如愿占据汉中。

孙子说:"军争为利,军争为危。"刘备、曹操争夺汉中之战,充分证明这一谋略的正确。交战之初,曹操抢得先机之利,率先占据汉中,威胁蜀汉,迫使刘备出兵。但刘备只看到了汉中作为战略要地必须抢占,却没注意攻占的不利因素,故长期屯兵于阳平关下,最后被迫撤军。在第二次出兵进攻汉中时,刘备改变策略,绕过阳平关,夺取了定军山。这就使"利"与"危"发生转化,蜀军由被动转为主动,使得夏侯渊处处设防,进退两难;而蜀军则以逸待劳,调动敌人,在运动中设伏歼灭了曹军。最后,面对远道而来的曹军,刘备避其锋芒,采取以主力守险不战,以游兵扰其后方的战术,终于使曹军撤出汉中。可见,刘备之所以能获胜,关键在于正确分析敌对双方各自之"利"、之"危",并能抑制敌之有利因素,扩大敌之危害,而使己方之利得以充分发挥,最终乘敌之危而制胜。

【古今实例】

战争是以消灭或征服对方为最根本目的,所以,在两军对峙的战场上,双方无一不在寻找着有利于达成作战目的,且能获得更大利益的机遇。一旦有机可乘,有利可得,便会采取相应的行为,以求战而胜之或利而得之。孙子将此作为一条重要的指导原则概括为:"以利动。"(《孙子兵法·军争篇》)其意为:根据是否有利而采取适当行动。

同出一理,在兵战上,利益的争夺导致战争,在商战上,利益的争夺则导致竞争。战场上能否做到"以利动",决定着抗争的胜败,而市场上能否做到"以利动",则决定着竞争的输赢。合于利而动,不合利而止,是市场竞争的一条基本规律。遵循这一规律,对参与市场竞争的每一位竞争者来说,就是要树立经济效益的观念。

庆封狠心害崔杼

春秋时,崔杼自从杀了齐庄公,立公子杵臼为君,是为景公,自立为右相,庆封为左相。崔杼独揽朝政,专恣骄横。庆封心怀嫉妒,欲杀之而后快。

崔杼当日答应妻子棠姜,合谋杀了庄公之后,立她的儿子崔明为继承人;却又同情长子崔成,不忍把他废掉。崔成知道环境险恶,便主动要求将继承权让给同父异母的弟弟崔明,请求赐崔邑这个地方给自己过活。崔杼满口答应,和部属东郭偃及棠无咎商量,东郭偃坚决反对,说崔邑是个大地方,只可以授给继承人,崔成既然放弃继承权,就没有理由据有此地。

崔杼对长子说:"我本想把崔邑给你,无奈郭、棠两人反对,只可将来另给你别的地方了!"

崔成听了,不说什么,转告给同胞弟弟崔强。崔强说:"哥哥既肯让位给他了,难道连这一个崔邑都不肯给?真是太岂有此理!父亲在,尚且如此,一旦父亲死了,你和我想做个奴仆都不可能了!"

崔成说:"这件事,不如去请教左相庆封,看他有什么办法。"

两人立即往见左相,诉说前情,请尽力帮忙。庆封听说暗喜,正中下怀;却故意摆出一副悲天悯人的神态,把眉头皱了两皱,说:"你父亲现在已完全相信东郭偃与棠无咎,他们两人说什么便是什么,我纵然对你父亲提意见,他也未必听得进。"说到这里,停了好一会儿,继续说:"这样子看来,你父亲正养虎为患,恐怕将来会伤及本身,如不及早除此二人,你们崔家子孙是不会幸福的!"

崔成、崔强马上接口说:"我们早有此心了,但力量太薄,怕会弄巧成拙。""还是慢慢想办法吧!"庆封说。

崔成兄弟辞别后,庆封召见心腹庐蒲嫳,说及崔家的事,庐蒲嫳提出意见:

"崔氏之乱,及庆氏之利也,不如趁机消灭他!"

过了几天,崔成、崔强又来了,提起前事,力数郭、棠二人罪恶,复求庆封尽力帮忙。庆封对他们说:"你两人既有此心,念及庆、崔两家有世交情谊,我可以暗帮你兵甲去行事,只要能除此二人,你家便可以和平相处了。"

崔成、崔强大喜,当即便率了庆封的甲兵,埋伏在自己府上。

东郭偃和棠无咎每天要去朝见崔杼的,今晚迟迟从外面走来,毫无准备,一入门,崔成一声暗号,伏兵勇起,乱刀齐下,把两人砍成肉酱。

崔杼闻变大怒,急叫人驾车,但所有仆人都吓得跑光了,只剩下一个守马房的和一个小厮,急忙中就叫小厮驾车,往见左相庆封,哭诉家庭变故。

庆封假装吃惊,说:"崔家和庆家,虽是两姓,实同一体。你家之难,也即我家之难,孺子居然犯此逆天之罪,我又怎能坐视不管呢?如果你要我帮助的话,我自然会出力帮你去平乱!"

崔杼信以为真,感激地说:"但能除此逆子,确使崔家复兴的话,我会叫幼儿崔明拜您为义父!"

庆封于是动员家兵,叫庐蒲嫳来,吩咐如此如此,庐蒲嫳率队驰往崔家。

崔成、崔强见庐蒲嫳兵到,想闭门自守,问及来意,庐蒲嫳诈说:"我奉左相命令,是来帮助你们的!"

"是不是要收拾崔明呢?"崔成问崔强。

"也许是吧!"

于是开门接庐蒲嫳进去,甲兵跟着一拥而入,竟团团包围起来。

崔成见情况不对,忙问:"左相之命怎样?"

"奉左相命,来取你兄弟头颅。"庐说完,喝叫左右:"还不动手,更待何时?"

崔成、崔强未及回答,头已落地。

庐蒲嫳纵甲士抄家抢劫,拿得动就拿,拿不动的就顺手破坏,把一间富丽堂皇的官邸,毁得像个烂摊子,没有一件东西是完整的。

崔杼的妻子棠姜,惊慌过度,悄悄地吊死在房里。只有她的儿子崔明不在家,幸免于难。

庐蒲嫳割下崔成、崔强头颅,回复崔杼,崔杼一见,且愤且悲,既恨二人大逆不孝,又伤感父子亲情,不禁老泪横飞,好一会儿才说:"我的妻子平安吗?受没

受惊？"

庐蒲嫳说："夫人正熟睡，高卧未起！"

"那还好。"崔杼稍觉心安，对庆封说："我急于回家去安慰一下夫人，却没有人擅于驾车的，可否借你的车夫一用？"

庐蒲嫳自告奋勇地说："还是我给右相驾车吧！"

崔杼向庆封致谢过后，登车而别，到了府邸，却见大门打开，没有一个人，满地都是破烂东西，直入中堂后，骇见棠姜似一只腊鸭，挂在梁上，崔杼吓得魂不附体，想问庐蒲嫳，究竟是怎么回事。可是庐蒲嫳不知什么时候离开了。再找崔明，又无人应声。这时，他大哭起来，自言自语说："唉！我被庆封出卖了，弄到无亲可近，无家可归。"说完，解下腰带，亦吊死在房里。

拓跋珪攻心乱燕军

东晋时，北方的鲜卑族建立了后燕和北魏政权。后燕为鲜卑慕容氏，北魏为鲜卑拓跋氏。

燕主慕容垂于东晋太元二十年（395年）五月，派太子慕容宝、赵王慕容麟，率兵八万进攻北魏。

魏主拓跋珪采纳部下建议，决定先"示弱避其锐气，骄纵对方，待敌疲劳后再打"。他率部落西渡黄河，远远地避开燕军。

后燕军至五原时，降服了北魏其余部落，将战利品尽放于黑城（今内蒙古呼和浩特西北）。然后，兵临黄河，并砍木造船，准备南渡。此时已是九月，拓跋珪这才在黄河南岸摆出迎战的架势。

慕容宝好容易才造好船只，一夜暴风，竟有几十条渡船刮到南岸。北魏兵截住渡船，擒燕士卒三百多人。为了表示虚弱胆怯，又全数遣返。

一天，拓跋珪的伏兵擒住了后燕的使者，一审问，才知燕主慕容垂得了重病，太子慕容宝心中挂念，派人回去探望。拓跋珪欣喜异常，决定趁此机会，采用攻心之策，使后燕军混乱。从这天起，拓跋珪即命人于路上，把回燕都的使者全部截获，一一押在军营。

慕容宝不时派人回京问候，但始终不见一人回还，数月不知父王消息，焦虑万

分。这一天,派出的使者们突然出现在河岸上,高声呼告慕容宝:"你父已死,何不早归!"

这无异于晴天霹雳。顿时,慕容宝六神无主,全军将士惶惶不安。慕容麟的几个部将以为燕王真的死了,竟然密谋废太子,拥立慕容麟,被太子查知斩首。慕容宝与慕容麟之间因此互相猜忌。

为防有变,慕容宝下令撤军。他烧毁了所有渡船,见黄河水尚未封冻,遂不留断后部队。岂料一夜之间,气温骤降,河面立刻封冻。拓跋珪率二万精兵越过封冻的冰面,人衔枚,马束口,悄无声息地在参合陂(今内蒙古丰县)追上了燕军。

天明之时,燕军准备拔营赶路,猛听得山上鼓角齐鸣,仰首望去,只见无数魏兵正从山腰冲下来。燕军士兵双腿发软,各自逃命。前有大河,后有追兵。初冻的黄河经不住众多人马的一再践踏,冰面碎裂,狂奔的燕兵竟有无数人落入水中。慕容宝率领残兵败将逃回国,见到父王慕容垂方知中了拓跋珪的诡计,后悔莫及。

浪子苏洵"从头越"

苏洵二十多岁了还是一个不务正业的浪荡公子,赌钱、酗酒、赛车……无所不为。

一天,苏洵赛车回来,刚踏入院门,女儿八娘就高兴地扑入苏洵的怀中:"爹!娘生了个弟弟!""真的?!"苏洵急忙奔入屋内,可是,高兴之余,心中又沉甸甸的。按当地习俗,生了儿子,要送喜礼,还要设宴请岳父、族人、乡亲。可是,钱呢?钱都让他"喝"光了,赌光了。

妻子程颖看出了丈夫的心思,说:"把那辆车卖了吧!""卖车?"苏洵大吃一惊,这车是岳父在十年前送给女婿的,期望女婿能驾长车乘长风破万里浪,十年过去,苏洵连个乡试都未中,哪里还敢把车卖掉?但是,不卖车,又没有钱,苏洵狠狠心,只好听了爱妻的话。

苏老先生听说儿子卖掉岳父送的车,勃然大怒,训斥道:"你哥哥像你这个年龄已高中进士,你有何面目活在世上?"

程颖将公爹拉到一边，说："爹，车是孩儿让他卖的，卖掉了车，他就再也不能去赛车场跟人胡混了，有什么不好！"

苏老先生恍然大悟。苏洵把父亲送走，对爱妻说："父亲视我为朽木一段，令我心灰意冷，见书即厌。"程颖劝道："父亲之言虽有过激之处，不过实在是盼子成才。我爹十分器重你，说你绝不在令兄之下，定会大器晚成！"

苏洵默然。程颖又对丈夫说："我给孩子取了一个名字，你看如何？"苏洵问："什么名字？""轼，车轼之轼。木为材，才能造车；为上等材，才能为轼。再说，轼还可代车。"

苏洵的心头一热，握住爱妻的手，久久未能说出话来。苏洵痛心疾首，发愤苦读，但卖车之钱所剩无几，苏洵再次陷入苦闷之中。程颖见丈夫真正要悔过自新，就拿出一个妆奁匣，放到丈夫面前。奁匣中是满满的银子。"这是分家之际，父亲给我资补度日的，当时我看你留恋车马，不思进取，用之无益；今天你能醒悟，这钱就供你读书求学用吧。"

苏洵百感交集，猛地咬破右手中指，找来一条白绢，在上面写下七个大字："不发愤何以为人。"

这一年，苏洵二十七岁。

苏洵大器晚成，以文章著称于世，官至秘书省校书郎。他与两个儿子苏轼、苏辙一起，同被世人列入"唐宋八大家"之中，史称"三苏"。

县令巧破窃银案

古时候，一位客人在某旅店过夜时丢了五十两银子。当天晚上，客人独自一室，又没有外出过，因此客人怀疑是店老板偷走了银子，店老板矢口否认，客人便向县衙告了一状。

县令在传讯店老板后，也怀疑银子确系店老板所窃，但苦于没有人证、物证，不能定案。县令为官多年，颇有办案经验，经过一番思索，县令想出一条妙计来。县令把店老板唤到面前，用毛笔在店老板手心上写下一个"赢"字，对店老板说："你到门口台阶下去晒太阳吧！如果时间长了，这个字还在，你的官司就打赢了。"店老板不知县令的葫芦里卖的是什么药，只好到台阶下去晒太阳。

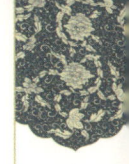

县令把店老板支走后，找来一名精悍的差役，让他如此如此行事。差役奉命赶到旅店，对老板娘说："你家主人已承认偷了客人的银子，快把银子交出来吧！"老板娘生性狡猾，一口回绝道："我不知道什么银子！"差役无奈，只好把老板娘带回公堂。

老板娘进入公堂前，见丈夫坐在台阶下面，心中感到奇怪，但又不敢问。进入公堂后，县令问道："你家主人已承认偷了客人的银子，你为何还不交出来？"老板娘还是一口回绝道："我不知道什么银子。"县令突然向公堂外大声喝问道："店老板，你的'赢'字还在不在？"

店老板在台阶下唯恐输了官司，连忙回答："在！在！"

在那个地方，"赢字"与"银子"的读音极其相似，老板娘做贼心虚，一听丈夫承认"银子"还在，连忙跪在地上认罪。

县令当即派差役随老板娘回旅店取出赃银。店老板见状，面如灰土，磕头如捣蒜。

吕蒙攻荆州，装病回建业

建安二十四年（219年），蜀国大将关羽出师北伐，俘虏了魏国左将军于禁，并将其征南将军曹仁围困在樊城。这时，吴国孙权要趁机夺取荆州，召镇守陆口的吴国大将吕蒙回建业治病。吕蒙途经芜湖时，驻守当地的吴将陆逊去见吕蒙，并对他说："你的防区同关羽相接，现在为什么远离战区东下建业？"吕蒙说："我的病太重了啊！"陆逊说："关羽自恃勇猛，经常侵凌别人。现在他刚刚立了大功，更加骄傲自满，正在一心北伐魏国，对我们吴国没有怀疑。加上听说你得了重病，必然更不防备。现在袭击他，一定可以活捉关羽。你到建业后见到主公，应该很好地筹划筹划。"吕蒙说："关羽一向勇猛善战，占据荆州以来，又广施恩信，很得人心。江陵、公安等地仍留有重兵把守。再加上刚刚打了胜仗，士气更加高涨。要想攻袭他可不那么容易。"吕蒙到了建业，孙权问他："你看谁可以接替你的职务？"吕蒙回答说："陆逊深谋远虑，加以他现在名声不大，关羽对他没有疑忌，没有比他更合适的人选了。但要告诉他掩藏锋芒，麻痹关羽，寻找有利时机出击，才能获胜。"孙权于是召见陆逊，任命他为偏将军右部都督，以接替吕蒙的职务。

陆逊到了陆口，便写信给关羽说："前不久，您看准机会出师北伐，只用了很小的代价，却取得重大胜利，听到您胜利的消息，我们都击节庆贺。盼望您乘胜前进，席卷魏国，以便咱们共同辅佐汉室。我才疏学浅，最近受命来西边任职，很希望有机会亲自瞻仰您的风采，领受您的指教。"还说："人们都认为您的功勋将万世长存。不过，传闻魏国的右将军徐晃率领骑兵正窥伺您的防地。曹操是个很狡猾的敌人，因此，希望您留意。"还说："我本是一个书生，粗疏迟钝，对自己的职务是不能胜任的。但幸运的是同您这样有威有德的人为邻。"关羽看到陆逊的信言辞谦卑，有请求关照的意思，于是完全放了心，对吴国再无疑虑了。失去了对吴国的警惕，将防守荆州、江陵、公安的蜀军调去进攻樊城，将注意力全部集中在曹操一方。与此同时，孙权又暗中与曹操拉关系，以便避免两面作战。一切准备就绪之后，正当关羽集中兵力猛攻樊城之时，吕蒙将战船伪装成商船，悄悄地沿江而上，以突然袭击的方式，一举夺取荆州，活捉关羽。

苏秦临终一计

中国有句成语：悬梁刺股。其中，"刺股"讲的是战国时期著名的政治家苏秦的故事。苏秦在事业开始的时候屡遭失败，他去游说秦国，秦王没有搭理他，他灰溜溜地回到家中，父母不跟他说话，妻子不给他缝衣服，嫂子也不给他做饭吃。苏秦从此发愤读书，每当困倦之时，拿起妻子纳鞋用的锥子就往大腿上刺，顿时，鲜血流出，疼痛难忍，困乏感随之一扫而光，苏秦捧起书本，继续苦读。经过一年多的苦读，苏秦又去游说赵、韩、魏、楚、燕、齐等六国联合抗秦，六国共同封苏秦为宰相，赵国还加封他为武安君，苏秦的名字从此威震天下。

苏秦在赵国住了一段时间，又在燕国住了一段时间，最后在齐国住了下来。齐王对苏秦很信任，大事小情都要跟苏秦商量，这引起了齐国大夫的嫉妒，最后竟发展到派刺客刺杀苏秦的地步。

一天晚上，苏秦正在书房里读书，一名蒙面刺客从窗口跳进来，一剑刺入苏秦胸膛，苏秦大叫一声："有刺客！"随即倒在血泊之中。苏秦的卫士急忙跑入书房，刺客已逃之夭夭。

齐王听说苏秦遇刺，急忙来看望苏秦。苏秦已奄奄一息，挣扎着说："刺客……身材，高……高大，臣……有一计……能抓到真正……的刺客……"苏秦上气不接下气地说出一计后，就死了。

齐王回到宫中，众大臣都来询问苏秦的死因，与苏秦争宠的那些大臣则格外关心齐王对苏秦之死是什么态度。齐王满面怒容，恨恨地说："真是知人知面不知心！我尊他为上宾，封他为宰相，他竟然是燕国派来的奸细！不将他五马分尸，不足以解我心头之恨！"

齐王说干就干，当即派人把苏秦的尸体拉到街市上，命人把苏秦的头和四肢分别拴在五辆马车上，当众宣布了苏秦的"罪恶"后，一声令下，五辆马车向五个不同的方向奔去，苏秦的尸体顷刻之间分成了五个部分。

齐王命令将苏秦的尸体抛在街头，不许埋葬，然后吩咐取道回宫。正在这时，一个身材魁梧的人从众百姓中走了出来，声称苏秦是他刺杀的，请齐王给他赏赐。

齐王道："你为齐国立下赫赫大功，我自然重重有赏。不过，假如众百姓都声称是他杀的，都来向我求赏，我该给谁呢？"

刺客回答："大王明察，只有我可以证明苏秦确是我杀死的。"于是，把行刺过程讲了一遍。

齐王静静地听着，刺客所言与自己所掌握的情况果然完全一致，于是，对刺客说："不错！苏秦是你所刺杀的——苏秦先生可以在九泉之下瞑目了！"齐王命令卫士："将刺客给我拿下！"

刺客大吃一惊，方知中计。

齐王杀掉刺客，用隆重的礼仪埋葬了苏秦。

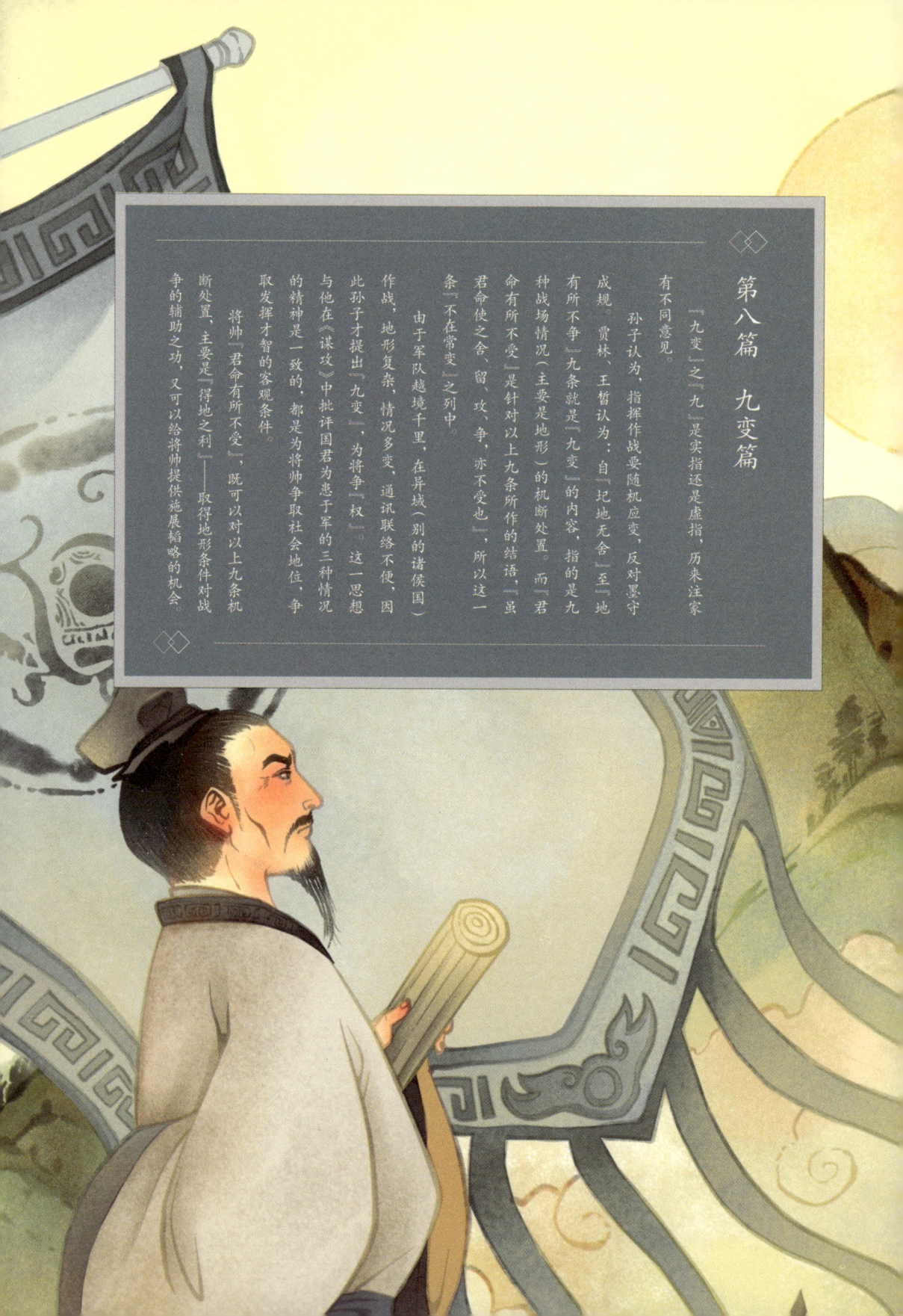

第八篇 九变篇

"九变"之"九"是实指还是虚指,历来注家有不同意见。

孙子认为,指挥作战要随机应变,反对墨守成规。贾林、王皙认为:自"圮地无舍"至"地有所不争"九条就是"九变"的内容,指的是九种战场情况(主要是地形)的机断处置。而"君命有所不受"是针对以上九条所作的结语"虽君命使之舍、留、攻、争,亦不受也",所以这一条"不在常变"之列中。

由于军队越境千里,在异域(别的诸侯国)作战,地形复杂,情况多变,通讯联络不便,因此孙子才提出"九变",为将争"权"。这一思想与他在《谋攻》中批评国君为患千军的三种情况的精神是一致的,都是为将帅争取社会地位,争取发挥才智的客观条件。

将帅"君命有所不受",既可以对以上九条机断处置,主要是"得地之利"——取得地形条件对战争的辅助之功,又可以给将帅提供施展韬略的机会。

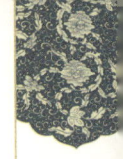

随机应变　从容对敌

孙子曰：凡用兵之法，将受命于君，合军聚众。圮地无舍①，衢地交合②，绝地无留，围地则谋③，死地则战，途有所不由，军有所不击，城有所不攻，地有所不争，君命有所不受。

故将通于九变之利者，知用兵矣；④将不通于九变之利者，虽知地形，不能得地之利矣；⑤治兵不知九变之术⑥，虽知五利⑦，不能得人之用矣⑧。

是故智者之虑⑨，必杂于利害⑩。杂于利，而务可信也；⑪杂于害，而患可解也。是故屈诸侯者以害⑫，役诸侯者以业⑬，趋诸侯者以利⑭。故用兵之法，无恃其不来，恃吾有以待也；⑮无恃其不攻，恃吾有所不可攻也。⑯

故将有五危：必死，可杀也；必生，可虏也；忿速，可侮也⑰；廉洁，可辱也；爱民，可烦也。凡此五者，将之过也，用兵之灾也。覆军杀将⑱，必以五危，不可不察也。

①圮（pǐ）地无舍：圮地，指难以通行之地。舍，止，此处指宿营。圮地无舍即在难以通行的山林、险阻、沼泽等地不可宿营。

②衢（qú）地交合：衢，四通八达。衢地即四通八达之地。交合，指结交诸侯。

③围地则谋：围地，指出入困难、易被包围之地。谋，即设定奇妙之计谋。在易于被围之地，要巧施计谋摆脱困难。

④故将通于九变之利者，知用兵矣：所以将帅能够通晓各种不同的地形条件下变换战术的好处，就懂得如何用兵作战了。通，通晓、精通。

⑤将不通于九变之利者，虽知地形，不能得地之利矣：将帅没有通晓各种不同地形条件下变换战术的好处，即使了解地形，也不能从中获得帮助。

⑥九变之术：各种不同地形条件下的变换战术的方法。

⑦五利：指"途有所不由"至"君命有所不受"等五事之利。

孙子兵法 解析 第八篇 九变篇

⑧不能得人之用矣：指不能够充分发挥军队的战斗力。

⑨智者之虑：聪明的人考虑问题。虑，思虑、考虑。

⑩必杂于利害：必然充分考虑和兼顾到有利与有害两个方面。杂，这里有兼顾之意。

⑪杂于利，而务可信也：务，事情、事物。信，同"伸"，伸展、达到。句意为在不利的情况下看到有利的一面，作战目的才可达到。

⑫屈诸侯者以害：指用一些有害于诸侯的事情施加压力使其屈服。屈，屈服、屈从，这里作动词用。

⑬役诸侯者以业：指用一些事情驱使诸侯为我所用。业，事情。

⑭趋诸侯者以利：趋，奔赴、奔走，此处作使动用。句意指用小利诱惑诸侯使其被动奔走。（一说以利诱敌，使之追随归附自己。）

⑮无恃其不来，恃吾有以待也：恃，倚仗、依赖，寄希望。意为不要寄希望于敌人不来攻打，而要寄希望于我方的不懈备战。

⑯无恃其不攻，恃吾有所不可攻也：不要寄希望于敌人不来进攻，而要依靠自己具备强大实力，使得敌人不敢来进攻。

⑰忿(fèn)速，可侮也：忿，愤怒、愤懑。速，快捷、迅速，这里指急躁、偏激。对于急躁易怒的敌将，可通过侮辱激怒而使他中招。

⑱覆军杀将：军队被覆灭，将领被杀死。覆，覆灭、倾覆。覆、杀均为使动用法。

孙子说：大凡用兵的法则是：将帅接受国君的命令，征集民众、组织军队，出征时在沼泽连绵的"圮地"上不可驻扎，在多国交界的"衢地"上应结交邻国，在"绝地"上不要停留，遇上"围地"要巧设奇谋，陷入"死地"要殊死战斗。有的道路不要去通行，有的敌军不要攻打，有的城邑不要攻取，有的地方不要争夺，国君有的命令不要执行。

所以将帅如果能够精通各种机变的利弊，就是懂得用兵了。将帅如果不能精通各种机变的利弊，那么即使了解地形，也不能够得到地形之利。指挥军队而不知道各种机变的方法，那么即便知道"五利"，也是不能充分发挥军队的战斗力的。

所以，聪明的将帅考虑问题，必须充分兼顾到利害的两个方面。在不利的情况下要看到有利的条件，事情便可顺利进行；在顺利的情况下要看到不利的因素，祸患就能预先排除。要用各国诸侯最厌恶的事情去伤害它，迫使它屈服；要用各国诸侯感到危险的事情去困扰它，迫使它听从我们的驱使；要用小利去引诱各国诸侯，迫使它被动奔走。用兵的法则是，不要寄希望于敌人不来，而要依靠自己做好了充分的准备；不要寄希望于敌人不进攻，而要依靠自己拥有使敌人无法进攻的力量。

将帅有五种重大的险情：只知道死拼蛮干，就可能被诱杀；只顾贪生活命，就可能被俘虏；急躁易怒，就可能中敌人轻侮的奸计；一味廉洁好名，就可能入敌人污辱的圈套；不分情况"爱民"，就可能导致烦劳而不得安宁。以上五点，是将帅的过错，也是用兵的灾难。使军队遭到覆灭，将帅被敌擒杀，都一定是由这五种危险引起的，这不可不予以充分的重视。

◆◆ 名家点评 ◆◆

趋利避害　防患未然

"智者之虑，必杂于利害"，是孙子在本篇中所表达的又一个重要思想。他要求将帅必须克服性格上的弱点，做到全面地看问题，在有利的形势下要看到不利的方面；在不利的条件下要看到有利的方面，这样才能趋利避害，防患未然。他说："智者之虑，必杂于利害。杂于利，而务可信也；杂于害，而患可解也。"就是说明智的将帅考虑问题，总是兼顾到利与害两个方面。在有利的情况下想到不利的一面，事情就可以顺利进行；在不利的情况下想到有利的一面，祸患就可以解除。因此，对于敌人，要尽量造成和扩大敌人的困难，使其变利为害，变小害为大害。办法是："屈诸侯者以害，役诸侯者以业，趋诸侯者以利。"对于自己，则要防患于未然，有备无患，所谓"无恃其不来，恃吾有以待也；无恃其不攻，恃吾有所不可攻也"。强调任何时候都不要把希望寄托在敌人"不来""不攻"上面，而要充分准备，使敌人无机可乘，无懈可击。

趋利避害，是决策者选择手段时所必须把握的基本原则。然而，战争中各种矛盾环环相扣，敌我力量在犬牙交错的态势中相互制约，致使利害相杂，利害相连。所

以，在局势未明之时，我们应有从害中求利的设想，有应付两种可能的打算。

军事上的被动形式，也会包含着主动因素。有计划地让出部分土地，以换取行动上的主动权；故意付出某些牺牲，以麻痹敌人；放弃眼前的局部小利益，以争得全局的大利益，等等，都是以患为利之举。

兵法解析

凡用兵之法，将受命于君，合军聚众。圮地无舍，衢地交合，绝地无留，围地则谋，死地则战。

孙子说："大凡用兵作战的法则是，将帅接受国君的命令，征集民众组织军队，出征时，在'圮地'不可宿营，在'衢地'应结交邻邦，在'绝地'不可停留，遇上'围地'要巧计应敌，陷入'死地'则要殊死战斗。"

"围地则谋，死地则战"是孙子在《九变篇》中提出的在特殊地形作战的谋略之一。围地：地形四面险阻，出入通道狭窄地区。《十一家注孙子》贾林注："居四险之中曰围地。敌可往来，我难出入，居此地者，可预设奇谋，使敌不为我患，乃可济也"。《九地篇》云："所由入者隘，所从归者迂，彼寡可以击吾之众者，为围地。"意为：进入的地方道路狭隘，退出的地方道路绕远迂回，敌人以少数兵力能击败我众多兵力的地区，叫作围地。《九地篇》又云"围地，吾将塞其阙"。意思是说："军队在'围地'，我就要堵塞缺口。"

"死地则战"是孙子在《九变篇》中提出的一种军事谋略。死地，指前不能进，后不得退，非死战就难以生存的地区。孙子把战争环境分成许多种类，其中最险要的一种环境叫作"死地"。《九地篇》云："疾战则存，不疾战则亡者，为死地。"又云："无所往者，死地也。"意思是说，在前后受阻，背负险固的危境之地，战斗还有生存的可能，不战则唯有死路一条。军队陷入死地主要有两种原因：一是敌方逼迫，或我方失误，陷入死地；二是人为地陷部队于死地，调动将士殊死奋战以夺取战争的胜利。无论哪种原因，都说明身处死地时，只有速战、奋战、决战，不惜一切代价地威慑敌方，方能死地求存，转危为安。

战争总是在一定的空间进行的。高明的将帅往往能根据不同的地形条件布兵排阵。在地势险阻的围地与敌争锋，只有出奇方能取胜。三国时期，诸葛亮率蜀兵北伐魏国，六出祁山，由于没有运用"围地则谋"之计，结果兴师动众，无功而返。

诸葛亮是三国时著名的军事家和谋略家，他辅佐刘备，联孙抗曹，建立了蜀汉。但他晚年五次出兵攻魏，都未能成功，在军事谋略上有失误之处。

魏蜀两国被高山峡谷的秦岭山脉所阻，在被孙子称作"围地"的山区作战，宜奇不宜正，宜轻不宜重，宜速不宜久，只有多用奇兵才会取胜。然而诸葛亮用兵虽善于审时度势，但决不冒险硬拼。这是他用兵所长，也是其用兵之短。

当时蜀军北伐有两条出击之道，一是沿斜谷而进，绕道阳平关，经武都、天水至祁山。此道平稳，能顺利通过险峻叠起的秦岭，但因路途遥远，也易被魏军防备。另一条是循秦岭而东，从子午谷而北，深入敌后，直捣长安。这是一条奇策，但要冒一定的风险。公元228年春，诸葛亮第一次率军北伐时，蜀将魏延建议，由他率5000精兵，循秦岭而东，直捣长安，但被谨慎用兵的诸葛亮以"轻躁冒进"为由而否决了。他亲率10万大军北上，在崇山峻岭中按部就班攻关夺隘，虽引起魏主惊恐，但魏军已有防备，深沟高垒，严阵以待。直到马谡失守街亭，不得不班师回国。此后数年，诸葛亮又部署了四次北伐之战，但每次出战，都稳扎稳打，沿老路而进。连魏将司马懿都感叹道："如果是我用兵的话，一定从子午谷直捣长安，这样能出奇制胜。"

不仅在进军路线上，连用兵布阵，诸葛亮也多以正兵常法打阵地战。第五次北伐时，司马懿曾说，如果诸葛亮敢于冒险，当会北出武功，依托山地向东扩展。假若他西上五丈原，我军就没什么可忧虑了。结果诸葛亮果真兵上五丈原。司马懿得意地写信给其弟司马孚道："诸葛亮志向远大但不善于选择时机，多于谋划但缺少决断，喜好用兵但不懂权变。"可谓一针见血。所以，尽管诸葛亮统军有方，进则敌不敢战，退则敌不敢追，但用兵过于谨慎，违反了"围地则谋"，是他五次北伐未能取胜的主要原因。

中国古代的军事家还很善于运用"死地则战"的计谋，把生死关系当作调动将士战斗激情的重要杠杆，将对作战缺乏信心、未肯用命"的士兵"置之死地"，使其抱定必死之志去战斗。

秦末，陈胜、吴广首举义旗，各地抗秦大军风起云涌。陈胜大军失败后，项梁

采用谋士范增之计，拥立原楚国怀王之孙熊心为楚怀王，形成新的抗秦中心。秦将章邯大败项梁楚军，杀死项梁后，又挥军渡河攻击另一股起义军——赵王歇和陈余、张耳率领的赵军。赵军向怀王求救，怀王派上将军宋义前去救援。宋义驻守观望，被项梁侄子项羽斩杀。项羽夺得兵权后，率两万大军渡过漳河前去救赵军。大军过河后，项羽传令将所有渡船全部凿沉，又令将士们只带三天的口粮，将其余辎重焚掉，军锅砸烂，以示"必死无还"的决心，然后率军向秦军发起进攻。手下的将士们一看，没了退路，绝了生路，个个奋勇当先，全力拼杀，把20万秦军打得大败。从此项羽威名远扬，九战九捷，做了天下霸主。这就是历史上有名的"破釜沉舟"的故事。

【古今实例】

《孙子兵法·九变篇》说："途有所不由，军有所不击，城有所不攻，地有所不争。"意思是道路有的可以不通过，敌军有的可以不攻击，城邑有的可以不攻占，地方有的可以不争夺。"不由""不击""不攻""不争"的目的并不是完全放弃，而是从战争的全局出发，通盘考虑问题的轻重缓急，不计较一城一地之得失，抓住问题的主攻方向，最终实现全局性的"由""击""攻""争"的目的。这一思想反映在市场竞争上，就是要求企业在进行决策和制定计划的过程中，要从全局出发，树立全局观念。

而作为领导者，只有处理好企业微观效益与国家宏观效益的关系，眼前利益与长远利益的关系，生产与销售中质量和成本的关系，企业生产经营全过程获利与全过程中各环节、各阶段获利的关系，与竞争对手的得利关系，以及与消费者的利益分配关系等等，才能使企业始终立于不败之地。

耿直从事　不涉纷争

前122年，西汉在丞相赵周死在狱中后，石庆受命担任丞相。

汉代时，每年8月都要举行当年新酒上献予宗庙的酎祭，每逢此祭诸王侯皆须按其领地大小所规定的分量筹措黄金。这一年，因遭举发酎金箔不足而丧失封位的诸侯，竟多达106人之多。

赵周难辞其咎，因而自尽。而石庆则接到这样的诏书："万石君深受先帝器

重，其子嗣尤富孝行。是此使御史大夫石庆为相，并封为牧丘侯。"

当时，汉室内外正值多事之秋。南有两越、东有朝鲜、北有匈奴、西有大宛，为扩充疆土与这些外邦争战不休。国内又盛大举办自始皇帝以来未曾间断的封禅仪式，规模浩大的出巡活动，几乎年年不断。修筑各地神祠，并营造以"柏梁台"为首的壮观建筑。

为此，国库匮乏，迫使朝廷不得不商议对策。

以商人出身的桑弘羊出任大司农，整财政；而以酷吏作风闻名的王温舒则担任廷尉，贯彻执法；几宽则担任御史大夫，以推进振兴儒学之策，九卿互握有指导政策的权限，反倒是丞相石庆却置身事外，只是一味谨守家风教诲而已。在长达九年的任期中，丝毫未曾有些许建功。

民生凋敝，百姓流离失所。前107年，关东的灾民多达200万，无户籍之人，也有40万之众，若由武帝初期全国2000万总人口的比例看来，这无疑是相当严重的问题。

若放任不顾，不免将演变成一场大动乱，面对此一严重事态，丰收无望，只得上奏，建议将一干灾民迁徙至边境。

面对年纪老迈、仅仅严谨正直用事的丞相，武帝认为他不是能与之共商此等大事的人，故而赐假让石庆返乡一阵子，再着手研商对策。

为此，石庆以不能胜任丞相之职为耻，而上书道："臣诚恐受任丞相之职，然年老不配堪辅弼大任，造成国库空虚，又陷生灵于流亡之途。虽万死难辞其罪，惟陛下法外施恩，免臣之罪。故此，万望奉还丞相及爵侯之印绶，以开贤者之道。"

武帝则复函怒斥道："国库早已空虚，百姓饥馑流离失所，甚至有提议希望能将灾民迁徙至边境之说，益发动摇民心、陷百姓于不安。在此国难当头之际，你竟打算辞官，到底是想把责任推诿与谁？快快回到你妻子的身边好了。"

石庆本以为是得到了武帝的许可，欲将印绶奉还。然而由圣旨的字面上看来，丞相府内的官员并不认为如此。尤其最后一句话，不正是相当愤怒的表现吗？劝石庆干脆自杀的也大有人在。

在战战兢兢、难下决定之际，石庆就只有继续担任丞相的职务。

刘秀孤胆战昆阳

刘秀指挥的昆阳之战，是汉军战胜王莽官军在军事上的转折点，它以不到一万人的少量兵力，战胜王莽官军四十多万，是历史上一次以少胜多的著名战例。

王莽为粉碎汉军对他的威胁，这次下了最大的赌注。他不仅把能调用的军队全部调集了起来，还把能找到的懂兵法的军师也集中到一块。甚至，他为了吓唬汉军，为自己壮胆，还找来一位一辆车、三匹马也拖不动的彪形大汉，又捕捉了大批虎、豹、犀、象等野兽。这种打法，闻所未闻。

仅仅只有九千人不到的汉军，在王莽官军气势汹汹的攻势面前，的确是够紧张的。他们盘踞的昆阳城，虽说城池还算坚固，要守也确实能守一阵，但被敌军长期围困，必垮无疑。以刘玄为首的更始政权中，真正懂得军事的，除刘秀兄弟之外，几乎没人了。刘玄此时正在率军进攻宛城，昆阳城里，那些不懂军事指挥的将领们一个个都不买刘秀的账。但是，敌军已逼近昆阳，别人谁也拿不出一个像样的办法，只有刘秀临危不惧，能够从容谋划。大敌当前，不听他的听谁的？

四十多万官兵直奔昆阳而来，把昆阳城围得水泄不通。刘秀部署不足九千人的汉军在王凤率领下守城，刘秀率领十余骑冒死冲出城去，赶到郾城一带，希望那里的汉军能援救昆阳。可是，那里一些农民将领不买刘秀的账，一心想保住手中抢来的财宝，不愿出兵。刘秀把利害关系向他们摆清楚，使这些将领终于认清了眼前不能自保的现实。

刘秀集中了这些汉军，向数倍于己的围困昆阳的官军冲去。然后，他心生一计，派使臣向昆阳王凤守军送去一信，信中谎称刘已占领宛城，这封信又故意在途

中失落，让它落到官军手里。这一消息，使官军阵法大乱。刘秀一看，机会来了，他趁此机会组织了一支突击队向官军中冲去。霎时间，官军中大乱，几十万官军退势如山倒。城内王凤守军见此状，趁机出城猛冲。

天公也来助威，此时下起了倾盆大雨，战场上一片混乱，官军带来那些野兽，趁机冲出笼子到处乱窜，官军连逃窜都不知方向，纷纷逃到滍川河里，淹死者不可胜数，河水为之堵塞断流。四十多万官军顷刻间化为乌有。

昆阳之战取得了大胜。官军败逃后，留下的粮草、兵器不计其数，汉军搬了一个多月都没搬完。

刘秀的军事指挥才能在这场大战中得到了充分显示，他没有被数十倍于己的强大官军所吓倒，相反他敏锐地看到，官军这种打法，如同狮子打跳蚤，力量再大也使不上劲，而小跳蚤爱怎么咬狮子就怎么咬，狮子在跳蚤的扑腾下会不知所措，会毫无方向地大抓大扑，最终会疲软下来。如果到这种时候再对它致命一击，一定会彻底战胜它。昆阳之战的以少胜多就是这么得来的。

《孙子兵法》早就说过："围地则谋。"意思是说，陷入敌军重围之中，必须以奇谋才能突围。刘秀就是这个打法，他造成敌军前后不相及，军阵大乱，最后突围，猛追穷寇而大胜。

李世民平洛之战

公元 620 年四月，李世民率唐军击败刘武周，收复太原后，剩下的反对力量主要还有河北的窦建德起义军和洛阳王世充集团。他们占据黄河、淮河间的广大地区。如何对付他们？李渊采取远交近攻，先王后窦，各个击破的战略：一方面令李世民率军出潼关攻打东都（洛阳）；一方面派使者拉拢窦建德，使其保持中立。

李世民遵照其父李渊的指示，于当年七月一日率十万大军向东都进发。为了保证唐军主力部队的翼侧安全，李世民令李建成屯兵于蒲州，令礼部尚书唐俭防守并州。

此时，王世充约有六万人马。他得知李世民领十万大军前来攻打东都，立即策划防御方案。首先是加强对洛阳周围城池的防务，他令齐王世恽守南城，楚王世伟守玉城，太子玄应守东城，汉王玄恕守嘉城，鲁王道徇守曜仪城。同时，又令

魏王弘烈镇守襄阳，荆王行本镇守虎牢，宋王秦镇守怀州。王世充自率三万精兵于洛阳城内，准备对付李世民的进攻。

李世民认真分析了王世充的兵力部署，果断地决定下了"先外后内，孤立洛阳"的作战决心。他命令各军立即对洛阳外围诸城发起进攻，自己则率主力于北邙（今河南洛阳北）待机而动。到九月，唐军先攻占了洛阳外围要关，逐步形成了对洛阳的包围之势。

洛阳被围，使中原的诸多州郡纷纷归顺唐军，从而使洛阳城更加孤立。

为了消灭处于孤立的王世充集团，李渊又派使者去拉拢河北窦建德。

王世充害怕孤立无援被围歼，慌忙派使者向窦建德求救。然而此时的窦建德怀有二心：一方面答应王世充发兵相救；另一方面派人请李世民解除对洛阳之围，从而使自己避免伤亡，保存实力。李世民扣留了使者，对窦之请求置之不理，并于公元621年二月十三日，移军于青城宫（洛阳西禁苑内），做好了攻城的一切准备。王世充得知李世民的军队进入青城宫，立即率两万兵马自方诸门（东部入禁苑之门）前迎击立足未稳的唐军。李世民率领一支精骑在北邙观察王世充的行动。他对他的将领说："王世充已经陷入困境，他此番行动，企图靠奇袭求胜，为自己的部队鼓一把士气。我们必须对他教训一下，杀杀他的威风。这样他就不敢再出城作战了。"说罢，便令屈突通领五千步兵渡谷水攻击王世充部，并规定在与敌交手后以施放烟火作为信号。李世民见到烟火后，亲率骑兵直攻王世充军之侧背，与屈突通合力夹击，给王世充造成重大杀伤。王世充军拼命与唐军作战，但终因寡不敌众，被迫撤退。李世民则挥兵在后追杀，一直杀到洛阳城下，歼敌七千余人。王世充见势不妙，不得不下令坚守城池，以待窦建德的援军到来，再作计议。

经过了一番准备，到了二月下旬，李世民下令攻城。唐军从四面八方对洛阳城展开了猛烈的攻击。但由于洛阳城的城池坚固，唐军攻城手段有限，连攻十余日未克。此时，唐军内部有人建议撤兵，但李世民认为，洛阳已是孤城一座，势不能久，功败垂成，不能半途而废。他对将士明申："洛阳不破，师必不还。"

李世民指挥唐军在洛阳周围掘堑筑垒，进一步困围洛阳，使洛阳陷于更加困难的境地。城中粮食奇缺，草根树皮食尽。老百姓没有吃的，士兵也无吃的，不少士兵身体浮肿，虚弱不堪，不时有饿死人的消息。王世充无计可施，只有强打精神，一面组织部队坚守孤城，一面连连向窦建德求援，希望窦能在紧急关头救他

一命。

然而,此时的窦建德正率兵攻打周桥(今山东曹县东北)的孟海公起义军,所以无暇援救王世充。他兼并了孟海公起义军之后,立即回头援救洛阳。因为窦心中明白:他和王世充都是唐军的大敌。如果现在不出兵救王,唐把王消灭了之后,必然会来攻打自己。于是,窦建德亲自率十万大军,西援洛阳。

窦援王,战场形势骤变。李世民赶忙召集将领,研究对策。许多将领认为,王世充据洛阳坚城,军队精锐,其唯一的困难是缺乏粮草,窦建德来援,如果让王、窦联兵,窦以河北粮食供王,就会使战争延长,统一天下将遥遥无期。因此,应以一部分兵力继续围困洛阳,主力占据虎牢(今河南荥阳汜水镇),阻窦军西进,并伺机消灭窦军,届时洛阳不攻自破。另外一些将领认为,洛阳城坚,不易攻下,而窦军乘胜之师,锐气正旺,更不易消灭。如果唐军去打窦军,将会招致腹背受敌的危险。因此,唐军应据险而守,待机而战。诸将众说纷纭,莫衷一是。默不作声的李世民一边倾听诸将的争论,一边权衡各种意见的利弊。他想:王世充已兵疲食尽,上下离心,洛阳指日可破;窦建德虽人多势众,锐气正盛,但唐军还是有力量阻其于虎牢,使之不得西进;只要唐军攻克了洛阳,士气就会倍增,回过头来定能消灭窦军。想到这里,李世民作出决定:命令李元吉、屈突通继续围困洛阳,自己亲率精兵三千五百人,于三月十五日先期赶往虎牢,阻止窦军西进。

李世民到虎牢的第二天,便率五百精骑东出二十里侦察窦军情况。他令一部分士兵埋伏在道旁,自己带数名骑兵向窦建德营前进。在距窦营三里处,李世民有意暴露自己。窦见此情况,立即派五六千骑兵追击。李世民掉转马头向西而去。窦军不知是计,在后紧紧追赶。当窦军进入唐军的伏击圈后,唐军突然杀出,窦军惊慌失措,阵脚大乱,四处奔逃。唐军这一仗,歼敌三百余人,并生俘两名窦军将领。

此后,李世民多次用计诱击窦军,不断袭扰窦军,窦军连连失利,士气低落,被阻于虎牢东一个多月,不敢西进。

此时,王世充频频派人告急,窦建德从自己的长远利益出发,决定直接援救王世充。他对众将说:"唐军这一个多月不断袭扰我营,其人疲马乏,粮草用尽,不久定会到河北牧马。到那时我们乘机上虎牢,解救洛阳。请诸将回去做好准备。"

李世民得到了这一重要情报后,决定将计就计,再次诱杀窦军。

一天,李世民率一部分兵马守河,南临广武(今河南荥阳东北广武山上)观察窦军情况，并故意留一千多匹马在河渚放牧，当夜李世民悄悄返回虎牢。

第二天，窦军果然中计，全军出动，摆出宽达二十余里的兵阵，准备进攻虎牢。面对窦军的这一阵势，有些唐将担心抗不住窦军的进攻。李世民向大军分析了窦军的情况，认为窦军从未经过大战，现在冒险进犯，有轻我之意，其部队临阵纪律混乱，只要我们先按兵不动，等其疲惫后再行出击，定能战而胜之。随后，李世民一面组织部队严密防范，不给窦军以任何可乘之隙，一面秘密将留在河北的人马召回，以加强防卫。

窦军轻敌，先派三百骑兵过汜水向唐军挑战。李世民派部将王君廓率长矛兵二百人迎战。两军数次交锋，不分胜负，各自退回本阵，出现对峙局面。当时正值骄阳似火的季节，到中午，窦军士卒因饥渴疲乏，出现混乱，士兵纷纷席地而坐，开始争水喝。李世民看到这种情况，立即派出三百骑兵经窦军阵前，向西南迂回，对窦军进行试探性骚扰，并指示说："如果窦军严整不动，你们立刻回军；如果窦军军阵有动，你们可以继续前进。"三百骑兵来到窦军阵前，窦军阵势果然出现混乱。李世民见状，立即下令全线出击。于是，唐军如猛虎下山，向窦军冲去。窦建德正在召集群臣议事，对唐军突然袭击毫无戒备，顿时阵脚大乱。群臣纷纷后退，挡住了窦军骑兵的道路。窦建德急令群臣为骑兵让路，但为时已晚。唐军已冲入阵内，窦建德被迫向东撤退，唐军紧追不舍。李世民见窦军东退，即派部队迂回拦截。经过一番苦战，唐军追击三十余里，俘获五万余人，窦建德也因负伤坠马被俘，其余窦军大部溃散，窦军主力被歼。

李世民在虎牢歼灭了窦建德的军队以后，立即回师洛阳。早就被围得困苦不堪的王世充，原希望能被窦建德解救出来，可窦已先被唐军所歼，求救的希望成了泡影。但是，他并不愿意束手就擒，决定向南突围。然而，王世充手下的诸将对突围完全失去了信心，他们都认为"虽得出，终必无成"。王世充见大势已去，无可奈何，献城投降。李世民东都得手，为唐统一全国起了重大作用。

从东都之战可以看出，李世民作战能活用兵法，灵活多变，善出奇兵。正如他自己所说：

"我从年轻时就筹划天下大事，颇得用兵的关键。每次观察敌人的战阵，就可以得出对方力量的强处和弱处。我常用我方的弱兵去对付对方的强兵，用我方的强兵去对付对方的弱兵。对方在战胜了我方的弱兵之后，往往追逐我军不到几百

步就止兵不前,因此我方的弱兵并未全部崩溃,而我方的强兵在战胜了对方的弱兵之后,必定要冲到对方战阵的背后,然后转过身来攻打对方,敌人没有不因此而全军崩溃的。"可见,李世民深得孙子兵法之要领。

曹操穰山破刘备

正当曹操北伐袁绍之际,许都荀彧忽然来信告急说:"刘备现在率军已从汝南出发,欲趁机攻取许昌。"曹操立即回师迎击刘备,双方在穰山地界遭遇。

由于曹操远途急行,兵疲马乏,战斗力尚未恢复,结果首战失利,只好安下营寨,与刘备坚守对峙。无论对方如何挑战,只是不出寨迎战。

曹操想,刘备兵马虽然不多,但其手下关羽、张飞、赵云,都是不可多得的勇将,不如设法分散其势,待我军休息已定后,再一举打败刘备。

这时,忽听说汝南龚都押运粮草,即将来到刘备大营。曹操见时机已到,便即刻遣将去劫粮,同时又令大将夏侯惇率军去袭击刘备的根据地汝南。接着又沿途布下伏兵,准备伏击刘备前往救援的军马。

刘备见曹操坚守营寨不出战,正在纳闷,忽听探马报说,运粮的龚都被曹军包围。刘备想,我在穰山旷野之中与曹操对峙,军中无粮怎么能行?便派张飞立即分兵去救援。接着又获悉,夏侯惇抄近路去攻打汝南。刘备听罢,顿时慌了手脚,心想,汝南是我得以立锥的根据地,一旦失守,我将又无所归了,立刻又派关羽引兵去救应。

不一日,探马又回报说:"张飞去救龚都,反受曹军包围;夏侯惇已攻破汝南,关羽又身陷曹军的重围。"

此刻,刘备如同热锅上的蚂蚁,想回兵,又无所归;想据守,营内兵力又十分空虚;想救关、张又力不能支。于是,下令让军兵饱餐了一顿,夜间,在营内虚设灯火,暗中退兵弃营而走,行"走为上"计。

曹操早已料到刘备必然会弃寨而走,提前在其后寨布下伏兵。当刘备兵马一动,四下里伏兵齐出,把刘备又打得惨败。刘备在赵云的掩护下,收集残兵败将,投往荆州刘表去了。

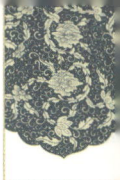

孙子兵法 解析 第八篇 九变篇

武帝唯亲终失败

梁武帝即位时，北魏孝文帝已经死去，国势转弱，对南朝的军事压力也减轻了。到他统治中期，北魏又发生各族人民大起义，接着东、西魏分裂、纷争，战乱延续达二十年之久。武帝好大喜功起来，频频向北用兵。他信不过这些将帅，总觉得只有萧氏宗室骨肉才可靠。

梁武帝即位不久，于天监四、五年（505至506年）间发动首次北伐，以临川王萧宏为统帅，一时良将如韦睿、裴邃、昌义之等分头进军，相继攻克合肥、羊石、霍邱、梁城等地。早先投降北魏的梁将陈伯之驻军寿阳，抵抗梁军。萧宏命记室参军丘迟给伯之写劝降信，这就是脍炙人口的杰作《与陈伯之书》，信中晓之以理，动之以情。伯之见信，拥部众八千归降。梁军器械精新，军容齐整，进驻洛口，形势十分有利。但主帅萧宏却胆小如鼠，他听说北魏援军就在附近，不敢继续前进。一天夜里，洛口突起暴风雨，萧宏以为魏军来攻，吓得丧魂失魄，丢下大军，仓皇逃跑。梁军没了主帅，顿时大乱，纷纷散退，沿途丢弃老弱病残，军资器械，比比皆是；损失将近五万人。魏军乘势南侵，跨过淮河，围攻梁朝的重镇钟离，准备平荡东南。梁武帝到了这时，才派出名将曹景宗、韦睿等率大军援救钟离。景宗有勇，韦睿有谋，配合默契，指挥得当，大败魏军于钟离城下，俘斩十多万人，魏军渡淮河逃跑，又淹死十多万人，军事上的颓势才得以挽回。

大通二年（528年），北魏已进入大乱高潮，梁武帝又一次北伐。这次他总算不任用子弟，而以北魏降王元颢为魏主，派将军陈庆之率兵七千人护送他进军洛阳，企图以鲜卑制鲜卑，培植傀儡政权。中大通元年（529年），庆之拥元颢长驱直入，沿途连克三十二城，前后四十七战，所向无敌，一直打进魏都洛阳，把魏孝庄帝赶到黄河以北。元颢得志，骄傲起来，日夜纵酒，不理政事，连他的追随者都大失所望。他又企图摆脱梁的控制，与陈庆之互相猜疑。庆之兵力不足，请求梁武帝增派援兵，元颢却说他力量大了不好控制，竭力阻止，庆之想到彭城去做徐州刺史，元颢也不准许，他们就这样坐困洛阳，等待丧败。

北魏大将尔朱荣率精锐的骑兵南下渡过黄河，突破了元颢的沿河防线，元颢出逃，半路上被人杀死。庆之急中生智，剃发出家，混在和尚群中，总算躲过了魏军的追捕。以后他辗转多地，终于返回建康。这次孤军北伐，又遭到失败。

晋厉公果断出击获战机

前580年，晋厉公与秦桓公签订了结盟文书，但墨迹未干，秦军就背弃誓言，向晋国发起攻击。晋厉公认为秦军无德无义，于是宣布与秦绝交，并发表了"伐秦宣言"，联宋、齐等八个盟国的军队伐秦。

战前，晋厉公与诸将和谋臣作了精密的策划，一致认为：晋国虽然能联合八个盟国出兵，但这种联合是松散、暂时的；楚国与秦国是盟友，如果不是为了对付吴国，它很可能会出兵帮助秦国。鉴于这种情况，战争应该速战速决，一次打击就应成功，否则，难免会夜长梦多。

这一年的五月，晋厉公集本国大军和盟军共十二万人，直逼秦境，在泾水东岸的麻隧列下阵来，决心乘秦军东渡泾水，立足未稳之机，给秦军以毁灭性的攻击。

秦桓公见晋军逼近国境，急忙调集各路人马约七万余人匆匆东渡泾水。晋厉公见秦军陆续登岸，乱哄哄地准备布阵，正是实施打击的好时机，立即擂鼓进军，以排山倒海之势向秦军发起强攻。秦军慌忙应战，乱作一团，短兵相接，即刻大败。秦军背靠泾水，败兵争先跳入泾水逃命，溺死无数。晋军以泰山击卵之势将泾水以东的秦军全部歼灭。

战斗迅速结束——晋国的一些盟军将士尚未投入实战。

晋秦麻隧之战是春秋战争史上双方投入兵力最多而又结束战斗最快的一战。

汉高祖善察败道终制胜

前204年四月，项羽围攻荥阳，刘邦危在旦夕。刘邦以纪信做替身，出东门诈称投降项羽，自己则率数十骑出西门逃于关中。

刘邦收拢关中之兵，吸取过去与项羽正面对垒的教训，并不急于夺回荥阳、成皋，而是出兵宛（今河南南阳）、叶（今河南叶县），调项羽南下，再袭其后方。项羽果然中计，拔荥阳、破成皋后，不跟踪挺进关中，而是南下求战。这时，刘邦令黄河沿岸活动的彭越急袭下邳（今江苏邳州市），威胁楚都彭城，项羽回军急救，刘邦趁机夺回了荥阳、成皋。

项羽击退彭越后，再度挥师西进，竭尽全力破荥阳、成皋，至巩义市。刘邦深沟高垒，消耗楚军，楚军无力西进。刘邦再命刘贾、彭越攻占睢阳（今河南商丘市南）

等十七城，切断楚军前后方联系。项羽不得已留大司马曹咎守成皋，自己回军东救。

刘邦趁项羽东还，再次夺得成皋。项羽闻讯，第三次挥兵西进。由于被刘邦调动长距离东奔西跑，部队疲于奔命，力量分散，实力大减，无力再破成皋，不得不在广武（今河南荥阳县东北）与汉军对峙。双方坚持数月，项羽求战不得，欲退不能，丧失了战场的主动权。与此同时，在北方，刘邦以韩信率主力攻破魏、代、赵、燕，直指齐国，势如破竹；在南方，刘邦争取九江王英布成功，于是，陷项羽于多面受敌的不利境地，项羽被迫与刘邦订立和约，划鸿沟为界，西属汉，东属楚。

前 203 年九月，项羽东撤，刘邦利用项羽的疏忽麻痹，突然发起追击，至固陵（今河南淮阳西北），汉军因将领观望，各军未能协调一致，遭楚军反击，大败。刘邦立即吸取教训，对彭越、韩信加官晋爵，调动其积极性。于是，韩信一战拿下彭城，迫项羽向东南败退。十二月，汉军将项羽围于垓下，项羽率八百骑南逃，被汉军追及，自刎于乌江（今安徽和县东北长江边），楚灭。

李嗣源绕道救幽州

五代时期，契丹首领耶律阿保机率三十万大军包围了晋国的北方军事重镇幽州（今北京市西南）。晋王李存勖派大将李嗣源统率七万人马增援幽州，解幽州之围。

李嗣源与诸将商议进军之计，说："敌人多是骑兵，人数众多，又已先处战地，外出游骑没有辎重之忧，而我军多是步兵，人数又少，还必须有粮草随军而行。如果在平原上与敌人相遇，敌军只需把我军粮草截走，我军就会不战自溃，更不用说用骑兵来冲击我们了！"

针对这种不利情况，李嗣源从易州出发，不是走东北直奔幽州，而是先向正北，越过大房岭（今北京房山区西北），然后沿着山涧向东走。

李嗣源率大军餐风饮露，日夜兼程，一直行进到距幽州只剩下六十里远的地方，突然与一支契丹骑兵遭遇，契丹人才发现晋军派来了救兵。契丹兵大吃一惊，慌忙向后撤退，李嗣源与养子李从珂率领三千骑兵紧随契丹人的身后，晋军大部队则紧紧跟随在李嗣源的骑兵后面。不同的是，契丹骑兵行走在山上，晋军行走在山涧中。

行至山口，契丹万余骑兵挡住了去路。李嗣源知道成败在此一举，摘掉头盔，用契丹语向敌人喊道："你们无故侵犯我国，晋王命我率百万之众，直捣两楼（契

丹首府），将你们全部消灭！"说完，一马当先，冲入敌阵，斩杀契丹酋长一名。众将士见主帅身先士卒，群情激奋，斗志倍增，纷纷杀入敌阵。契丹骑兵被迫向后退却，晋军的大部队乘机走出山口。

出山之后即是一马平川的大平原。由于失去山地的保护，极易遭受骑兵攻击，李嗣源命令步兵砍伐树枝作为鹿砦，人手一枝，每当部队停下来或遭到契丹骑兵攻击时，即用树枝筑成寨子，契丹骑兵只能环寨而行，而晋军乘机放箭，契丹人马死伤惨重。逼近幽州时，晋军拖后的步兵拖着草把、树枝行进，一时间，烟尘滚滚，契丹兵不知虚实，以为晋军援兵甚多，未战先怯。等到决战来临，李嗣源率骑兵在前、步兵随后，有组织地掩杀过来。契丹兵斗志皆无，丢弃了大量的车帐、牲畜，狼狈逃去。

至此，幽州重镇得以保全。

田穰苴不受君令以树军令

古代大兵法家田穰苴，被宰相晏婴推荐给齐景公；齐景公拜田穰苴为大将，让他领军抵挡来犯的晋、燕两国大军。

田穰苴对齐景公说："我出身卑贱，恐怕士卒们心中不服，请主公派个有权势、有名望的人给我当监军，我做起事来方便些。"齐景公便指派他最宠信的大臣庄贾担任监军一职；田穰苴便与庄贾约定，明天中午在部队集合。

第二天，田穰苴早早到场，集合了部队等庄贾依时到来。庄贾素来娇贵，根本不把和田穰苴的约定当回事；约期已到，他还在与亲朋好友喝酒话别，一直到了黄昏时才到。

田穰苴问负责执行军法的人，部队集合迟到者，该怎么处理？答案是斩首。庄贾急了，不断争辩，田穰苴很生气地骂道："现在晋、燕二国大军正侵犯我们国家，我们的君王每天吃不好，睡不着，你还有心思和亲朋好友饮酒作乐！"

根本不听庄贾答辩，立刻下令斩首。庄贾被杀，所有士卒都吓得发抖。这时候，齐景公的使者急速驾车，带着赦令赶来，由于事情紧急，便不经通报，直接把马车开到部队面前，高喊："刀下留人！"田穰苴冷冷回应道："将领在军中时，不接受国君的命令！"

不但不理会使者,还回头问执行军法的部属,使者冲撞部队,该当何罪?答案也是斩首。使者一听,田穰苴居然连国君也不买账,吓个半死;田穰苴说:"国君的使者不能杀。"便杀了两个使者的随从,然后派人回报齐景公。景公知道田穰苴执法如山,也不再说什么,于是田穰苴领军出发,抗击晋、燕二国大军。三军大众知道主帅对于军中之事坚持到底,军令如山之余,连国君的宠臣都敢杀,连国君的命令都可以不受。在严格军令的制约与激励下,人人奋勇,个个争先,终于击退了来犯的敌军,解了齐国兵败国亡之危。

楚灭蔡息

东周初期,各诸侯国都乘机扩张势力。楚文王时期,楚国势力日益强大,汉江以东小国纷纷向楚国称臣纳贡。当时有个小国叫蔡国,仗着和齐国联姻,认为有个靠山,就不买楚国的账。楚文王怀恨在心,一直在寻找灭蔡的时机。

蔡国和另一小国息国关系很好,蔡侯、息侯娶的都是陈国女人,经常往来。但是,有一次息侯的夫人路过蔡国,蔡侯没有以上宾之礼款待,气得息侯夫人回国之后,大骂蔡侯。息侯对蔡侯有一肚子怨气。

楚文王听到这个消息,非常高兴,认为灭蔡的时机已到。他派人与息侯联系。息侯想借刀杀人,向楚文王献上一计:让楚国假意伐息,他就向蔡侯求救,蔡侯肯定会发兵救息。这样,楚、息合兵,蔡国必败。楚文王一听,何乐而不为?他立即调兵,假意攻息。蔡侯得到息国求援的请求,马上发兵救息。可是兵到息国城下,息侯竟紧闭城门,蔡侯急欲退兵,楚军已借道息国,把蔡侯围困起来,终于俘虏了蔡侯。

蔡侯被俘之后,痛恨息侯,对楚文王说:息侯的夫人息妫是一个绝代佳人。他这话是刺激好色的楚文王。楚文王击败蔡国之后,以巡视为名率兵到了息国都城。息侯亲自迎接,设盛宴为楚王庆功。楚文王在宴会上,趁着酒兴说:"我帮你击败了蔡国,你怎么不让夫人敬我一杯酒呀?"息侯只得让夫人息妫出来向楚文王敬酒。楚文王一见息妫,果然天姿国色,马上神魂颠倒,决定据为己有。第二天,他举行答谢宴会,早已布置好伏兵,席间将息侯绑架,轻而易举地灭了息国。

息侯害人害己,他主动借道给楚国,让楚国灭蔡,给自己报了私仇,却不料楚国竟不丢一兵一卒,顺手将息国占领。

第九篇　行军篇

本篇专门论述作战中有关行军的各种问题，诸如行军时如何安营扎寨，如何观察和利用地形，如何侦察敌情等等。

全篇内容大体分为四部分：第一，分别从山岳地带、河川地带、盐碱地带、平原地带，以及其各种险阻地带论述了行军扎营，应敌所必须注意的事项和应该采取的措施。第二，论述行军过程中侦察敌情的几种基本方法，诸如"敌近而静者，恃其险也；远而挑战者，欲人之进也；其所居者，利也；众树动者，来也；众草多障者，疑也；鸟起者，伏也……"第三，指出用兵打仗，主要的并不在于兵力越多越好，而在于『并力、料敌、取人』，也就是善于集中兵力，判明敌情，以智取胜；那种『无虑而易敌』，一味只知盲目猛进的人，『将』必擒于人』。第四，指出统帅军队必须重视平时的教育，同时，也更要重视战时军纪严肃，赏罚分明，强调为将者要言而有信，令行禁止，士卒们才会心悦诚服。

令之以文　齐之以武

孙子曰：凡处军①、相敌②：绝山依谷，视生处高，战隆无登，此处山之军也。绝水必远水；客绝水而来，勿迎之于水内，令半济而击之，利；欲战者，无附于水而迎客③；视生处高，无迎水流④，此处水上之军也。绝斥泽⑤，惟亟去无留⑥，若交军于斥泽之中，必依水草而背众树，此处斥泽之军也，平陆处易，而右背高，前死后生，此处平陆之军也。凡此四军⑦之利，黄帝之所以胜四帝也。

凡军好高而恶下，贵阳而贱阴⑧，养生而处实，军无百疾，是谓必胜。丘陵堤防，必处其阳，而右背之，此兵之利，地之助也。上雨，水沫至，欲涉者，待其定也。凡地，有绝涧⑨、天井⑩、天牢⑪、天罗⑫、天陷⑬、天隙⑭，必亟去之，勿近之。吾远之，敌近之；吾迎之，敌背之。军行有险阻、潢井⑮、葭苇、山林、蘙荟者，必谨覆索之，此伏奸之所处也。

敌近而静者，恃其险也；远而挑战者，欲人之进也；其所居易者，利也；众树动者，来也；众草多障者，疑也；鸟起者，伏也；兽骇者，覆也；尘高而锐者，车来也；卑而广者，徒来也；散而条达者，樵采也；少而往来者，营军也；辞卑而益备者，进也；辞强而进驱者，退也；轻车先出，居其侧者，陈也；无约而请和者，谋也；奔走而陈兵车者，期也；半进半退者，诱也；杖而立者，饥也⑯；汲而先饮者，渴也；见利而不进者，劳也；鸟集者，虚也；夜呼者，恐也；军扰者，将不重也⑰；旌旗动者，乱也；吏怒者，倦也；粟马肉食，军无悬缶，不返其舍者，穷寇也；谆谆翕翕⑱，徐与人言者，失众也；数赏者，窘也；数罚者，困也；先暴而后畏其众者，不精之至也；来委谢者，欲休息也。兵怒而相迎，久而不合，又不相去，必谨察之。

兵非益多也，惟无武进⑲，足以并力、料敌、取人而已。夫惟无虑而易敌者，必擒于人。卒未亲附而罚之，则不服，不服则难用也。卒已亲附而罚不行，则不可用也。故令之以文，齐之以武，是谓必取。令素行以教其民⑳，则民服；令素不行以教其民，则民不服。令素行者，与众相得也。

注 释

① 处军：行军、宿营、处置军队，即在各种不同地形条件下，军队行军、作战、驻扎诸方面的处置对策。处，处置、安顿、部署的意思。

② 相敌：相，觇视、观察。相敌即为观察、判断敌情。

③ 无附于水而迎客：不要在挨近江河之处同敌人作战。无，勿。附，靠近。

④ 无迎水流：即勿居下游。此指不要把军队驻扎在江河下游处，以防敌人决水、投毒。

⑤ 绝斥泽：斥，盐碱地。泽，沼泽地。绝斥泽即通过盐碱沼泽地带。

⑥ 惟亟去无留：惟，宜、应该。亟，急、迅速。去，离开。意谓遇到盐碱沼泽地带，应当迅速离开，切莫停留驻军。

⑦ 四军：指上述山地、江河、盐碱沼泽地、平原四种地形条件下的带兵原则。

⑧ 贵阳而贱阴：贵，重视。阳，向阳干燥的地方。贱，轻视。阴，背阴潮湿的地方。句意为看重向阳之处而轻视阴湿地带。

⑨ 绝涧：指两岸峻峭、水流其间的险恶地形。

⑩ 天井：指四周高峻、中间低洼的地形。

⑪ 天牢：牢，牢狱。天牢是对山险环绕、易进难出的地形的形象描述。

⑫ 天罗：罗，罗网。指荆棘丛生、军队进入后如陷罗网无法摆脱的地形。

⑬ 天陷：陷，陷阱。指地势低洼、泥泞易陷的地带。

⑭ 天隙：隙，狭隙，指两山之间狭窄难行的谷地。

⑮ 潢（huáng）井：潢，积水池。井，指内涝积水之地。潢井即指积水低洼之地。

⑯ 杖而立者，饥也：言倚着兵器而站立，是饥饿的表现。杖，同"仗"，扶、倚仗的意思。

⑰ 军扰者，将不重也：敌营惊扰纷乱，是因将领不够持重的缘故。

⑱ 谆谆翕（xī）翕：恳切和顺的样子。

⑲ 惟无武进：意为只是不要恃武冒进。惟，独、只是。武进，恃勇轻进。

⑳令素行以教其民：令，法令、规章。素，平常、平时。行，实行、执行。民，这里主要指士卒、军队。

译文

孙子说，凡是处置部署军队和观察判断敌情，都应该注意：通过山地，要靠近有水草的山谷，驻扎在居高向阳的地方，不要去仰攻敌人占领了的高地。这是在山地部署机动军队的原则。横渡江河，必须在远离江河处驻扎：敌人渡水来战，不要在江河中予以迎击，而要等它渡过一半时再进行攻击，这样才有利；如果要同敌人决战，不要紧挨水边布兵列阵；在江河地带驻扎，也应当居高向阳，不可面迎水流，这是在江河地带部署处置军队的原则。通过盐碱沼泽地带，那就一定要靠近水草并背靠树林，这是在盐碱沼泽地带部署机动军队的原则。在平原地带要占领平坦开阔地域，而侧翼则应倚托高地，做到前低后高，这是在平原地带部署机动部队的原则。以上四种军队部署原则运用带来的好处，正是黄帝之所以能战胜其他"四帝"的原因。

在一般情况下驻军，总是喜欢干燥的高地，厌恶潮湿的洼地，重视向阳之处，轻视阴湿之地，靠近水草地区，军需供应充足，将士百病不生，这样，克敌制胜就有了保证。在丘陵堤防地域，必须占领朝阳的一面，而把主要侧翼背靠着它，这些对于用兵有利的措施，是利用地形作为辅助条件的。上游下雨涨水，洪水骤至，若想要涉水过河，得等待水流平稳后再过。凡是遇上绝涧、天井、天牢、天罗、天陷、天隙这六种地形，必须迅速离开，不要靠近。我军远远离开它们，而让敌人去接近它们；我军应面向它们，而让敌人去背靠它们。行军过程中如遇到有险峻的隘路、湖沼、水网、芦苇、山林和草木茂盛的地方，一定要谨慎地反复搜索，这些都是敌人可能设下伏兵和隐藏奸细的地方。

敌人逼近而保持安静的，是倚仗它占领着险要的地形；敌人离我很远而前来挑战的，是想引诱我军入其圈套；敌人之所以驻扎在平坦地带，是因为它这样做有利可图；许多树林摇曳摆动，这是敌人隐蔽前来；草丛中有许多遮障物，这是敌人布疑阵；鸟雀惊飞，这是下面有着伏兵；野兽骇奔，这是敌人大举突袭。尘土又高又尖，这是敌人的战车驰来；尘土低而宽广，这是敌人的步兵开来；尘土四散飞扬，这是敌人在砍伐柴薪；尘土稀薄而又时起时落，这是敌人正在结寨扎营。敌人

的使者措辞谦卑却又在加紧战备的,这是想要进攻;敌人使者措辞强硬而军队又做出前进姿态的,这是准备撤退;敌人战车先出动,部署在侧翼的,这是在布列阵势;敌人尚未受挫而主动前来讲和的,必定是有阴谋;敌人急速奔跑并摆开兵车列阵的,是期待同我决战;敌人半进半退的,是企图引诱我军。敌兵倚着兵器站立,这是饥饿的表现;敌兵打水的人自己先喝,这是干渴缺水的表现;敌人明见有利而不进兵争夺,这是疲劳的表现;敌军营寨上方飞鸟集结,表明是座空营;敌人夜间惊慌叫喊,这是其恐惧的表现;敌营惊扰纷乱,这表明敌将没有威严;敌阵旗帜摇动不整齐,这说明敌人队伍已经混乱;敌人军官易怒烦躁,表明全军已经疲倦;用粮食喂马,杀牲口吃肉,收拾起炊具,不返回营寨,这是打算拼死突围的穷寇。敌将低声下气同部下讲话,这表明敌将失去人心;接连不断地犒赏士卒,这表明敌人已无计可施;反反复复地处罚部属,这表明敌军处境困难;敌方将领先对部下凶暴,后又害怕部下的,是最不精明的将领;敌人派遣使者前来送礼言好,这是敌人希冀休兵息战。敌人逞怒同我对阵,可是久不交锋而又不撤退,这就必须审慎地观察它的意图。

兵力并不在于愈多愈好,只要不轻敌冒进,而能做到集中兵力、判明敌情、取得部下的信任和支持,也就足够了。那种既无深谋远虑而又自恃轻敌的人,一定会被敌人所俘虏。

士卒还没有亲近依附就施行惩罚,那么他们就会不服,不服就难以使用;士卒已经亲附,而军纪军法仍得不到执行,那也无法用他们去作战。所以,要用怀柔宽仁的手段去教育他们,用军纪军法去管束规范他们,这样就必定会取得部下的敬畏和拥戴。平素能严格贯彻命令,管教士卒,士卒就会养成服从的习惯;平素不重视严格贯彻命令,管教士卒,士卒就会养成不服从的习惯;平时命令能够得到贯彻执行,这表明将帅同士卒之间相处融洽。

❖❖ 名家点评 ❖❖

处军谨慎　因地制宜

本篇开宗明义就讲"处军、相敌"。关于"处军",孙子首先讲了四种地形情况。

第一,关于山地行军、宿营和战斗。他说"绝山依谷",通过山地必须沿着山谷

行进。这是因为山谷地形比较平坦,水草便利,隐蔽条件好。这里说的是行军应注意的事项。而在宿营时则要"视生处高"。李筌注:"向阳曰生,在山曰高。"通俗地说,就是地形有利,例如视野开阔,易守难攻,干燥向阳,既险且要等。至于山地战的法则就是"战隆无登"。贾林注:"战宜乘下,不可迎高也。"山地作战,只宜居高临下地俯冲,不宜自下而上的仰攻。

第二,关于江河作战。孙子讲了五层意思,也就是五条原则:其一,"绝水必远水",部队通过江河后必须迅速远离河流,目的是避免背水作战,退无所归。远离江河,既可以引诱敌人渡河,迫敌于背水之地,又可使自己进退不致受阻。其二,"客绝水而来,勿迎之于水内,令半济而击之,利"。"半济而击",即乘敌军半数已渡,半数未渡之时发起攻击。这一江河作战的原则,古往今来许多战争实践所证明,是一条行之有效的原则。其三,"欲战者,无附于水而迎客",这是江河作战的又一原则。它包含两层意思:如果我方决心迎战,那就要采取远离河川的位置,诱敌半渡而击;如果我方不准备迎战,那就阻水列阵,使敌不敢轻易强渡。其四,"视生处高",张预注:"或岸边为阵,或水上泊舟,皆须面阳而居高。"其五,"无迎水流",是说不要处于下游,防止敌军从上游或顺流而下,或决堤放水,或投放毒药。

第三,盐碱沼泽地。在这种地形行军、作战对敌我都不利,既少水草,又无粮食,因而必须"亟去无留",迅速通过,迅速脱离。一旦在这种地形同敌人遭遇,孙子要求"必依水草而背众树"。因为一方面可以借草木以为依托,另一方面在沼泽地中,凡是生长草木的地带,土质相对地说要坚硬一些,便于立足和通行,占据它就增加了主动权。

第四,平地作战。一要"处易,而右背高"——选择地势平坦之地以便于战车驰突,又以右翼依托高地,以便战场观察。二要"前死后生"。杜牧注:"死者,下也;生者,高也。"前低后高利于出击。我们认为仅仅局限于"高低"还不能说明"死""生"的全部含义。它应当还包括隐蔽条件的好坏、险易程度的优劣、行进道路的方便程度等。

孙子还强调了宿营时要注意的事项:选择地势高而干燥卫生、水草丰美而又粮道便利的地方扎营。他认为很好地利用地形,是取胜的重要条件,所谓"此兵之利,地之助也"。他在讲了涨洪水时涉渡江河应注意观察水势之后,提出了"六害之地":绝涧、天井、天牢、天罗、天陷、天隙。对于这六种断裂地形必须采取诱敌"近之",

我则"远之"；迫敌"背之"，我则"迎之"，以便聚而歼之。当部队行进于"险阻、潢井、葭苇、山林荟"之地时，要严密搜索，防止敌人的侦察和间谍隐藏其内。

兵法解析

凡军好高而恶下，贵阳而贱阴，养生而处实，军无百疾，是谓必胜。丘陵堤防，必处其阳，而右背之，此兵之利，地之助也。上雨，水沫至，欲涉者，待其定也。凡地，有绝涧、天井、天牢、天罗、天陷、天隙，必亟去之，勿近之。吾远之，敌近之；吾迎之，敌背之。

孙子说：大凡驻军宿营，以干燥的高地为宜，应避开潮湿的洼地；重视向阳之处，避开阴湿之地；靠近水草地区，军需供应充足，将士百病不生，这样就具备了克敌制胜的重要条件。在丘陵地区、河堤岸旁，必须占领向阳的一侧，且要背靠着它。这些好处，是得自地形的辅助。上游降雨，河水暴涨，洪水骤至，想徒步过河，应等到水势平稳之后。凡是遇到绝涧（地形前后险峻，水横其中）、天井（四面陡峭，中间凹陷，如天然之井）、天牢（山林环绕、易进难出）、天罗（草木丛生，弓弩钩戟无法使用，人进去如落罗网）、天陷（地势低洼，遍地泥泞，车马难行）、天隙（道路狭窄，地面多坎隙沟坑）这六种危险地形，必须迅速离开，切勿靠近。我军应远离这类危险的地形，让敌军靠近它们；我军应面向这样危险的地形，而让敌军背靠它们。

孙子首先指出军队在正常情况下，一般的驻军规律：好高恶下，贵阳贱阴，养生处实。这样做的好处是"军无百疾"，是军队胜敌的根本。在战争中首先要维持人的生存，军队不吃不喝不行，没有武器不行，生病减员更不行。所以在可能的条件下，要选择既方便生活又能保障供应的地方宿营。所谓"此兵之利，地之助也"。

除了选择地理环境驻军外，还要根据地形，决定攻守策略，以克敌制胜。孙子说明了在丘陵、堤防的驻军原则后，指出在河水暴涨渡河时，应"待其定也"，以求安全。灵活地对待地形还表现在对待天险上。遇到"绝涧、天井、天牢、天罗、天陷、天隙"等六种特殊地形时，必须诱敌"近之"，己则"远之"；迫敌"背之"，己则

"迎之"。

孙子"兵之利,地之助"的谋略,其核心是充分利用各种不同的地形,设营布阵,指挥作战。它不仅是对古代战争经验的总结,对现代战争也有指导与借鉴意义。

战争是作战双方在一定空间的角逐,而地形在战争中起着重要作用。"兵之利,地之助",强调用兵作战要充分利用有利的地形,才能取得战争的胜利。这在

战争史上不乏其例。如马陵之战，齐军在马陵成功地伏击了庞涓率领的魏军，除了采用示弱诱敌、以逸待劳之策外，与马陵道路狭窄、路旁为茂密树林、地势险要也有很大关系。熟知兵法的庞涓本应对这类隘险的地形有所警觉，不应贸然进入，然而他利令智昏，贸然进军，导致丧师殒命。公元208年赤壁之战，孙刘联军以少胜多，击败强敌曹操，除了采用火攻计外，与周瑜能审时度势，巧妙利用地形作战有关。当时，面对二十万之众的曹军，吴国有不少人劝孙权投降，唯独主将周瑜力排众议。他说：吴国拥有江南数千里之地，士卒精良。而曹操北方尚未安定，又弃长扬短，用骑兵在江湖密布的江南地区与我争胜，这是违反了用兵大忌，最后，他向孙权保证只需用精兵三万，就能击败貌似强大的曹操。这说明周瑜能充分估算地利因素对战争的影响，战争的结局也证实了周瑜判断的正确。

【古今实例】

掌握信息往往是克敌制胜的前提。在《孙子兵法》中，作者多次提到了这个问题。如《行军篇》中"敌近而静者……必谨察之"。在这长长的一段话里，孙子详细地列举了各种现象，并通过这些现象对敌人的情况进行分析，从而获得有关敌人目的、行动、状况、地利等方面的信息。

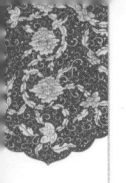

在商战中企业也可用"相敌"的方法来了解竞争对手的情况,即直接观察竞争对手的活动,如推出新产品,营销方案的改变,购买生产设备,兼并活动,然后从长远目标、现行战略、假设和能力这四个方面对竞争对手进行分析,从而估计竞争对手的战略变化和对外界环境变化的反应。

还可用"示形"来进一步了解对手的情况,如企业使用"火力侦察法"可以了解直接观察无法了解或难以判断的情况。

《孙子·虚实篇》说:"角之而知有余不足之处。"角,角斗、较量。这句话的意思是进行一下战斗,以了解敌人哪方面具有优势、哪方面处于劣势。这种方法我们称它为"交手较量法"。这种角之——交手较量法,运用到企业竞争中,主要是探听销售反响,适用于企业新产品试销后、大批量生产之前进行。

犹疑失机悔不及

南朝宋文帝元嘉二十年(公元443年),北魏太武帝拓跋焘率军四路并进,讨伐柔然。军至鹿浑谷(今蒙古人民共和国后杭爱省沃勒吉特东鄂尔浑河之东),同柔然敕连可汗遭遇,柔然部落顿时扰乱。太子拓跋晃对魏主说:"敌人不料我大军猝然而至,宜从速进击,攻其无备,必能破贼。"尚书令刘絜谏阻说:"敌营中尘土嚣盛,其众必多,况且出至平地,易被敌围困,宜等大军集结,然后进击。"太子晃说:"尘土嚣盛正说明敌闻我大军猝临,惊慌失措,否则,敌营内怎么会尘土飞扬呢?"拓跋焘犹豫未决,柔然得以远遁。后来魏俘获柔然一候骑,太武帝问及当初两军遭遇时的情状,候骑答道:"柔然不觉官军突然而至,上下惶惧,引众北走,六七日后,确知已无追兵,方敢徐缓而行。"拓跋焘听后,悔恨不已。

南诏佯和败唐军

唐僖宗乾符元年(公元874年)十一月,南诏发兵再犯唐之西川(唐方镇名,治所在今四川成都市)。当南诏军作浮桥,强渡大渡河时,唐防河都知兵马使、黎州刺史黄景复指挥唐军待敌半渡则击,南诏军败退,唐军断其浮桥。南诏军受挫

后，一方面在营中多张旗帜，佯与唐军对峙，另一方面又派兵潜出大渡河上、下流各二十里处，连夜设浮桥渡河，于第二天拂晓，对唐军突然发起攻击，形成夹攻之势。两军激战三天，黄景复佯装败走，南诏即挥军追击。黄景复在撤军途中连设三处伏兵以待敌。当南诏军通过唐两处伏兵地时，唐伏兵突然杀出，诱敌追击的唐军亦回师掩击，南诏军败走，损失2000余人。唐兵修复被南诏袭破的城栅而守之。南诏军兵败退至之罗谷（确址不详），与其援兵会合，军势大振，钲鼓声闻数十里，直推至大渡河边，同唐军夹水而阵。南诏军一方面遣使与唐议和，一方面又秘密派兵自上、下流潜渡，突然发起攻击，双方激战数日，唐军不支，引兵而退。

淮河水淹庞师古

唐昭宗乾宁四年（公元897年）九月，朱全忠兴师讨伐淮南地区的杨行密，其部署为：庞师古率徐、宿、宋、滑之兵七万至清口（即古泗水入淮之口，在今江苏清江西南），攻扬州；葛从周率兖、郓、曹、濮之兵至安丰（今安徽寿县西南），攻泰州（今江苏泰州）；自己率中军进至宿州（今安徽宿县），声势浩大，淮南为之震恐。十月，杨行密与朱瑾率军三万于楚州（治所山阳县，即今江苏淮安），命别将张训为前锋，自涟水引兵会战。庞师古所部在清口列营，有人建议说："营地污下，不可久处。"庞师古却不以为然，在军中弈棋为乐，以示悠闲。淮南将朱瑾筑堰淮水，欲决河水淹敌军，有人将这一情况报告给庞师古，仍未引起庞师古的重视。十一月，淮南将朱瑾与侯赞率五千名骑兵秘密渡过淮河，打着敌军的旗帜，穿着敌军的服装，直趋其中军。前锋将张训斋栅而入，左右冲杀，庞军仓皇拒战，营栅大乱。此时，淮水滚滚而来，庞军更加惊骇。杨行密此时亦率大军渡过淮河，与朱瑾等夹击敌军，庞师古部万余人丧生，余众皆溃。

年羹尧伏兵退袭

清朝雍正年间，大将军年羹尧征讨青海。一天夜间，全营安寝，到三更时分，他忽然出帐传令，分兵数路到离营十里的地方埋伏，并派帐前将校带兵接应。他说：“四更时有敌兵劫寨。”大家莫名其妙。四更后果然敌兵来袭，伏兵突然截击，来袭之敌大败而归。第二天，众将来贺。有一参赞问：“我们和你同在营中，并没听到什么消息，将军何以预知贼至？”年羹尧说："昨夜我在帐中，听见雁群飞过，嘹唳有声。夜间月黑，雁已就宿，害怕有人惊扰。雁宿必依水泊，该地离营有一段距离，为贼人往来必经之地，雁飞较快，且三更过，贼人必四更到。所以叫你们设伏截击。"大家听后无不佩服。

东、西魏沙苑、渭曲之战

东晋时期，刘裕北伐灭南燕、后秦之后，于420年六月迫晋恭帝让位，自立为帝，国号为宋，史称刘宋。刘宋政权占领了中国黄河以南的大部分地区，而北方则被鲜卑族拓跋氏建立的北魏政权所占领，形成南北对立的两个政权。而后，刘宋经历了齐、梁、陈等朝代的更迭；北魏则分裂为东、西魏，后变为北齐、北周。沙苑、渭曲之战即发生在北魏分裂后的东、西魏之间。

543年，统一了我国北方的北魏分裂为东魏和西魏两个政权。西魏建都长安（今陕西西安），政权为丞相宇文泰所把持。东魏都邺（今河北临漳南），政权为丞相高欢所把持。双方政权为吞并对方，进行过多次战争，发生于537年的沙苑、渭曲之战只是其中的一次。在这次战争中，东魏出动二十万大军进攻西魏，西魏军则以七千精骑迎战。由于西魏军统帅宇文泰在处军相敌方面高出东魏高欢一筹，因而西魏军能够以弱胜强，赢得了这场战争的胜利。

534年，北魏分裂为东、西魏后，东魏依仗地广人多，军事上占有相对的优势，便出动军队企图占领西魏重要关口潼关，但被西魏击退。此后，东魏二次出军攻战潼关未成。宇文泰对于高欢多次袭击西魏要地愤愤不平，便于537年八月率军东进，攻占了东魏的军事要地恒农（今河南三门峡西）。没过多久，东魏高欢就命大将高敖曹领兵三万，由洛阳向西反击恒农；同时自率主力二十万，由太原、临汾南下，从蒲坂（今山西永济西）西渡黄河，进袭关中，从而拉开了沙苑、渭曲之战的序幕。

从高欢行动的趋向看，他是想分二路向长安方向推进。一路由高敖曹率军从洛阳至恒农，夺回恒农后向潼关、渭南方向推进；另一路由高欢亲自带领，从蒲坂西渡黄河，占领军事要道华州，然后向前推进，争取与高敖曹军会合。

西魏宇文泰得知高欢西进的消息，决定尽全力阻止敌军西进。他一面命大将王熊坚守华州（今陕西大荔），阻止魏军西进；一面派人到各地征调兵马，并从恒农抽调出近万人回救关中。东魏高敖曹趁势包围了恒农；高欢军渡过黄河后，即攻华州城，然而华州城坚难攻，于是高欢命军队在距华州北三十余里的许原屯驻。

宇文泰军回到渭南后，便欲进击高欢。部将们认为，各地征调的兵马还未赶到，敌我兵力悬殊，还是暂不迎战为好。宇文泰坚持己见，他解释说：现在东魏军远道而来，首攻华州不下，便屯兵许原观望，说明他们军队人数虽多，但没战斗力，也没有苦战克敌的精神，我们趁他立足未稳，地理不熟，趁机迎击。如果让其站稳脚跟，继续西进，逼近长安，那就会动摇人心，形势对西魏将更为不利。宇文泰的解释打消了部将的疑虑。西魏军抓紧做好北渡渭水的准备。

九月底，西魏军在渭水上搭好浮桥。宇文泰亲率轻骑七千，携带三天的粮秣，北渡渭水。十月一日，宇文泰军进至距东魏军六十里处的沙苑（今陕西大荔南）驻扎下来。

宇文泰驻军在沙苑扎营后，立刻派人化装成许原一带的居民，潜入东魏兵营附近活动，侦察高欢军队的情况。经过侦察，宇文泰证实了自己的判断。在人数对比上，宇文泰认识到敌军确实强于自己，但东魏军战斗力不强，而且骄傲轻敌。这时，宇文泰部将李弼建议利用十里渭曲（渭河弯曲部分）沙丘起伏、沼泽纵横、芦苇丛生的有利地形，采取预先埋伏，布设口袋，诱敌深入的伏击之计，一举消灭敌人。这个建议正符合宇文泰出奇制胜的想法，于是，宇文泰欣然采纳此建议，决定利用渭曲复杂的地形环境打一场歼灭战。

高欢听说西魏军已进至沙苑，便决定寻找宇文泰所率的西魏军决战。高欢取胜心切，在未做认真部署的情况下便从许原率兵前来交战。西魏军见敌军出动，便依照先前的谋划在渭曲布设了埋伏，并规定伏兵以击鼓为号，以突然袭击的战法，围歼东魏军于既设阵地。高欢军行进至渭曲附近，大将解律羌举见到渭曲沼泽，沙丘伏起，茂密的芦苇纵横于沼泽地深处，觉得这苇深泥泞的地形不利野战，便向高欢建议留下部分兵力在沙苑与宇文泰军相持，然后另以精骑西袭长安。高欢急于寻找宇文泰军决战，没有同意他的意见。高欢提出放火烧芦苇，以火攻的办法攻击西魏军。但是他的部将侯景提出异议说："我们应当活捉宇文泰以示百姓，如果火烧芦苇，把他一起烧死，尸体不好辨认，谁能相信呢？"高欢的另一部将彭乐也附和说："以我军的兵力，几乎是以一百个对他们一个，还怕打不赢吗？"在下属的盲目乐观与自信面前，高欢利令智昏，放弃了火烧芦苇的主张，下令挥军前进，进入沼泽沙丘搜索宇文泰军。东魏军自恃兵多势众，混乱间进入沼泽地，而且毫无战斗队形。宇文泰待东魏军进入伏击圈后，擂鼓出击。西魏军从左右两翼猛烈冲击东魏军，将其截为数段。东魏军遭到突然袭击，本来乱糟糟的队形更加乱成几团，在陌生而又复杂的地形中无法展开。东魏军穷于应战，自相践踏；西魏军趁势拼死奋战，杀东魏军六千余人，俘敌八万，东魏军大败溃散，高欢逃至蒲津，渡河东撤。沙苑、渭曲之战以西魏的胜利与东魏的大败宣告结束。

沙苑、渭曲之战在东、西魏众多的交战中算不上是大的战役，但我们仍可从这一次战役中窥视出东、西魏军在复杂地形条件下行军作战、处军相敌方面的长短优劣。从战争的全过程中可以看出，西魏宇文泰在军事部署及"处军""相敌"方面，均深得兵法要领。孙武在《孙子兵法·行军篇》中提出，处军的要领在于善于利用地形将军队处置好，地形的选择应于己有利而于敌不利；相敌的要领则在于正确地分析判断敌情，在于善于透过敌军活动的现象看到其本质。沙苑、渭曲之战决战前夕，宇文泰不为东魏的兵势所吓倒，还从高欢攻华州不下而屯兵许原的现象中，分析、判断出东魏军人多势众却无战斗力的事实，制定了伏击制敌的计划；为了更准确地了解敌情，将敌军引入伏击圈，宇文泰将军队驻扎在许原敌营附近，并派人化装侦察，摸清了敌军的基本情况，最后歼灭敌人于事先布好的伏击圈中，一举击败敌军。东魏军的失败，一方面是由于骄傲轻敌，另一方面也在于他们恃众贸然轻进。临战前，高欢及部将明知地形不利，易遭伏击，然主帅决策时听不进正确意见，反依错误建议行事，违背孙子所说的处军、相敌原则，最终导致了失败。

李自成失察大败山海关

1644年,李自成率农民起义军攻入北京,崇祯皇帝上吊自杀。李自成被胜利冲昏了头脑,认为天下已定,对部下的恣意胡为采取了听之任之的态度。

其实,天下远未可定:拥有重兵的宁远总兵吴三桂还在山海关,而山海关外的八旗子弟早已对明朝天下垂涎三尺——李自成对此竟毫无所知!

在李自成的纵容下,京城内刮起一股"追赃风":在京旧官按职位高低摊派饷银,多者十万少者几千,如有不交者,严刑拷打。"追赃风"越刮越烈,连商人、富户也不能幸免,京城内一片怨哭声。

镇守山海关的吴三桂本已决心投降李自成,但就在赴京途中,吴三桂得知了父亲吴襄因"追赃"受酷刑拷打奄奄待毙,而自己的爱妾陈圆圆已被李自成的大将刘宗敏夺走的消息。吴三桂怒不可遏,立刻返回山海关,向李自成宣战,同时派遣使者与关外摄政的多尔衮亲王取得联系,向多尔衮"借兵"。多尔衮得知明朝崇祯皇帝已死,占据北京城的是李自成的农民起义军,觉得是夺取明朝天下的"天赐良机",立刻满口应允,便调集八旗精锐,浩浩荡荡地向山海关进发。

李自成得知吴三桂反叛,亲率六万人马,以吴三桂的父亲为人质,怒气冲冲地杀向山海关,双方在山海关前展开决战。

吴三桂本不是农民军对手,在激战的关键时刻,武英郡王阿济格和大将扈尔赫率领数万八旗子弟兵突然出现在战场上,漫山遍野地向农民军冲杀过来。李自成和他的农民军从来没见过奇装异服的八旗军队,又见其来势凶猛,一个个抛下戈矛,掉头就跑。李自成见大势已去,杀掉吴襄,仓皇向北京撤退。吴三桂与八旗军队穷追不舍,李自成连战皆败,于四月三十日被迫退出北京。

从此,李自成由胜利走向了彻底的失败。

郑板桥察竹细致入微

郑板桥在书画艺术方面有着特殊的造诣。板桥一生喜画兰、竹、石。尤其是竹子,除了坚强正直、生命力强,还寄寓了苍劲豪迈、虚心向上等精神品质,这与板桥的"倔强不驯之气"是"不谋而合"的。因此,板桥五十余年专画兰竹,不画

他物，与其说是在画竹，毋宁说他是在表白内在的思想感情。

郑板桥自幼就与竹子结下了不解之缘。他家住宅的四周到处都种满了翠竹，夏天，绿竹摇曳，他在绿竹之下安置一张小床，一边乘凉一边观赏竹枝、竹叶，观赏整个竹林的风光。秋冬时节，板桥截取细竹枝做窗棂，用洁白匀薄的纸小心地糊在上面。风和日暖，冻蝇撞在窗纸上，竹景一片零乱，犹如一幅天然的"竹画"。板桥在求学之时，每天都漫步在竹林中，他细心地观察风天、雨天竹林的情景，也细心地观察日暮时竹林的状况；他细心地观察晴天、雾天竹林的景色。即使是外出做客，郑板桥也总要选择一个有竹子的地方歇脚。

郑板桥就是这样不停地把自己置身于竹子的世界中，所以民间曾有"板桥无竹不入居"的传说。

正因为郑板桥无时不在注意观察竹子在不同气候、不同环境里的多种多样的形态，所以，后人在评论郑板桥画竹时说他"胸中有成竹"。

然而，板桥画竹，并非形式主义地重复自然物，而是经过了一番艰苦的提炼、概括、集中和艺术加工的过程。

"江馆清秋，晨起看竹，烟花日影露气，皆浮动于疏枝密叶之间。胸中勃勃，遂有画意。其实胸中之竹，并不是眼中之竹也。因而磨墨、展纸、落笔倏作变相，手中之竹又不是胸中之竹也。总之，意在笔先者，定则也；趣在法外者，化机也。独画云乎哉。"

由于板桥在艺术创作中分清了现实与想象、真实与艺术的界限，所以他画出来的竹子既能源于客观事物，又能高于客观事物，达到了更完美的境界。

郑板桥画竹几十年如一日，他六十六岁的一首题画墨竹的诗中写道："四十年来画竹枝，日间挥写夜间思；冗繁削尽留清瘦，画到生时是熟时。"可见，郑板桥画竹，用心是何等良苦。

慕容垂劳役苻坚复建燕国

东晋五胡十六国时期，前燕重臣慕容垂因被权臣压迫，不得已投奔前秦帝王苻坚。苻坚不久就灭了前燕，慕容垂成了亡国之臣。

前燕灭亡之后，慕容垂朝思暮想的就是复国；但前秦帝国非常强大，慕容垂唯

一的机会就是等待。

苻坚在贤明宰相王猛的辅佐之下,国力逐渐强大,于十年内统一了长江以北,但他犹不满足,不顾王猛临死前的忠告,执意进攻南方的东晋,企图统一中国。

苻坚向臣下们探询南征的意见时,大家都强烈反对,连苻坚向来敬重,且颇具才干的亲弟弟苻融也不赞成。只有慕容垂在私心驱使下,不断鼓励苻坚出兵。慕容垂的如意算盘是两虎相争,一定两败俱伤,纵有胜者,也是惨胜,就算是苻坚赢了,实力也大受影响。只要苻坚力量衰退,他的复国机会就大增,而让苻坚弱化最好的方法就是让他举国去征战,尤其东晋也是个不下于前秦的大国;一旦两国展开大战,绝不会轻易收场,这一来,他就可以趁乱取利了。

慕容垂的算盘果然没打错。秦晋大战的结果,以苻坚大败告终。苻坚一败,不但原来的附庸国纷纷起事,连自己的将领也树倒猢狲散。慕容垂借机脱离了苻坚的掌握,独树一帜,最后果然凭着自己的能耐,恢复了燕王国,号称后燕。

第十篇 地形篇

本篇主要论述为将者如何善于利用地形之利，以克敌制胜的问题。

全篇内容大体分为三部分：第一，提出用兵打仗经常会遇到"通形""挂形""支形""隘形""险形""远形"等六种地形。为将者应审慎判明各种不同地形并采用不同的战法加以利用。

第二，提出在战争中出现"走兵""弛兵""陷兵""崩兵""乱兵""北兵"等六种情况，主要不应归咎于地形不利，而应归咎于主将领兵失误。第三，指出在作战过程中，要克敌制胜，关键是为将者要会带兵、会打仗，具备应有的主观素质：一是能准确地判明敌情，了解地形，并能战胜敌人"进不求名，退不避罪，惟民是保"。二是亲爱士卒，使其甘心情愿赴汤蹈火，但亲爱绝不是溺爱，而是纪律严明，阵法整齐。三是对敌我双方的情况，对天时、地利情况都非常了解，即所谓"知己知彼，胜乃不殆；知天知地，胜乃可全"。

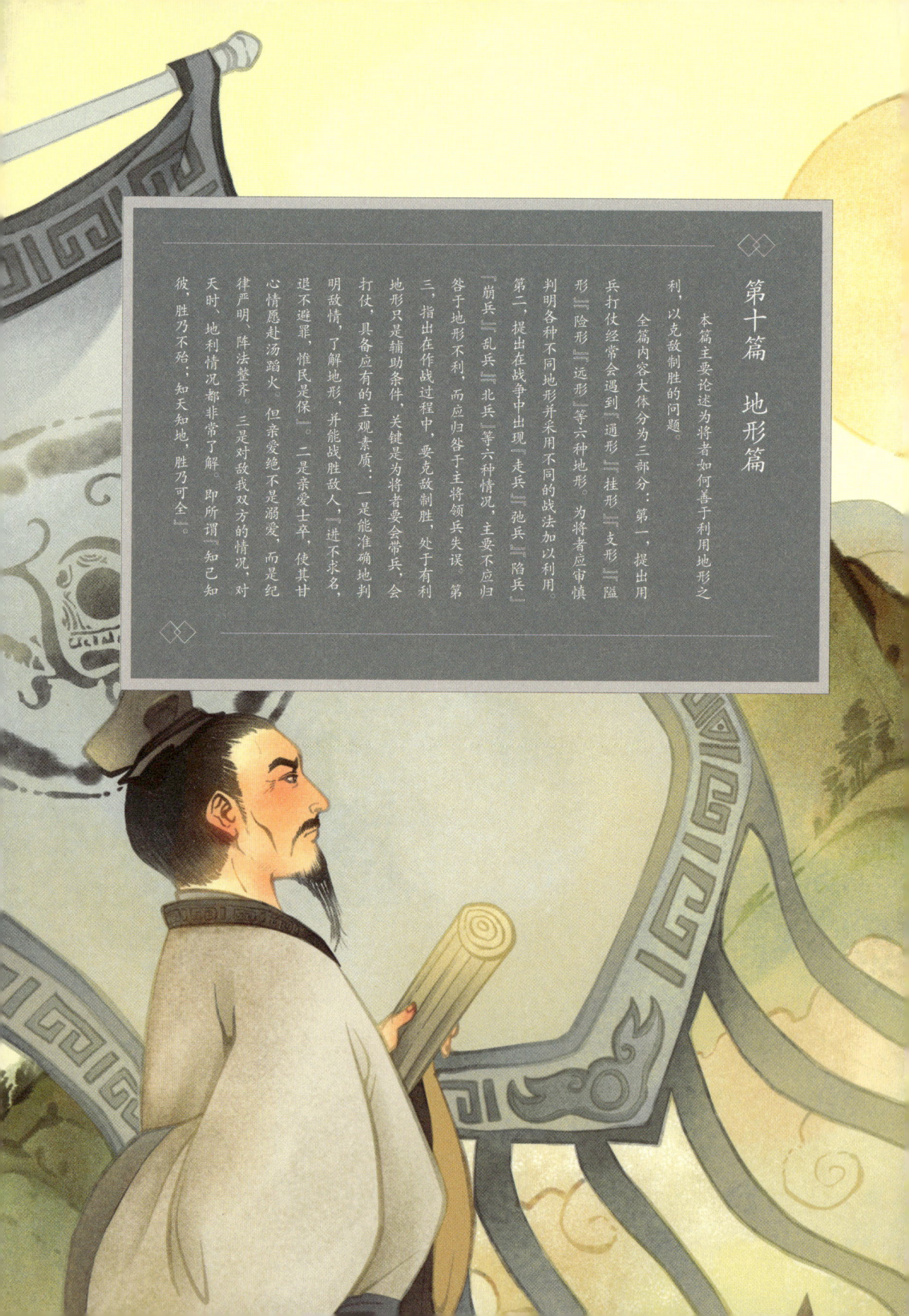

地有六形　兵有六败

孙子曰：地形有通者①、有挂者②、有支者③、有隘者④，有险者⑤、有远者。我可以往，彼可以来，曰通。通形者，先居高阳⑥，利粮道，以战则利。可以往，难以返，曰挂。挂形者，敌无备，出而胜之；敌若有备，出而不胜，难以返，不利⑦。我出而不利，彼出而不利⑧，曰支。支形者，敌虽利我，我无出也；引而去之，令敌半出而击之，利。隘形者，我先居之，必盈之以待敌；若敌先居之，盈而勿从，不盈而从之。险形者，我先居之，必居高阳以待敌；若敌先居之，引而去之，勿从也。远形者⑨，势均⑩难以挑战⑪，战而不利。凡此六者，地之道也⑫，将之至任⑬，不可不察也。

故兵有走者⑭、有弛者、有陷者、有崩者、有乱者、有北者。凡此六者，非天之灾，将之过也。夫势均，以一击十，曰走；卒强吏弱，曰弛；吏强卒弱，曰陷；大吏怒而不服，遇敌怼而自战，将不知其能，曰崩；将弱不严，教道不明，吏卒无常，陈兵纵横，曰乱；将不能料敌⑮，以少合⑯众，以弱击强，兵无选锋⑰，曰北。凡此六者，败之道也，将之至任，不可不察也。

夫地形者，兵之助也。⑱料敌制胜，计险厄远近，上将之道也。知此而用战者必胜，不知此而用战者必败。故战道必胜，主曰无战，必战可也；战道不胜，主曰必战，无战可也。故进不求名，退不避罪，唯人是保，而利合于主，国之宝也。

视卒如婴儿，故可与之赴深谿；视卒如爱子，故可与之俱死。厚而不能使，爱而不能令，乱而不能治，譬若骄子，不可用也。

知吾卒之可以击，而不知敌之不可击，胜之半也；知敌之可击，而不知吾卒之不可以击，胜之半也；知敌之可击，知吾卒之可以击，而不知地形之不可以战，胜之半也。故知兵者，动而不迷，举而不穷。故曰：知彼知己，胜乃不殆；知天知地，胜乃不穷⑲。

注 释

①地形有通者：地形，地理形状、山川形势。通，通达，指广阔平坦、四通八达的地区。

②挂者：挂碍、牵阻。此处指前平后险、易入难出的地区。

③支者：支撑、支持。指敌对双方皆可据险对峙，不易发动进攻的地区。

④隘者：狭窄、险要之地。这里特指两山峡谷之间的狭隘地带。

⑤险者：险，险恶、险要，指行动不便的险峻地带，山峻谷深之地。

⑥先居高阳：意为抢先占据地势高且向阳之处，以争取主动。

⑦挂形者……难以返，不利：在"挂"形地带，敌方如无防备，可以主动出击夺取胜利；如果敌人已有戒备，出击不能取胜，军队归返就会很困难。实属不利。

⑧彼出而不利：敌人出击也同样不能获利。

⑨远形者：这里特指敌我营垒距离甚远，路途遥远之地。

⑩势均：一说"兵势"相均；一说"地势"相均。

⑪难以挑战：指因地远势均，不宜挑引敌人出战。

⑫地之道也：道，原则、规律。意为上述六者是将帅指挥作战利用地形的规律。

⑬将之至任：指将帅所应担负的重大责任。至，最，极的意思。

⑭兵有走者：兵，这里指败军。走，与以下"弛、陷、崩、乱、北"共为"六败"之名称。

⑮料敌：指分析（研究）敌情。

⑯合：指两军交战。以少合众，指以少击众。

⑰选锋：由精选士兵组成的先锋部队。

⑱夫地形者，兵之助也：地形的观察利用，是用兵作战的重要辅助条件。助，辅助、辅佐。

⑲胜乃不穷：指胜利就会无穷无尽。

译　文

孙子说：地形有"通""挂""支""隘""险""远"等六种。凡是我们可以去，敌人也可以来的地域，叫作"通"。在"通"形地域上，应抢先占领开阔向阳的高地，保持粮草补给线的畅通，这样对敌作战就有利。凡是可以前进，难以返回的地域，称作"挂"。在挂形地域上，假如敌人没有防备，我们可以突然出击战胜他们；倘若敌人已有防备，我们出击就不能取胜，而且难以回师，这就不利了。凡是我军出击不利，敌人出击也不利的地域叫作"支"。在"支"形地域上，敌人虽然以利相诱，我们也不要出击；而应该率军假装退却，诱使敌人出击一半时再回师反击，这样就有利。在"隘"形地域上，我们应该先敌占领，并用重兵封锁隘口，以等待敌人的进犯；如果敌人已先占据了隘口，并用重兵把守，我们就不要去攻击，如果敌人没有用重兵据守隘口，那么就可以进攻。在"险"形地域上，如果我军先敌占领，就必须控制开阔向阳的高地，以等待敌人来犯；如果敌人先我占领，就应该率军撤离，不要去攻打它。在"远"形地域上，敌我双方势均力敌，就不宜去挑战，勉强求战，很是不利。以上六点，是利用地形的原则。这是将帅的重大责任所在，不可不认真考察研究。

军队打败仗有"走""弛""陷""崩""乱""北"六种情况。这六种情况的发生，不是由于天然的灾害，而是将帅自身的过错。在势均力敌的情况下，以一击十而导致失败的，叫作"走"；士卒强悍，将吏懦弱而造成败北的，叫作"弛"；将帅强悍，士卒懦弱而溃败的，叫作"陷"；偏将怨怼不服从指挥，遇到敌人愤然擅自出战，主将又不了解他们的能力，因而失败的，叫作"崩"；将帅懦弱缺乏威严，训练教育没有章法，官兵关系混乱紧张，列兵布阵杂乱无常，因此而致败的，叫作"乱"；将帅不能正确判断敌情，以少击众，以弱击强，作战又没有精锐先锋部队，因而落败的，叫作"北"。以上六种情况，均是导致失败的原因。这是将帅的重大责任之所在，是不可不认真考察研究的。

地形是用兵打仗的辅助条件。正确判断敌情，积极掌握主动，考察地形险恶，计算道路远近，这些都是贤能的将领必须掌握的方法。懂得这些道理去指挥作战的，必定能够胜利，不了解这些道理去指挥作战的必定失败。所以，根据战争规律进行分析，有着必胜把握的，即使国君主张不打，坚持去打也是可以的；根据战争

孙子兵法 解析 ◎ 第十篇 地形篇

规律进行分析，没有必胜把握的，即使国君主张一定要打，不打也是可以的。进不谋求战胜的名声，退不回避违命的罪责，只求保全百姓，符合国君利益，这样的将帅，是国家的宝贵财富。

对待士卒就像对待婴儿一样，那么士卒就可以同他共赴患难；对待士卒就像对待爱子一样，那么士卒就可以跟他同生共死。如果对士卒厚待而不能使用，溺爱而不能教育，违法而不能惩治，那就如同娇惯了的子女一样，是不可以用来同敌作战的。

只了解自己的部队可以打，而不了解敌人不可以打，取胜的可能只有一半；只了解敌人可以打，而不了解自己的部队不可以打，取胜的可能只有一半；既知道敌人可以打，也知道自己的部队能够打，但是不了解地形不利于作战，取胜的可能性仍然只有一半。所以，懂得用兵的人，他行动起来不会迷惑，他的作战措施变化无穷，而不致困窘。所以说：了解对方，了解自己，争取胜利也就不会有危险；懂得天时，懂得地利，胜利也就可以永无穷尽了。

◆◆ 名家点评 ◆◆

知地之形　用地之利

孙子把地形分为六种，并通过分析六种地形，提出对地形利用的原则。

第一，通形，即通畅无阻的平原地形。

第二，挂形，即"可以往，难以返"、山高坡陡的挂碍地形。

第三，支形，即便于敌对双方形成对峙相持的断绝地形。

第四，隘形，即通道狭窄的隘口。

第五，险形，即形势险要的地形，所谓"一夫当关，万夫莫开"。

第六，远形，指敌对双方相距较远的集结地域。

以上六种地形，孙子认为，是"地之道也；将之至任，不可不察也"。就是说，以上六种地形的利用原则，做将帅的必须认真研究和考察。

兵法解析

夫地形者，兵之助也。料敌制胜，计险厄远近，上将之道也。知此而用战者必胜，不知此而用战者必败。

孙子说："一般说来，地形是用兵的凭借。所以，料敌制胜，考察地形险易，计算道路远近，是高明的将领必须掌握的方法。懂得这些道理去指挥战争的，必然会胜利；不懂得这些道理就指挥战争的，必然要遭到失败。"

地形是用兵的辅助条件，之所以说是"辅助"条件，是因为运用得好它可以使军队如虎添翼，运用得不好它就是兵溃战败的陷阱。

孙子认为，地形可分六种：地势平坦、四通八达（通）；地形复杂，易进难退（挂）；敌我出击都不利的地区（支）；道路狭隘（隘）；地形险要（险）；敌我相距较远（远）。这六种迥然不同的地形对战局有着举足轻重的影响，做将帅的只有在战前实地考察不同的地形，对战局了然于胸，才能驾驭复杂的地形，出奇制胜。

魏明帝青龙元年（公元233年），魏将满宠上疏说："合肥城南临江湖，而北面远离寿春（今安徽寿县），东吴的军队要是围攻它，可以凭借水势；而我军前去救援，则要首先打败敌人的主力部队，然后才能解围。由此看来那个地方，敌人来攻打非常容易，我们去救援却十分困难，因此应当把合肥城内的守军往西移三十里。那里地形险要，可以依靠，再建一座新城用来固守，这就将来犯的敌人从水上引向平地，并断其归路。如果计算一下得失，这样做也是有利的。"护军将军蒋济反对这种做法。他认为："这既是向天下显露虚弱，又是望见敌人的烟火就毁坏城池，实质上属于敌人还没来进攻就自先拔营弃寨。如果竟然到了这种地步的话，东吴就会肆无忌惮地任意侵伐，我们也只好退守淮北。"明帝曹睿因此而未采纳满宠的建议。

满宠接着又上疏说："孙子说：'用兵打仗，是一种诡诈的行为。因此，自己能打反而要装作弱小和不能打；敌人如果谨慎小心，就要用利来使它骄傲，用胆怯的样子引诱它来进攻。'这就是说，形实不必相符。孙子又说：'善于调动敌人的将帅，总是用假象欺骗敌人。'现在敌人还没有到来，我们就先移城以示害怕，这就是孙子所说的制造假象来引诱敌人。把敌人吸引到远离水域的地方，而后再伺机攻打它，就会在外取胜、在内无虞了。"尚书赵咨认为满宠的建议是为了国家的长

孙子兵法 解析 第十篇 地形篇

远利益，魏明帝遂下诏移城。

就在移城的时候，孙权亲自率军渡江，本想围攻新城（在今安徽合肥西北），但因新城远离水边，所以在水上停了二十天也不敢下船。满宠见此对各位将领说："孙权得到我们移城的消息后，肯定是在文武大臣面前夸下了海口，现在他亲率大军前来攻城，想的是一举成功，即使不敢贸然行动，但也一定会上岸炫耀一下武力，显示其力量强大。"于是他暗中派遣六千多步兵骑兵，埋伏在合肥城外的隐蔽处，以等待吴军的到来。没过多久，孙权果然上岸炫耀武力，满宠的伏兵突然冲杀出来，杀死吴军数百名，有的吴军来不及上船，跳进水里溺死。

通过满宠移城诱吴军这个故事，可知满宠不愧为孙子所说的"上将"，他深知合肥的地理条件与魏、吴争夺战胜负的关系。首先，合肥与吴都建邺（今南京市）隔江相望，其威慑力足以使孙权夜不能寐，因而吴军来争夺这一战略重镇仅为时间问题。其次，合肥"南临江湖，北远寿春"，是个有利吴而不利于魏的地方。倘若在此摆开战场，魏军不但不能取胜，而且还会丢失合肥。满宠对此洞若观火，因而不惜两次上疏，陈述己见，说服魏明帝移建新城。城池搬迁并非秘事，东吴的间谍自然要返报其主，所以诱得孙权水师来此后欲攻不能，欲罢不忍，无奈耀兵于岸，反被打得落花流水。可见，满宠的移城之举，不仅包含示弱、诱敌、用间、疲敌、出其不意等战术问题，而且具有长期巩固边防重镇的战略思想。

【古今实例】

《孙子兵法·地形篇》说："料敌制胜，计险厄远近，上将之道也。知此而用战者必胜，不知此而用战者必败。"意思是正确判断敌情，制定取胜计划，研究地形的险易，计算道路的远近，这些都是将帅必须做到的。懂得这些并能用来指挥作战的，就必然胜利，不懂得这些而去指挥作战的，就必然失败。在战争中，"料敌制胜，计险厄远近"是作战中的大事和关键。孙子认为将帅的职责就是抓大事、抓关键，并且强调将帅能否抓住大事和关键，将直接决定着作战的胜败，抓住大事和关键则必胜，反之，则必败。现代的领导者也应该从日常琐事中解脱出来，把主要精力集中在抓大事、抓关键上，如调查研究、科学决策、组织管理和正确地选人用人育人，这样才能正确地发挥领导的功能和作用，提高其工作效率。

魏颗占地败杜回

晋景公派遣荀林父为主将，魏颗为副将，征伐狄族的潞国（位于西北方的少数民族）。后来恐怕荀林父兵力不足，又亲自率兵驻扎在边境，以备接应。

荀林父和魏颗很快就打败了潞国。荀林父留下魏颗打扫战场，继续打击一些游勇散兵，平定狄地，自己率领少量人马回晋境向晋景公报告。

魏颗平定狄地后，也班师回国。路上，忽然见到前面尘土飞扬，隐天蔽日。前哨很快就来报：秦国大将杜回领军来到。魏颗大吃一惊，一边选取路边一处山坡安营立寨，准备迎战，一边派人飞报晋景公。他十分奇怪：秦军是怎么来到这里的呢？

原来，狄族少数民族诸国，素来与同是西方的秦国交好，秦国正是想借助狄族诸国的力量共同对付晋国。听说晋军兵犯狄境，急遣杜回来救。但他来迟一步，潞国还是被消灭了。杜回大怒，即指挥人马急行军，要赶来与晋军会战，也还让他真的撞上了。他一听说晋军就在前面，立即下令全速前进。晋军刚刚安置好营地，秦军就来到了。

只见领队的秦将杜回人高马大，打着赤脚站在地上好像铁塔似的，獠牙露齿，虬须卷发，脸如铁钵一样，却蕴含杀机，一对突现的牛眼凶光暴露，钢锤般的铁拳握着一柄百多斤重的开山大斧，活像一尊凶神恶魔。这杜回也是秦国边境少数民族人，是有名的大力士，还是平民百姓时，曾在一天之内，就凭一对铁拳打死五只猛虎，威名大振，秦桓公就是慕名召他从军，并授予将军职位。

当下，杜回见晋军早已严阵以待，他只"哼"了一声，仍然打着赤脚没有用车马，手持大斧，领着他手下也是手持刀斧打着赤脚的三百壮士，大踏步地冲进晋营中，专砍马脚，待骑马的晋兵跌下来，就击杀将兵。晋军上下哪里见过这般打仗的？只见他们眼快手疾杀马夺命，俨然魔怪临凡，凶煞出世，晋军将士吓得惊惶后退，四散逃走。

杜回的两条腿自然比不上战马的四条腿，眼看晋军狼狈逃窜，也不追赶，只是开心地哈哈大笑！

魏颗首阵告败，知杜回非同小可，即严令将士稳守阵营，再不与秦军交战。杜回连日到晋营前挑战，晋军都无人应战，气得哇哇大叫。

孙子兵法解析◎第十篇 地形篇

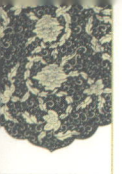

晋景公接到魏颗的报告，生怕秦军再与狄人勾结，又派遣了魏颗的弟弟魏绮率领几千精兵来援助魏颗。

魏绮马不停蹄地赶到战场，才下战车，兵甲未卸，就询问战况。魏颗把两军对垒的情况告诉了他之后，特别强调了杜回的英勇无敌。魏绮不以为然地说："量这杜回也不是神兵天将，只不过是一凡夫俗子，有什么了不起！明天我就去会会他，保证把他打败。"魏颗告诫他不可轻敌。初来乍到的魏绮怎听得进耳！

第二天，杜回再来挑战时，魏绮领着自己带来的几千兵马，出营迎战杜回。

杜回见晋军来势汹汹，一声呼啸，秦军兵马顿时四散分开，纷纷躲避晋军。魏绮也不客气，指挥军队也分散追击秦军。

杜回见晋军已经分成一个个战斗小队，又一声呼啸，那三百壮士迅速集中起来，跟着杜回，重施故技，大刀阔斧地砍马脚，杀将兵，片刻工夫，魏绮的几千精兵已伤亡过半。

在远处压阵照应的魏颗见大事不妙，立即挥兵杀出接应。凭着人海战术，终于压倒秦军，把魏绮的败兵残将救回来。之后，任由杜回怎样叫阵挑战，兄弟两人再也不敢轻易应战了。

两战皆败，和秦军又已对峙多日，尚无破敌之策，魏颗闷闷不乐，食不甘味，夜不成眠。这天夜晚，他心事重重地巡过军营，仍无睡意，信步出了营房，在周围漫步，苦思破敌之策。隐约中好像传来砍柴的声音。"半夜三更的，还有谁在砍柴？莫非秦兵诈作樵夫来探听军情？"

他带了几个将士，循声走过去一看，果然是一个樵夫借助朦胧月色，在另一面山坡砍柴。他问："你是什么人？怎么半夜到这里来砍柴？"

樵夫告诉他："我是青草坡附近的，因为你们在这里打仗，我白天不能来打柴，就只好晚上来了。惊动了将军，罪该万死。"

"哦！"魏颗沉吟着，忽然心里一动，连忙追问："你住在青草坡附近？那青草坡是不是一个长满青草的地方，故取名青草坡？"

樵夫说："是啊，青草坡的草又多又高，有人腰这么高哩。可惜城里人都只买干柴，不买干草，否则，我就不会半夜三更来这里打扰将军了。"

"青草坡离这里有多远？"

"不算很远，大概有十多里地吧。"

"你领我去看看,我给你打柴钱。"

樵夫当即领着他们一行来到青草坡。在朦胧的月色下,只见青草连片,矮的没了膝盖,长的真的齐到人腰。走进去一看,草全是软绵绵的,车马易走,步行却艰难。魏颗高兴地叫了一声"好!"即感叹道:"古人说得好,不知地形者,不能为将用兵呀!"

回到营房,他马上叫来魏绮,连夜商量了一条破敌之计,叫魏绮立即引一路军马到青草坡埋伏,等到秦军全部进入青草坡,就杀出来截断他们的后路;他自己则在天明后,与秦军接战时,把秦军引进青草坡。

随后,他命令全军起动,收拾行装,说是要回原潞国地区,暂避秦军。全军将士欢声雷动。饱餐一顿后,即拔寨启程。

杜回得知晋军"退回潞国"的消息,马上指挥全军追击,很快就追上晋军。魏颗回马与他相斗数回合,即往青草坡方向退走。杜回和他的三百壮士虽然没有车马,但凭一对赤脚,走得飞快,硬是把晋军追得紧紧的。魏颗心中暗喜,有意时快时慢地引诱着秦军,越接近青草坡,就走得越慢,让杜回追得更近。

青草坡在即了!魏颗又回车等着杜回,与他再大战十数回合,即调头催车直冲进青草坡。青草坡周边的青草,还仅仅是齐膝高。杜回追进去,也没觉得什么不妥。魏颗走走停停,把个杜回追得心火躁动,越发追得快跟得紧,脚下的草尽管越来越缠脚,也不太在意。

眼看已进入坡腹了,青草越来越高,杜回被青草绊脚,步履维艰。魏颗见时机成熟了,立即下令放炮。随着一声巨响,魏绮的伏兵从秦军后面杀了出来。魏颗也即指挥大军回头与秦军正面接战,秦军顿时前后受敌。

杜回也不愧是勇士,抡着那柄开山大斧,横冲直撞,挡其斧者不死即重伤。只是他的三百壮士可没有他那样威风,脚下被长的青草绊得跌跌撞撞的,很快就被晋兵或杀死或活捉了。

眼见自己的部下一个个减少,脚上又被青草缠绕得无法大步动作,杜回越加愤怒。魏颗也仍然是且战且退,直把他引进青草齐腰的地方,杜回简直寸步难行了,一步三晃的。魏颗见状,立即回马,再战杜回。魏绮也来到了,兄弟两人对杜回前后夹击,双戟齐搠,杜回被搠翻地下,兄弟两人同时下车把他活活生擒了。主将被捉,秦军即四散逃命,那三百壮士剩下的也寥寥无几了。

孙子兵法 解析 ◎ 第十篇 地形篇

战争结束后，魏颗觉得杜回这人勇猛非常，留下来是个祸根，就把他杀死了。

魏颗是全凭地形的优势，才打败杜回的（青草坡长长的青草是杜回步战的致命伤）。

王翦量敌用兵

王翦是战国后期秦国智勇双全的名将，屡建战功，深得秦王政的重用。秦王政二十一年（公元前226年），秦王准备并吞楚国，问年轻将军李信："攻打楚国需多少兵马？"李信说："二十万就差不多了。"秦王又问老将王翦。王翦却说："二十万人攻楚必败。欲胜必六十万不可。"秦王暗叹："王翦老啦！"秦王遂命李信为大将军，蒙恬为副将，率兵二十万伐楚。王翦则托病归乡养老。秦王政二十二年（公元前225年），李信攻下平舆（今河南平舆北）直指寿春（今安徽寿县，楚国新都）。楚王拜项燕为大将，率兵二十万，水陆并进，于城父（今河南宝丰）迎战李信。酣战之际，项燕埋下的七路伏兵俱起，李信四面受敌，大败而逃。项燕紧追三日三夜，秦军败还，死伤无数。秦王悔未听王翦之言。秦王亲自去见王翦，说："寡人不用将军计，李信果辱秦军，今闻楚军西来，将军虽病，难道你忍心不助寡人吗！"王翦说："大王若真用臣，非六十万人不可。"秦王问王翦何以用这许多部队，王翦分析道："用兵多寡，须根据敌国情况。今楚国幅员辽阔，兵力强盛，非六十万军不能破。"秦王说："寡人听将军计！"当即拜王翦为大将军，统率六十万兵伐楚。秦王亲自为王翦送行到灞上，临别，王翦自袖中取出一简，请秦王多多赏赐良田美宅。秦王笑道："将军功成而归，寡人与将军共富贵，何用担心？"王翦说："多谢大王厚爱，子孙永远不忘大王的恩泽。"部下笑他贪心，王翦道："秦王多疑，现将全国部队交我指挥，我多请田宅，以示忠于秦王，要他放心啊！"部下叹服。秦王政二十三年（公元前224年），王翦率六十万大军，一路势如破竹，攻下陈（今河南睢阳）至平舆之间的大片楚地，然后深沟坚垒，不与楚战。楚王动员全国兵马反攻，项燕每日使人挑战，王翦始终不出兵，项燕久攻不克，逐渐放松了攻击。王翦让士卒休息，改善伙食，养精蓄锐。同时加紧操练，武艺大增，几月后，楚军早已麻痹，以为秦军怯战，王翦下令攻楚，以二万勇士猛冲，楚军没有准备，仓皇应战，一触即溃，大败而逃，秦军追至蕲南（今安徽宿县南），项

燕自杀。不久攻入寿春,擒楚王负刍。秦王政在灭楚后,大宴功臣,称赞王翦说:"王老将军知用军之多寡,真寡人之良将也!"

秦王灭六国

公元前 4 世纪中叶,秦孝公重用商鞅,变法图强,经过一个世纪的发展,至秦王嬴政即位(公元前 246 年)时,秦国已成为沃野千里,战车万乘,实力雄厚的大国。秦王政九年(公元前 238 年),二十二岁的秦王嬴政一举铲除了专权的丞相吕不韦和长信侯嫪毐集团势力后,开始亲政。嬴政采用长史李斯、国尉尉缭之计,针对当时六国豪臣不顾国家兴亡,贪图私利的弊端,采取以重金贿赂各国豪臣为秦所用的策略。秦王嬴政派遣谋士携带金银玉器奔赴列国。凡愿为秦国效力的豪臣,都送厚礼结交。这些派出的谋士,在列国活动了一年多,既收买了各国豪臣,又取得了不少政治军事机密。李斯又献计先攻赵、韩,稳住楚、魏,拉拢齐、燕的战略。秦王政深以为然。秦王政十一年(公元前 236 年),赵、燕两国发生战争,嬴政乘赵国内部空虚之机,以救燕为名,分兵两路攻赵。

赵悼襄王得悉秦军两路来攻,想重新起用老将廉颇,派内侍唐玖送狻猊名甲一副、良马四匹给廉颇,并吩咐说:"如见他身强力壮,则请他出来带兵。"此时,秦国潜伏在赵国的谋士王敖悄悄会见了赵王的宠臣郭开,对郭开说:"廉颇与大夫有仇,他如再次出来,对大夫不利。"于是,郭开送了几件贵重礼物给唐玖,要他回来报告赵王时说廉颇已衰老,不堪领兵出战。

唐玖见过廉颇后,果然向赵王谎报说:"廉颇大便失禁,跟我坐了不长时间就进厕所三次。"赵王于是不再召用。这时候,由秦国老将王翦率领的北路军已攻占了赵国的阏与(今山西和顺)、橑阳(今山西左权)等地;由大将桓齮率领的东路军已攻占了赵国邺(今河北临漳)、安阳(今河南安阳西南)等地。赵悼襄王忧惊而死。秦王政十三年(公元前 234 年)嬴政命桓齮继续攻赵。桓齮军在平阳(今河北临漳西南)大败赵军,歼敌十万,赵王迁急忙任李牧为大将率军抵抗秦军。肥下(今河北藁城西南)一战,击败秦军。鉴于李牧善战,暂时还不能迅速灭亡赵国,嬴政决定掉转矛头进攻韩国。秦王政十六年(公元前 231 年),韩国在秦军步步进逼的形势下,被迫献出南阳(今河南西南部)以求和。秦国派内史腾率军前往接收韩地。第二年（公元前230年），秦内史腾从南阳出兵，一举攻破韩都阳翟（今河南禹县），俘韩王安，韩国灭亡。此时，赵国正发生严重旱灾，经济困难，饥民甚多，形势危急。嬴政乘机命王翦和端和分兵两路攻赵。王翦率军攻陷赵地井陉（今河北井陉西），端和率军包围赵国都城邯郸。赵王命武安君李牧、将军司马尚分别阻击秦军，相持一年之久。这时，秦国的谋士王敖来到王翦大营，对王翦说："秦王的意思，请老将军给赵国大将李牧写信议和。这样，我就有办法使他失败了。"王翦领会了秦王的意图，即派使者持书到李牧大营提议讲和。李牧也派人回书同意谈判。就此互派使者往来，不战不和地拖着。在赵国都城郭开的府邸，王敖今日送黄金，明天赠珠玉，成为郭开的知己。这天，他神秘地告诉郭开："李牧与王翦讲和，约定在破赵之后，封李牧为代王……"郭开急忙向赵王报告，赵王表示怀疑，郭开建议赵王派人去李牧大营察看。赵王派人去李牧大营，果然见李牧与王翦有书信来往。赵王想："李牧是赵国名将，长期守卫北方，歼灭过十几万犯边的敌人，怎能打不垮王翦几万人马呢？"于是，就派使者到李牧大营传令：升赵葱为大将，接替李牧的兵权。李牧深知赵葱不是王翦的对手，赵国必败，拒不交权，并说要面见赵王。使者是郭开的人，就和赵葱一起杀死了李牧。秦王政十九年（公元前228年），王翦继续攻赵，赵军大败，赵葱被杀。秦军乘胜追击，秦王嬴政亲临邯郸城下。赵王迁在城上见到秦王大旗，更为恐慌。郭开乘机劝赵王将和氏璧和邯郸地图献给秦王，秦王必不加害赵王。赵王无奈，亲自携璧负图，开城投降。于是赵国灭亡。秦军在灭赵时，王翦已调集了一部分秦军集结于中山（今河北正定东北）兵临燕境。燕太子丹看到难以抵挡秦军，打算结交勇士，暗杀秦王嬴政，以挽救危局。秦王政二十年（公元前227年），太子丹派荆轲和秦舞阳带着燕国地图出使秦国，伪装献图，企图乘机刺杀嬴政。荆轲来到秦城咸阳，向嬴政献地图时"图穷匕首见"，荆轲当即用匕首刺向秦王，未刺中，荆轲被杀。嬴政便以此为由派王翦率军伐燕。燕军联合代军（赵太子嘉的军队）进行抵抗，与王翦军战于易水以西（今河北雄县西北），被秦军击败。王翦军不久就攻占燕国都城蓟（今北京城西南）。燕王喜与燕太子丹退到辽东。嬴政定要捉住暗杀的主使人太子丹，就命将军李信率军追击，在衍水（今辽宁浑河）击败燕军。燕王喜走投无路，杀死太子丹，向秦王谢罪求和。

　　嬴政鉴于燕军残部不足为患，遂命秦军南下，指向孤立无援的魏国。秦王政

二十二年（公元前 225 年），王翦之子王贲率军攻魏，魏王急忙下令修缮城墙，挖深护城河。同时派使者向齐国求救。可是齐国的实权掌握在后胜手里，他早已得到秦国的许多黄金珍宝，遂对齐王说："如果援助魏国，后果不堪设想。"齐于是不出兵救魏。王贲率领的秦军连战连胜，很快就包围了魏都大梁（今河南开封）。大梁城坚池深，魏军拼死坚守，王贲军无法攻破。这时连降大雨，河水上涨。王贲遂引黄河水淹城，大梁城浸水三日，城墙各处倒塌。秦军冲入，魏王被俘，魏国灭亡。嬴政在灭掉韩、赵、燕、魏之后，立即部署伐楚。李信为大将，蒙恬为副将率军攻楚。开始打了几个小胜仗，接着被楚国大将项燕伏兵击败。嬴政再发兵六十万，以王翦为大将伐楚，击败项燕军。俘楚王负刍，楚国灭亡。灭楚以后，王翦告老回家。王贲顶替父亲为大将，远征辽东、俘虏燕王；又灭了赵国公子嘉军队。至此，六国只剩下齐国了。这时，齐国慌忙把军队集结在齐国西部，准备进行抵抗。秦王政二十六年（公元前 221 年），王贲率秦军避开齐国西部的主力，直插齐国国都临淄。同时，秦国又派使者与齐王建谈判，允许给以封地。齐王建投降，齐国灭亡。秦统一六国只用了十年时间。秦王嬴政凭借有利条件，并制订了正确的战略，灵活应变，一直掌握着战争的主动权，实现了宏大的抱负。秦王嬴政在咸阳称帝，改秦王政二十六年为秦始皇元年。自此，结束了诸侯割据纷争混战的局面，建立了我国历史上第一个封建的中央集权的统一国家。

贾诩知曹兵当不当追

汉献帝建安三年（公元 198 年），曹操率军征伐南阳张绣。张绣联合刘表共同抗曹，曹军受挫，退至安众（今河南镇平东南），与张刘联军对峙。

一日，曹操闻报，袁绍欲犯许都，操恐许都有失，即日回兵。细作报之张绣，绣欲追之。谋士贾诩曰："不可追也，追之必败。"刘表曰："今日不追，坐失良机矣。"于是绣、表率军追赶。行约十里至险要处，中曹兵埋伏，大败而归。绣谓诩曰："不用公言，果有此败。"诩曰："今可整兵再往之。"绣与表俱曰："今已败，奈何复追？"诩曰："今番追去，必获大胜，如其不然，请斩吾首。"表疑之，不肯复追。绣信之，自引一军往追。曹兵果然大败。军马辎重，连路散弃。

刘表问贾诩曰："前以精兵追败兵，公曰必败；后以败卒击胜兵，公曰必克，竟悉如公言，何也？"诩曰："此易知耳。前曹军败走，操善用兵，必以劲旅殿后，或以伏兵待我，故知追之必败。许都有事，曹兵急于退兵，既已破我追军，料我必不敢复追，自然轻车速回，不复为备。我乘其不备而追之，故能胜也。"刘表、张绣俱服，谓"贾诩高见也"。

这个故事出自《三国演义》，虽有些加工，不尽合乎历史记载，但颇有些辩证法，引之可以有助于我们理解"料敌制胜"这一谋略思想。

宋金交兵黄天荡

1129年冬，金兀术统兵数十万渡江南下，欲图一举吞并江南。南宋朝廷十分恐慌，打算迁都南逃。韩世忠对宋高宗说："国家已失河北、山东，如果再放弃江淮，我们还有什么地方呢？"高宗于是任命韩世忠为浙西制置使，驻守镇江，布置防御。韩世忠估计金军南下不会顺利，便将前军驻青龙镇，中军驻江阴，后军驻海口，准备在金兀术后撤时予以反击。

次年初，金兀术的军队果然在宋军的不断袭扰下被迫北撤。韩世忠闻知，先在秀州大摆宴席，张灯庆元宵节，用以迷惑敌人，后突然率兵直趋镇江，屯驻长江扼要焦山寺，截断了金兵的去路。金兀术领兵渡江不成，便与韩世忠约期会战。韩世忠虽然只有八千人马，但占据了有利地形，夫人梁红玉亲自擂鼓，士卒个个勇猛力拼。金军占不到便宜，仍未能渡江。金兀术派人说，愿归还掠夺南方的财物，请韩世忠借道放行，遭到拒绝。金朝廷派遣兵马接应金兀术，也被韩世忠阻隔在长江北岸。金兵出动轻舟进袭，而韩世忠早已泊海舰于金山之下，用铁索大钩曳敌舟，金军的舟船纷纷沉入江底。金兀术走投无路，哀求韩世忠说，只要肯放行，什么条件都答应。韩世忠说："还我两宫，复我疆土，则可以相全。"金兀术无言以对。

韩世忠以八千兵马阻金兀术十余万大军于黄天荡四十八天，成为中国军事史上的著名战例。虽然后来金兀术靠汉奸出谋，侥幸逃脱，但韩世忠勇于以寡敌众，利用地形巧设埋伏，力困金兵，振奋了抗金义士的斗志，使整个战略形势发生了改观。

宋金仙人关之战

1133 年，金军占领宋军战略要地和尚原（今陕西宝鸡西南），企图步步向四川推进。

宋军丢失和尚原后决心收缩兵力，控制从关中、天水入川的要道，固守河池及其南面的仙人关。命经略使吴玠组织防御，阻止金军的进攻。

仙人关位于甘肃徽县东南，嘉陵江东岸。接近略阳北界，为关中、天水入汉中的要地，也是陕西至四川的咽喉，位置十分重要。这一地区多为塘泺沼泽，便于阻挡金军骑兵进攻，东北的虞关为嘉陵江水路的终点，可用以补给武器粮秣。虞关北，紧接铁山栈道，是川陕通路中有名的险处。吴玠受命后，又在仙人关东北的长岭附近筑营垒，修城塞，取名杀金坪，作为仙人关的前哨和屏障。

1134 年二月，金朝元帅宗弼调集完颜杲部和伪齐刘夔等部共十万余人，由凤翔、宝鸡、大散关沿陈仓道南下，攻占凤州（今陕西凤县北二十里）、河池等地，进攻仙人关。

宋将吴玠率部抵抗金兵，其弟吴璘闻讯，也率部从阶州七防关（今甘肃武都东）赶来会战。初战，宋统制郭震防守不力，营寨被金攻破。为了严明军纪，稳定军心，吴玠斩郭震示众。金军用大炮锐卒攻宋。

吴玠命部卒发射神臂弓箭和飞火炮迎击，金兵死伤甚众。接着金兵又以云梯攻城，吴玠命发射炮抵御，用撞杆撞倒云梯。此时，金元帅宗弼居东，大将韩常在西，两路夹攻宋军，并用虚棚、战楼（攻城用具）攻城，突入杀金坪，宋军被迫退守第二隘。

杀金坪的丢失，引起宋军恐慌，宋军有些将领提出放弃仙人关，另择防地，杨政则坚决主张继续据险死守。吴玠下令："谁退就杀谁的头！"稳定了军心。金军以身穿双重铠甲、铁钩相连的士卒，向杀金坪第二道关隘猛攻。吴玠亲自督战，用强弓劲弩轮番猛射，金兵死伤很多。第二日晨，金将完颜杲又集中兵力攻宋营西北城楼，宋将姚仲领兵死守。杨政、田晟各率精兵向金军两翼突击，迫金退兵。

当晚，吴命宋军于仙人关四周山上放火、擂鼓，惊扰金军，以王喜、王武等部袭击金营。金兵惊溃，被杀万余人，大将韩常左眼受重伤，宗弼连夜拔城退

去。吴玠趁势发起追击,派张彦于横山寨(今甘肃成县东四十里横川镇)、王俊于河池设伏,断金退路。继而,吴玠又败金于凤州,收复了凤州城、和尚原、大散关。

仙人关,前有铁山栈道、虞关、杀金坪等险隘,后有嘉陵江以利漕运,况且宋军在丢失和尚原后,全力经营仙人关,修筑杀金坪等多道隘口,决心固守。金军在这种形势下进攻四川很不利。但是,如若金军采取避实就虚战法,避开正面硬攻,秘密绕道侧后,此战胜负可能不是这样。由于金军采取正面硬攻、逐垒夺取的战法,结果吃了败仗,这不仅在攻城手段落后的古代不可取,在科学技术高速发展的今天,也是一大忌讳。

僧格林沁亡命高楼寨

僧格林沁是清朝科尔沁博多勒噶台亲王,由于多次打败过太平军和捻军,遂不把捻军放在眼里。

1864年11月,太平天国遵王赖文光率一部分太平军与张宗禹率领的捻军相结合,捻军的力量得到了加强。僧格林沁漠视这一现实,对捻军制定了"跟踪穷追"的方针,妄图一举消灭捻军。僧格林沁的部将劝僧格林沁"穷兵勿追",僧格林沁竟狂妄地说:"怕什么?我骑马的时候,他们还不知道马有几条腿呢!"

僧格林沁的"僧军"有12000人,多为骑兵。1865年1月,捻军将僧军诱入河南鲁山,击毙僧格林沁心腹将领恒龄、舒伦保。僧格林沁恼羞成怒,发誓要消灭捻军为恒、舒报仇,于是跟踪捻军,穷追不舍。捻军觉察了僧格林沁的阴谋,觉得自己的实力远不如僧格林沁,硬拼难以取胜,决心将计就计,在河南、江苏、山东境内与僧格林沁周旋,寻找战机,消灭僧格林沁。

自1865年1月至5月,捻军在河南、江苏、山东三省昼夜行军,忽东忽西;僧军紧随其后,也日夜追踪,马不停蹄。在疲惫不堪的"追剿"行军中,僧军经常是"夜不入馆,衣不解带,席地而寝",数百僧兵死于非命,僧格林沁本人也累得连握缰绳的力气也没有了。清廷察觉了僧格林沁孤军穷追的危险,劝他"择平原休养士马",警告他"勿轻临敌",但僧格林沁却错误地认为捻军也已疲惫不堪,只需"一击",即可获胜,仍穷追不止。

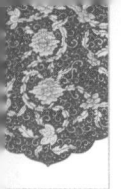

5月16日,捻军急行军到达山东曹州府城西的高楼寨。高楼寨北是一条条防黄河泛滥的河堰,河堰上下是一片片茂密的柳树林,既适合于埋伏千军万马,又有利于步兵作战。捻军觉得这里正是扬己之长,歼灭僧格林沁骑兵的好地方。于是将主力埋伏在高楼寨,以小股部队迎击紧追而至的僧军。僧格林沁穷追多日,难得与捻军一战,双方交手后,僧格林沁恨不得一下子把捻军全部杀光,所以当捻军后退时,僧格林沁毫不怀疑地驱马追赶,一直到钻入捻军精心设下的圈套。

捻军首先消灭了僧军的左、右两路军,逼迫僧格林沁率中军退入一座多年无人居住的空圩子——荒庄。赖文光和张宗禹率捻军主力将僧格林沁层层包围住,又围绕荒庄筑起重重营垒。僧格林沁率少数兵马乘夜色突围,但刚刚逃出荒庄,又落入埋伏在柳林中的捻军陷阱。僧格林沁孤身出逃,被捻军小将张皮绠追上,一刀砍下脑袋。

高楼寨一仗,僧格林沁及其骄悍一时的僧军全部覆灭。

王昭远每战皆败

赵匡胤通过陈桥兵变建立宋王朝后,先后平定了湖北、湖南,然后进兵后蜀,准备一统中国。

后蜀国君孟昶骄奢淫逸,不问政事。丞相李昊为保全巴山蜀水,建议孟昶与赵匡胤讲和,知枢密院事王昭远则竭力反对。王昭远对孟昶说:"与其请和称臣,不如联合北汉,夹击赵匡胤,令其退还中原!"

王昭远平时自比诸葛亮,目空一切,实际上既无运筹帷幄之谋,又无领兵打仗之勇。孟昶被王昭远的言辞所迷惑,于是任命王昭远为行营都统,任命赵崇韬为都监,韩保正、李进为正副招讨使,率兵迎战宋军。

蜀军长时期没有训练,将无良谋,兵无斗志。蜀、宋在三泉寨相遇,副招讨使李进拍马出战。只几个回合就被宋将史延德活擒过去,招讨使韩保正前去救援,也被史延德活捉。蜀军失去正、副主将,一哄而散。

王昭远听说前军失利,便在利州(四川境内)停下,企图扼险而守。宋将崔彦逼近王昭远的大营,命令士兵百般侮骂,诱王昭远出战。王昭远果然中计,引兵出营。崔彦且战且退，待王昭远觉察到离大营太远时，宋军的伏兵已一涌而出，王昭远扔弃大部队，只身一人逃回利州城。

第二天，崔彦追至利州城下，王昭远率残兵败将迎战，结果又一败涂地，放弃利州，退回到剑门（四川剑阁东）。不久，王昭远听到了宋军东路军已进占益光（四川昭化）的消息，王昭远留下偏将守剑门，慌忙向东川逃去。宋军随后紧追。

王昭远慌不择路，眼看宋军越追越近，急切间，躲入百姓的一间仓舍中。宋军追至仓舍，将王昭远活捉而去。

可笑王昭远自比当年的诸葛亮，既不知己，更不知彼，打一仗，败一仗，枉自断送了许多将士的无辜生命。

王昭远被活捉后，宋军直逼成都城下，孟昶只好大开城门，向宋军投降。

大渡河翼王兵败

太平天国不幸于1856年夏发生了杨、韦内讧，翼王石达开回京，指责韦昌辉不该滥杀，韦昌辉怒，欲杀石达开，石达开缒城而逃，全家遭诛。石达开在安庆统军声讨，天王与朝臣杀了韦昌辉，全朝都举荐石达开总理政务，但天王猜忌异姓，并有图害之意，石达开不安，率众出京，于1857年6月2日，由铜井（今安徽马鞍山东北）渡江入皖，从此脱离太平天国中央。石达开出走后，辗转于南方各省，屡为清军所败，队伍越打越少，到1863年已由十万多人减至三四万人。在这种形势下，石达开欲打进四川，寻求一块立足之地。

清将骆秉章知石达开前来，乃调重庆镇总兵唐友耕军分别防守大渡河的十多个渡口，后驻扎哇哇营至下坝等处。又令署雅州府知府蔡步钟募勇驻扎在羊溪至安庆坝等处，云南提督胡中和分散在化林坪至瓦斯沟一带，以为声援，副将谢国泰布防虎岗，守通向打箭炉之路。除此之外，还用金钱收买地方势力，许诺击败石达开军，所有资财悉听收取。

1863年5月1日，石达开由花园津至德昌、马道子（今四川西昌），得知大渡河诸渡口都有清军及地方势力把守，就以重币送松林地各土司，土司应允让道，石达开信之不疑。石达开统军三四万人，绕冕宁、越嶲（今作越西），从西边小路直上，于5月14日进抵王应元所辖的紫打地（今四川安顺场东）。此地两山壁立，隘口险要，易进难退，前阻大渡河，左有松林小河，右有老鸦漩河。

石达开入紫打地后，没有立即渡河，据说是石达开当夜诞生一子，乃通令将卒曰："孤今履险如夷，又复弄璋生香，睹此山碧水清，愿与诸卿玩景娱醉。"部属均稽首称贺，于是传令犒赏，休养三日。至5月18日，清军兵勇云集，松林小河索桥也被清兵拆除。石达开欲退出险隘，遣人回视隘口，土司已断千年古木六大株，偃地塞路，且有土司兵把守，难以退出。欲觅两旁小径，又皆千仞绝壁，无从攀登。石达开令赶造船筏数十只，于5月21日拖至大渡河，每船载壮士数十人，用挡牌护身，拼命抢渡，南岸大军鼓噪助势，声震山谷。北岸清军枪炮齐发，抢渡之军多被击中落水，筏上火药引燃船筏同时炸裂，其漂至下游者，皆被打死。石达开知大渡河难渡，欲抢渡松林小河，由泸定桥直趋天全，而清将王应元扼河相抗，前后损失兵勇数千人。5月24日，土司兵由后路抄至新场一带，节节相逼。5月29日，土司兵夜袭马鞍山，从上压下，石达开军猝不及防，伤亡数百人，马鞍山失守，粮道遂绝。石达开乃缚书于箭射投王应元，许赠良马两匹，白银千两，请让其道，王应元不允，石达开又以金银请土司岭承恩缓攻，而岭承恩反而急攻。石达开知陷入绝地，愤极而怒斗，于6月3日三更尽斩向导二百余人祭旗，督全军分攻大渡河、松林小河，每数十人乘一小筏，人皆挡牌护身，披发衔刃，挺戈怒立，皆在清军枪炮轰击中随波而没，岸上之军也有被击伤者。粮食既尽，杀马而食，继以桑叶草根充饥，6月9日，石达开以200余人往河岸诈降诱敌，唐友耕等开枪放炮，石达开亲督众军，再以船筏抢渡，仍被击沉。都司谢国泰及王应元等率兵渡过松林小河，参将杨应刚及岭承恩从马鞍山压下，两路齐进，直扑紫打地。石达开营垒全被焚毁，丧军数千，山径险仄，自相拥挤，两面受敌，枪炮如雨，土司兵又登上山巅用木石滚击，石达开军队坠岸落水者万余，辎重尽失。石达开率余部七八千人走至老鸦漩，又为土司兵所阻，进退无路，其妻妾五人携幼子二人携手投河，跟随其征战多年的老部下自溺而死的也不少。此时清将杨应刚于洗马姑竖立"投诚免死"大旗相诱，石达开忽思以一死保全余部生命，致书骆秉章表达此意。都司王松林赴石达开营中诱降，指天发誓许以不死，众将欲杀王松林，石达开止之。6月13日，石达开偕宰辅曾仕和，中丞黄再忠等随王松林至洗马姑清营，遂被执。唐友耕等将石达开余部官兵2000余人安置于大树堡（今四川汉源对岸），知府蔡步钟等密派各营于6月19日过河，即于当夜以火箭为号，会合土司兵，将大树堡太平军屠

杀尽，偶有逃出者，也被土司兵截杀。石达开等6月25日被押到成都府（今四川成都）杀害。

　　山险之地，不便军队行动，进攻部队容易陷入被动。特别是紫打地这样的绝地三面环河，山陡如削，道路镶于山间，只要卡死口子，就如同掉进陷阱，要跳出来非常困难。当石达开进入紫打地后，如果考虑到地形险恶久留必危，立即渡河北上，是可以摆脱覆灭的厄运的。但石达开临险忘危，在紫打地耽搁数日，给清军以机动兵力的时间。清军趁机赶到，和当地土司一起卡住山川之险，陷太平军于死地，虽然太平军拼死搏斗，但在地形极为不利的条件下做困兽之斗，是无济于事的。

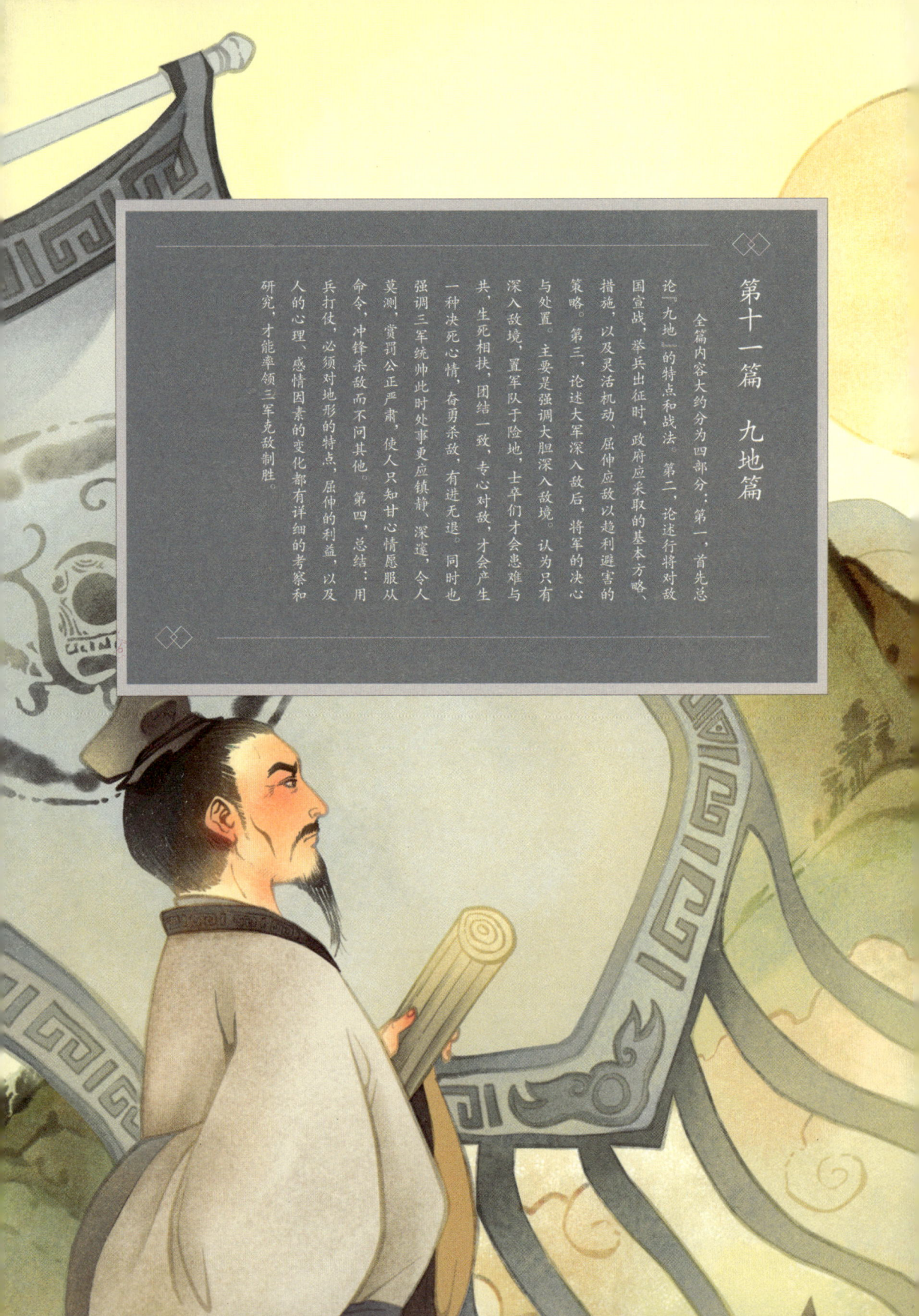

第十一篇 九地篇

全篇内容大约分为四部分:第一,首先总论"九地"的特点和战法。第二,论述行将对敌国宣战,举兵出征时,政府应采取的基本方略、措施,以及灵活机动、屈伸应敌以趋利避害的策略。第三,论述大军深入敌后,将军的决心与处置。主要是强调大胆深入敌境。认为只有深入敌境,置军队于险地,士卒们才会患难与共,生死相扶,团结一致,专心对敌,才会产生一种决死心情,奋勇杀敌,有进无退。同时也强调三军统帅此时处事更应镇静、深邃、令人莫测,赏罚公正严肃,使人只知甘心情愿服从命令,冲锋杀敌而不问其他。第四,总结:用兵打仗,必须对地形的特点、屈伸的利益,以及人的心理、感情因素的变化都有详细的考察和研究,才能率领三军克敌制胜。

争地伐谋 以石击卵

孙子曰：用兵之法，有散地、有轻地、有争地、有交地、有衢地、有重地、有圮地、有围地、有死地。诸侯自战其地，为散地；①入人之地而不深者，为轻地；②我得则利，彼得亦利者，为争地③；我可以往，彼可以来者，为交地④；诸侯之地三属⑤，先至而得天下之众者，为衢地；入人之地深，背城邑多者，为重地。行山林、险阻、沮泽，凡难行之道者，为圮地；所由入者隘，所从归者迂，彼寡可以击吾之众者，为围地；疾战则存，不疾战则亡者，为死地。是故散地则无战，轻地则无止，争地则无攻，交地则无绝，衢地则合交，重地则掠，圮地则行，围地则谋，死地则战。

所谓古之善用兵者，能使敌人前后不相及，众寡不相恃，贵贱不相救，上下不相收，卒离而不集，兵合而不齐。合于利而动，不合于利而止。敢问：敌众整而将来，待之若何？曰：先夺其所爱，则听矣。兵之情主速，乘人之不及，由不虞之道，攻其所不戒也。

凡为客之道：深入则专，主人不克；掠于饶野，三军足食；谨养而勿劳，并气积力；运兵计谋，为不可测。

投之无所往，死且不北；死焉不得？士人尽力。兵士甚陷则不惧，无所往则固，深入则拘，不得已则斗。是故，其兵不修而戒，不求而得，不约而亲⑥，不令而信⑦，禁祥去疑，至死无所之。

吾士无余财，非恶货也；无余命，非恶寿也。令发之日，士卒坐者涕沾襟，偃卧者涕交颐⑧。投之无所往者，诸、刿之勇也。

故善用兵者，譬如率然。率然者，常山之蛇也，击其首则尾至，击其尾则首至，击其中则首尾俱至。敢问：兵可使如率然乎？曰：可。夫吴人与越人相恶也，当其同舟而济，遇风，其相救也如左右手。是故方马埋轮，未足恃也；齐勇若一，政之道也；刚柔皆得，地之理也。故善用兵者，携手若使一人，不得已也。

将军之事，静以幽，正以治。能愚士卒之耳目，使之无知；易其事，革其谋，使人无识；易其居，迂其途，使人不得虑。帅与之期，如登高而去其梯；帅与之深入诸侯之地，而发其机，焚舟破釜，若驱群羊，驱而往，驱而来，莫知所之。聚三军之众，投之于险，此谓将军之事也。

九地之变，屈伸之利，⑨人情之理，不可不察。凡为客之道，深则专，浅则散。去国越境而师者，绝地也。四达者，衢地也。入深者，重地也。入浅者，轻地也。背固前隘者，围地也。无所往者，死地也。是故散地，吾将一其志；轻地，吾将使之属；争地，吾将趋其后；交地，吾将谨其守；衢地，吾将固其结；重地，吾将继其食；圮地，吾将进其途⑩；围地，吾将塞其阙⑪；死地，吾将示之以不活。故兵之情：围则御，不得已则斗，过则从。

是故不知诸侯之谋者，不能预交；不知山林、险阻、沮泽之形者，不能行军；不用乡导者，不能得地利。四五者不知一，非霸王之兵也。⑫夫霸王之兵，伐大国，则其众不得聚；威加于敌，则其交不得合。是故不争天下之交，不养天下之权，信己之私⑬，威加于敌，故其城可拔，其国可隳⑭。

施无法之赏，悬无政之令，犯三军之众⑮，若使一人。犯之以事，勿告以言；⑯犯之以利，勿告以害。投之亡地然后存，陷之死地然后生。夫众陷于害，然后能为胜败。

故为兵之事，在于顺详敌之意^⑰，并敌一向，千里杀将，此谓巧能成事者也。是故政举之日，夷关折符，无通其使，厉于廊庙之上，以诛其事，敌人开阖，必亟入之，先其所爱^⑱，微与之期^⑲，践墨随敌^⑳，以决战事^㉑。是故始如处女，敌人开户；后如脱兔，敌不及拒。^㉒

注 释

①诸侯自战其地，为散地：言诸侯在自己领土上同敌人作战，这种地域叫作散地。

②入人之地而不深者，为轻地：进入敌地不深，官兵易于回返的地区叫作"轻地"。

③争地：敌我双方都要竭力争夺的有利地区。

④交地：指我方可以前往，敌人也可以到来的地区。

⑤诸侯之地三属：三，泛指众多。属，连接、毗邻。三属，多方毗连，指几个诸侯国的土地接壤。

⑥不约而亲：指不待约束就做到内部的亲近团结。约，约束。亲，团结。

⑦不令而信：不必严令就能做到信守纪律。信，服从、信从，信守。

⑧偃卧者涕交颐：躺着的士卒则泪流面颊。偃，躺倒、卧倒。颐，面颊。

⑨九地之变，屈伸之利：指九种地形条件下应敌策略的变化，关乎进退攻防的利弊得失。屈，弯曲。屈伸，这里指部队的进退攻防。

⑩进其途：要迅速通过。

⑪塞其阙：堵塞缺口，堵住活路。意在迫使士兵不得不拼死作战。

⑫四五者不知一，非霸王之兵也：此言九地的利害关系，有一不知，就不能成为霸主的军队。四五者，泛指。

⑬信己之私：信，伸，伸展。私，指私志，引申为意图，意愿。意为伸展自己的战略意图。

⑭隳（huī）：毁坏、摧毁之意。

⑮犯三军之众：犯，使用，指挥运用。句意为指挥三军官兵的行动。

⑯犯之以事，勿告以言：犯，指挥。之，代词，指士卒。事，指作战。言，指意图、实情。

⑰在于顺详敌之意：顺，假借为"慎"，谨慎的意思。详，审察。句意为用兵作战要谨慎地审察敌人的意图。

⑱先其所爱：指首先攻取敌人的关键、要害之处，以争取主动。

⑲微与之期：微，无，不。期，约期交战。即不要与敌人约期交战。

⑳践墨随敌：践，是遵守、遵循的意思。墨，意为原则。句意为既要严格遵循作战计划，又要因敌变化，灵活机动。

㉑以决战事：来决定军事行动。

㉒是故始如处女，敌人开户；后如脱兔，敌不及拒：军事行动开始如处女般柔弱沉静，使敌人放松戒备；随后如脱逃的兔子一样迅速行动，使敌人来不及抗拒。

译文

孙子说：按照用兵的原则，军事地理上有散地、轻地、争地、交地、衢地、重地、圮地、围地、死地。诸侯在本国境内作战的地区，叫作散地。在敌国浅近纵深作战的地区，叫作轻地。我方得到有利，敌人也得到有利的地区，叫作争地。我军可以前往，敌军也可以前来的地区，叫作交地。同几个诸侯国相毗邻，先到达就可以获得诸侯列国援助的地区，叫作衢地。深入敌国腹地，背靠敌人众多城邑的地区，叫作重地。山林险阻、水网沼泽这一类难于通行的地区，叫作圮地。进军的道路狭窄，退兵的道路迂远，敌人可以用少量兵力攻击我方众多兵力的地区，叫作围地。迅速奋战就能生存，不迅速奋战就会全军覆灭的地区，叫作死地。因此，处于散地就不宜作战，处于轻地就不宜停留，遇上争地就不要勉强强攻，遇上交地就不要断绝联络，进入衢地就应该结交诸侯，深入重地就要掠取粮草，碰到圮地必须迅速通过，陷入围地就要设谋脱险，处于死地就要力战求生。

从前善于指挥作战的人，能够使敌人前后部队不能相互策应，主力和小部队无法相互依靠，官兵之间不能相互救援，上下之间无法聚集合拢，士卒离散难以集中，遇上交战，阵形也不整齐。至于我军，则是见对我有利就打，对我无利就停止行动。试问："敌人兵员众多且又阵势严整向我发起进攻，那该用什么办法对付它呢？"回答是："先夺取敌人最关键的有利条件，这样它就不得不听从我们的摆布了。"用兵之理，贵在神速，乘敌人措手不及的时机，走敌人意料不到的道路，攻击敌人没有戒备的地方。

在敌国境内进行作战的一般规律是：深入敌国的腹地，我军的军心就会坚固，敌人就不易战胜我们。在敌国丰饶的田野上掠取粮草，全军上下的给养就有了足够的保障。要注意休整部队，不要使其过于疲劳。保持士气，积蓄力量，部署兵力，巧设计谋，使敌人无法判断我军的意图。

将部队置于无路可走的绝境，士卒就会宁死不退。士卒既宁死不退，那么，他们怎会不殊死作战呢？士卒深陷危险的境地，心里就不再存有恐惧；无路可走，军心自然就会稳固；深入敌境，军队就不会离散。遇到迫不得已的情况，军队就会殊死奋战。因此，这样的军队不需整饬就能注意戒备；不用强求就能完成任务；无须约束就能亲密团结；不待申令就会遵守纪律。禁止占卜迷信，消除士卒的疑虑，他

们就至死也不会逃避。

　　我军士卒没有多余的钱财,这并不是他们厌恶钱财;我军士卒置生死于度外,这也不是他们厌恶长寿。当作战命令颁布之时,坐着的士卒泪沾衣襟,躺着的士卒泪流满面。把士卒投置到无路可走的绝境,他们就都会像专诸、曹刿一样的勇敢。

　　善于指挥作战的人,能使部队自我策应如同"率然"蛇一样。"率然",是常山地方的一种蛇,打它的头部,尾巴就来救应;打它的尾巴,头就来救应;打它的腰,它的头尾都来救应,试问:"可以使军队像'率然'一样吧?"回答是:"可以。"那吴国人和越国人是互相仇视的,但当他们同船渡河而遇上大风时,他们相互救援,配合默契就如同人的左右手一样。所以,想用把马并缚在一起、深埋车轮这种显示死战决心的办法来稳定部队,那是靠不住的。要使部队能够齐心协力奋勇作战如同一人,关键在于部队管理教育有方,要使优劣条件不同的士卒都能发挥作用,

根本在于恰当地利用地形。所以善于用兵的人，能使全军上下携手团结如同一人，这是因为客观形势迫使部队不得不这样。

在指挥军队这件事情上，要做到考虑谋略沉着冷静而幽邃莫测，管理部队公正严明而有条不紊。要能蒙蔽士卒的视听，使他们对于军事行动毫无所知；变更作战部署，改变原定计划，使人无法识破真相；不时变换驻地，故意迂回前进，使人无从推测我方的意图。将帅向军队赋予作战任务，要像使其登高而去掉梯子一样，使军队有进无退。将帅率领士卒深入诸侯国土，要像弩机发出的箭一样一往无前。要烧掉舟船，打碎锅子，以示死战的决心。对待士卒，要能如驱赶羊群一样，赶过去又赶过来，使他们不知道要到哪里去。集结全军官兵，把他们投置于险恶的环境，这就是指挥军队作战的要务。九种地形的应变处置，攻防进退的利害得失，全军上下的心理状态，这些都是作为将帅不能不认真研究和周密考察的。

在敌国境内作战的通常规律是：进入敌国境内越深，军心就越是稳定巩固；进入敌国境内越浅，军心就容易懈怠涣散。离开本土，越入敌境进行作战的地区，叫作绝地；四通八达的地区，叫作衢地；进入敌境纵深的地区，叫作重地；进入敌境浅的地区，叫作轻地。背有险阻面对隘路的地区，叫作围地。无路可走的地区，叫作死地。因此，处于散地，要统一军队的意志；处于轻地，要使营阵紧密相连；在争地上，要迅速出兵抄到敌人的后面；在交地上，就要谨慎防守；在衢地上，就要巩固与诸侯列国的结盟；遇上重地，就要保障军粮的供应；遇上圮地，就必须迅速通过；陷入围地，就要堵塞缺口；到了死地，就要显示殊死奋战的决心。所以，士卒的心理状态是：陷入包围就会竭力抵抗，形势逼迫就会拼死战斗，身处绝境就会听从指挥。

因而，不了解诸侯列国的战略意图，就不要预先与之结交；不熟悉山林、险阻、沼泽等地形情况，就不能行军。不使用向导，就无法获得有利的地形。这些情况，如有一样不了解，都不能成为称王争霸的军队。凡是称王争霸的军队，进攻敌国，能使敌国的军民来不及动员集中；兵威加在敌人头上，能够使敌方的盟国无法配合策应。因此，没有必要去争着同天下诸侯结交，也用不着在各诸侯国里培植自己的势力；只要伸展自己的战略意图，把兵威施加在敌人头上，就可以拔取敌人的城邑，摧毁敌人的国都。

施行超越惯例的奖赏，颁布不拘常规的号令，指挥全军就如同使用一个人一样。向部下布置作战任务，但不说明其中的意图。动用士卒，只说明有利的条件，而不指出危险的因素。将士卒投置于危地，才能转危为安，使士卒陷身于死地，才能起死回生。军队深陷绝境，然后才能赢得胜利。所以，指导战争这种事，在于谨慎地观察敌人的战略意图，集中兵力攻击敌人之一部，千里奔袭，擒杀敌将。这就是所谓巧妙用兵，实现克敌制胜的目标。

因此，在决定战争方略的时候，就要封锁关口，废除通行符证，不允许敌国使者往来，要在庙堂里反复秘密谋划，作出战略决策。敌人方面一旦出现间隙，就要迅速地乘虚而入。首先夺取敌人的战略要地，但不要轻易与敌约期决战，要灵活机动，因敌变化来决定自己的作战行动。因此，战斗打响之前要像处女那样显得深静柔弱，诱使敌人放松戒备。战斗展开之后，则要像脱逃的野兔一样行动迅速，使得敌人措手不及，无从抵抗。

◆◆ 名家点评 ◆◆

因地制宜　当变则变

孙子把军队远征所经之地，区分为散地、轻地、争地、交地、衢地、重地、圮地、围地、死地九种作战地区，强调要根据不同战区的特点及其对军队作战行动的影响，采取不同的处置方法。

第一，散地。孙子说："诸侯自战其地，为散地。"就是诸侯在自己的领地内与敌作战，其士卒在危急时很容易逃散，故称散地。又说："深则专，浅则散"。这里的"深"与"专"，都是进入敌国的距离。"专"与"散"就是部队的巩固或涣散。这是对军事心理学最原始的考察。意思是进入敌境越深，士卒就越专心一致，进入得浅，士卒就容易逃散。所以，孙子主张"散地则无战"，"一其志"，在这样的地区不宜作战，而使军队统一意志。

第二，轻地。孙子说："入人之地而不深者，为轻地。"就是军队在进入敌境不深的地区作战，士卒离本土不远，危急时易于轻返，故称轻地。所以，孙子主张"轻地则无止"，"使之属"，在这样的地区不可停留，而且要部队互相连接。

第三，争地。孙子说："我得则利，彼得亦利者，为争地。"就是谁先占领谁就有

利的必争之要地。孙子主张"争地则无攻",对于这样双方必争的要害地区,应先敌占领,若敌人已先占领,则不宜强攻。例如,公元前270年,秦攻赵,围阏与(今山西和顺西北),赵王派赵奢为将救援。赵奢采纳了其部下许历"先据北山者胜,后至者败"的建议,派兵万人抢先占据了该山,秦军后至,攻山不得,赵奢乘机发起反击,秦军败退,遂解阏与之围。

第四,交地。孙子说:"我可以往,彼可以来者,为交地。"就是地势平坦,道路交错,交通方便的地区。孙子主张"交地则无绝","谨其守"。在这样的地区作战,军队部署应互相连接,防敌阻绝,并且要谨慎防守。

第五,衢地。孙子说:"诸侯之地三属,先至而得天下之众者,为衢地。"就是敌我和其他诸侯接壤的地区,先到就结交诸侯国并取得多数支援。孙子主张"衢地则合交","固其结"。在这样的地区应广泛结交邻国,巩固同诸侯国的结盟,争取它们的支援。孙子及历来的军事家都非常重视衢地在战争中的作用。

第六,重地。孙子说:"入人之地深,背城邑多者,为重地。"又说:"入深者,重地也。"就是深入敌境,越过敌人许多城邑的地区。孙子主张"重地则掠","继其食"。在深入到敌方腹地作战,后方接济困难,必须"因粮于敌",就地解决军队的补给问题,以保证军队粮食的不断供应。

第七,圮地。孙子说:"行山林、险阻、沮泽,凡难行之道者,为圮地。"就是山林、险阻、沮泽等道路难行的地区。孙子主张"圮地则行","进其途"。在这样的地区作战应迅速通过。

第八,围地。孙子说:"所由入者隘,所从归者迂,彼寡可以击吾之众者,为围地。"就是进入的道路狭隘,退出的道路迂远,敌人以少数兵力能击败我众多兵力的地区。孙子主张"围地则谋","塞其阙",陷入这样的地区则应巧设奇谋,并且要堵塞缺口,使得士卒不得不拼死作战。山地作战宜奇不宜正,宜轻不宜重,宜速不宜久,防者多用伏,攻者多施变,才是比较合乎实际的。

第九,死地。孙子说:"疾战则存,不疾战则亡者,为死地。"就是迅速奋战则能生存,不迅速奋战就会被消灭的地区。孙子主张"死地则战","示之以不活",在这样的地区应该激励士卒殊死战斗,死中求生。

孙子兵法 解析 第十一篇 九地篇

兵法解析

凡为客之道,深则专,浅则散。去国越境而师者,绝地也。四达者,衢地也,入深者,重地也。入浅者,轻地也。背固前隘者,围地也。无所往者,死地也。是故散地,吾将一其志;轻地,吾将使之属;争地,吾将趋其后;交地,吾将谨其守;衢地,吾将固其结;重地,吾将继其食;圮地,吾将进其途;围地,吾将塞其阙;死地,吾将示之以不活。故兵之情、围则御,不得已则斗,过则从。

《孙子兵法·九地篇》中,孙子说,凡是在敌国境内作战的规律是:越深入敌境,士兵就越专心作战,而越离国境不远,士兵的意志就越难以专一,而容易散逃。军队离开了自己的国土,越过边境去和敌军交战的地区,叫作"绝地";四通八达的地区,叫作"衢地";深入敌境心腹的地区,叫作"重地";进入敌境内不远的地区,叫作"轻地";背后地形险要,城堡紧固,而前面道路狭隘的地区,叫作"围地";无处可去,没有退路的地区,叫作"死地"。

因此,在"散地"作战,就要统一士兵的战斗意志;在"轻地"作战,就要保持好部队间的联络和部署;在"争地"作战,就要驱赶后面部队快速进军,急速切断敌军的后路;在"交地"作战,就要谨慎防守;在"衢地"作战,就要与邻国结成巩固的联盟;在"重地"作战,我军要从敌国不断补充军粮;在"圮地"作战,我军要迅速通过;在"围地"作战,我军要堵塞住可以突围的缺口;在"死地"作战,就要向全军展示拼死战斗的决心。

所以,士兵们的心理是,被围困了就会坚决抵抗,迫不得已时就会拼死搏斗,深陷在危险的境地就会服从指挥。

调动军队进入敌境,会遇到各种不同的地理条件和士兵们在不同的地理条件下产生的不同的心理状态。把这些地理条件和士兵们的心理状态,与实行正确的军事指挥结合起来,制定出切合实际的战略战术。比如:和敌人在自己国内的"散地"上作战,士兵们容易逃散还乡,所以要统一士兵的意志;在进入敌国不远的"轻地"上作战,士兵有轻易返回故国之心,所以要加强队伍的前后联系和管理;在深入到敌国的"重地"上作战,士兵会不惜性命,奋勇杀敌,所以要因粮于敌,保证队伍粮草供给,保持士气,不要过度疲劳,以积蓄和提高军队的战斗力,等等。这些论断是孙子的"知地"论在战争实践中的具体应用。

孙子所提出的这些论断，不应机械地理解。如"散地无战"中的"无战"，并非一定不打，它是指对于优势的来犯之敌，不应采取攻势，而应该采取守势作战，要避免过早决战，等待时机逐步消灭敌人。抗日战争中，我军民采取的坚壁清野、游击战争等等，都体现了这一谋略。

三国时吴蜀之间的夷陵之战，吴军之所以大胜，很大原因就在于吴军之师陆逊抓住了蜀军驻扎地点犯忌扎地的弱点。

关羽败亡之后，刘备为夺回荆州，替关羽报仇，不顾群臣的劝阻，决心出兵伐吴。黄武元年（蜀章武二年，公元222年）二月，他亲自率兵东下征吴。孙权闻讯，任命陆逊为大都督，授以符节，让其督率五万大军西上应敌。

刘备兵势浩大，所立营寨从巫峡（峡谷名，与西陵峡、瞿塘峡合称三峡）、建平（今四川巫山北约六里）起，错落相连，向东一直到夷陵（今湖北宜昌东南）西界，总共有好几十座。他用金银、蜀锦和爵位等为诱饵，诱使夷人出兵助战；又任命将军冯习为大都督，张南为前部先锋，辅匡、赵融、廖淳、傅彤等人为各部都督，准备与吴军交锋。

一切都部署妥当之后，刘备首先命令将军吴班率数千人从高处下来，到地势平坦的地方扎营，向吴军挑战，却在险要之处布下伏兵。东吴一边的将领们都想出兵应战，但陆逊说："这其中必定有诈，先等等看。"刘备见自己的计策无法实施，只好将他的八千伏兵从山谷中撤了出来。陆逊对众将说："刚才所以不听各位的意见，不去攻打吴班，是因为我估计其中必定有诈。现在看被我说对了。"

双方就这样对峙着，一时谁也无法打破僵局。陆逊上疏给孙权说："夷陵处于要害之地，是国家的险关要塞，虽然容易得到，但也容易丢失。如果丢失了，损失的不仅是一郡之地，荆州也将值得忧虑。今天既然争夺它，就一定要成功。刘备违反天道，不好好守住自己的老巢，竟然敢前来送死。臣下虽然没有才能，但凭借您的显赫声威，又是以顺讨逆，所以很快就会将其击破。刘备以往用兵，败多胜少，以此推论，这一次我们也不必为之担忧。臣下当初颇为担心他水陆俱进，现在他舍弃舰船，主要依靠步兵，而且处处安营，考察他的这种部署，必定不会有什么别的变化。为臣真诚地希望至尊能高枕而卧，不为此事挂怀。"

众将说："攻打刘备，应当在刚刚开始的时候，现在让他深入五六百里，双方

相持已达七八个月,他们在要害之地都已派人固守,如果前去攻打,肯定不会得利。"陆逊说:"刘备本是狡猾之人,再加经事多,其刚开始出兵的时候,考虑事情定然既专心又周密,所以不能去触犯他。现在,他因为驻扎得久了,又始终得不到机会,从而使得部队疲惫不堪,士气开始低落,再也想不出什么好的计策来了。所以,打败他们,正在今天。"

陆逊派人先去攻打刘备的一个营寨,结果失利而还。众将都说:"这简直是白白地损耗士卒。"陆逊说:"我已经知道如何破敌的计策了。"于是,他命令全军每人都拿上一把茅草,前去放火烧刘备的营寨。刘备的营寨点着之后,顷刻之间火势就弥漫开来,陆逊遂督率各路兵马,同时发起攻击。

这一仗,吴军斩杀了刘备的大将张南、冯习以及胡人首领沙摩柯等人,接连攻破了蜀军的营寨四十多座。刘备的部将杜路、刘宁等人,见势穷力尽,只好投降。

刘备慌忙之中登上马鞍山(今湖北宜昌西北约六十里),将兵马陈列在周围,以保护自己。陆逊督促吴军把马鞍山包围起来,四面攻打,蜀军的守御土崩瓦解,士卒战死的有上万人。刘备乘夜间逃出重围,后勤人员将铠甲等物资点上火阻截追兵而得以逃进白帝城,蜀军的船只、器械和一切水陆军用物资,损失殆尽,尸体漂流,塞江而下。

刘备压根儿也没有想到会败在陆逊手里,因而又愧又恨,说:"我竟然被陆逊挫败、羞辱,这难道不是天意么!"

【古今实例】

"兵之情主速"语出《孙子兵法·九地篇》。意思是用兵的意旨在于迅速。在战争中、由于受到人力、物力、财力的约束,战争拖得太长,必然引起人力、物力、财力的大量消耗,由此而产生的一系列矛盾必将日益尖锐,所以作战宜速胜。另一方面,从战术的实施上看,神速出击往往能打敌人一个措手不及,令敌人防不胜防,从而大获全胜。

古人说:"一寸光阴一寸金。"在我们现代企业家的眼光中,一寸光阴不但等于一寸金,还可以等于"一尺"金、"一丈"金,因为提高了工作效率,可以使时间增值。因此，抓住战机，提高效率，用高速度击败竞争对手便是企业经营中的一个制胜法宝。换句话说，在快节奏的现代生活中，无论是新技术新产品的开发、引进、推销，还是向客户提供各方面的服务，谁抢先一步，谁就会胜利，反之，则被淘汰。

在企业竞争中借鉴孙子的"兵之情主速"这一思想，主要是指企业在竞争中要以快制胜，力求先声夺人，而做到这些的关键在于树立强烈的时间观念，懂得时间就是金钱。这样，企业才能不失时机地抓住机遇，赢得优势。

孙权急攻下皖城

东汉建安十四年（公元209年）冬，曹操军在江陵屡战不利，损失甚大，被迫北撤。孙权控制了长江中下游，孙权眼看北方威胁消除，便积极向南方扩张，建安十五年（公元210年）将交州（今广东广西一带）全部占领。继而又图谋向北发展。建安十九年（公元214年）五月，长江一带雨水充沛，大河涨，小河满，给吴军的战船出击提供了有利条件。偏将军吕蒙向孙权建议说："近来曹操派庐江太守朱光在江北皖城（今安徽潜山皖水之滨）屯田，大种水稻，皖田肥沃高产，若任其收获，如此数年，就会形成对我军的威胁，宜早除之。"孙权于是率军由长江入皖水，亲征皖城。考虑到皖城是靠近本国的边境小城，属于轻地，不宜久留。因此一到皖城，孙权便召集诸将询问攻城之策。诸将大都劝孙权在城外堆土山，准备攻城器械，待一切安排妥当后再攻城。吕蒙说："堆土山，造攻具，必然旷日持久，皖城必巩固城防，增加援兵，那时就难攻取了，何况我们是乘雨季从水路袭击，若滞留到河水干涸时，不仅还军的道路阻塞，将士亦眷恋故土，甚至离心离队，微臣对此实在担心。目前，皖城防御并不牢固，以我们三军之锐气，四面同时攻城，定能一鼓作气把它攻下，这样及时赶在雨季之前从水路回师，才是全胜之策！"孙权点头称赞。于是以西陵太守甘宁为先锋，吕蒙率精锐部队随后。甘宁身先士卒，攀城而上，吕蒙擂鼓督战，士兵们纷纷攀登城墙，杀进城去。曹操得悉吴军进攻皖城，立即派遣部将张辽率军前往救援。吴军当日攻下皖城，俘获太守朱光。张辽军至夹石（今安徽桐城北），听说皖城已被攻陷，只好撤军回去。

司马懿神速擒孟达

关羽败走麦城，蜀将孟达坐视不救，对关羽之死负有不可推卸的责任。关羽死后，孟达害怕刘备追究罪责，率亲信随从投降了魏国，被魏主曹丕封为建武将军、新城太守。

新城（今湖北房县）西南连蜀，东南连吴，是魏、蜀、吴三国之间的边防重镇。孟达是个反复无常、见利忘义的小人，出任新城太守后，秘密派人与蜀、吴相勾结，妄图实现其野心。

当时，诸葛亮正准备再次兴兵伐魏，对孟达的叛变深恶痛绝。诸葛亮了解到孟达与魏国的魏兴太守申仪不和，就派人将孟达与蜀、吴相勾结的事情告诉给申仪，打算借申仪之手，铲除孟达。

申仪得知孟达勾结蜀、吴的消息，立即报告给了驻兵在宛县的司马懿。

司马懿素知孟达的为人，新城是战略要地，他对孟达更不放心，接到申仪的报告后，下定决心剿灭孟达。与此同时，孟达也探知申仪告发他的消息，打算一不做、二不休，干脆举旗反魏。在这节骨眼上，司马懿派人给他送来一封信，信上说魏帝和他都对孟达深信不疑，申仪之说纯系私怨，请他放下心来。孟达接信后，半喜半忧，对于是否立即反魏又犹豫起来。

司马懿给孟达的信不过是缓兵之计。信使才出发，他立即调兵遣将，亲率一支大军奔赴新城。司马懿的部属劝道："这样大的一件事，不报告魏帝能行吗？"司马懿回答："以宛县到洛阳八百里，到新城一千二百里，信使往来最快也要一个月，兵贵神速，如报告魏帝那就什么事情都晚了。"

司马懿命令部队日夜兼程，轻装疾进，仅八天时间就兵临新城。

孟达大吃一惊，急忙向蜀、吴求援，但司马懿分兵截住蜀、吴的援军，下令攻城。孟达没有做好防御司马懿的准备，新城之兵又不都是自己一手带起来的，苦苦抵御了半个月，城破身亡。

司马懿神速进兵，剪除了叛将孟达，使魏国西南边境得以稳定。

后唐军神速取大梁

五代时期，后唐军在中都（今山东汶上）大败后梁军，抓获后梁军统帅王彦章，后梁的主力部队只剩下大将段凝所统率的一支主力军。后唐国君李存勖对众将说："段凝现统率大军驻扎在河上，严阵以待我军，诸位有何妙计？"

天平节度使李嗣源道："中都离大梁（梁都城，今河南开封）不远，我们何不避开段凝，直取大梁？兵法云：兵贵神速。只要攻下大梁，擒住梁主朱友贞，不怕段凝不投降！"

李存勖道："言之有理！"立刻命令李嗣源率先头部队连夜出发，马不停蹄，人不卸甲，直扑大梁。

李嗣源行至曹州（山东曹县西北），曹州后梁守军以为后唐军自天而降，大开城门，不战而降。这时，部队已十分疲劳，将领们也纷纷要求稍做休息。李嗣源对众将士说："此去大梁仅有二百余里，诸位再咬紧牙坚持一下，等拿下大梁再作休息。"命令部队继续前进。

曹州被后唐占领的消息迅速传到大梁，朱友贞急得团团直转，文武大臣又惊又恐，谁也拿不出好主意来。朱友贞黔驴技穷，只好派将军张汉伦火速出发追赶段凝，让段凝回师急救。不料，张汉伦行至滑州（河南滑县东），被黄河挡住，一时间不能到达段凝的驻地。朱友贞久等不见消息，又派了一名亲信去寻段凝回师救驾，这名亲信离城之后，眼见大梁不保，索性一走了之。这样，朱友贞等候援军的梦想彻底破灭了。

李嗣源率后唐军迅速逼近大梁。朱友贞听说后唐军已到，绝望之中，命令将军皇甫麟把他杀死。皇甫麟挥刀砍杀朱友贞，随后也自杀身亡，大梁城竟不攻自破。

段凝接到张汉伦的告急书后，慌忙回师大梁。未及大梁，兵士来报：都城已被后唐军占领，朱友贞已经命丧黄泉。段凝有家难归，有国已破，只好投降了后唐。后梁自此灭亡。

雍正篡权

康熙皇帝年迈时，几个儿子之间争夺帝位的斗争日趋激烈。康熙暗暗选中了第十四子胤禵，适逢青海地方发生动乱，康熙便命令胤禵统兵前去征剿，准备在胤

禵凯旋时立胤禵为自己的接班人。不料，天有不测风云，胤禵出发不久，康熙就患起病来，且一天比一天加重。康熙自知时日无多，写下遗诏："朕如有不测，可即传位十四皇子。"又传令重臣隆科多和大将军年羹尧入宫，以后事相托。

隆科多和年羹尧都在暗中支持四皇子胤禛，两人出宫后立刻把康熙帝立继承人的事告诉给胤禛，商议如何是好。年羹尧献计道："把诏书上的'十'加一横一勾，不就变成'于'字了吗？这样，诏书也就变成'可即传位于四皇子'了。不过，这件事万万拖延不得，万一十四皇太子胤禵回来，或是让其他大臣得知，事情就很难办了。"四皇子胤禛和隆科多连声称赞："妙！"

当天晚上，胤禛与隆科多、年羹尧秘密潜入宫中。胤禛摸到康熙帝床前，见父王正在闭目喘息，忙把手伸到父王枕下，偷出诏书，藏入怀中。康熙帝被惊醒，一看胤禛在面前，大吃一惊，问："谁叫你来的？"胤禛说："儿臣是奉父皇命令来的。"康熙大怒，一翻枕底，不见了诏书，摘下套在臂上的佛珠狠狠向胤禛砸去，不料，胤禛轻轻将佛珠接在手中，道："多谢父皇立儿臣继位，又以玉珠相赐。"

据说，康熙帝被气得一口气没有喘上来，当时就死去了。

康熙帝一死，隆科多接过诏书，将"十"字改为"于"字，随即捧着诏书出宫向众皇子和大臣们宣读："……传位于四皇子。"又拿出佛珠，对众人说："四阿哥奉诏即位，今有佛珠为证。"

胤禛一跃成为皇帝，史称"雍正"。当然，此事没有在正史上记载，野史多为此说。

胤禛即位后，为绝后患，将大多数兄弟除掉。

马燧奇计败田悦

唐朝末年，以魏博节度使田悦为首的"四镇"联合起兵对抗朝廷，唐王朝派足智多谋的河东节度使马燧率兵去平定叛乱。

马燧连败田悦，长驱直入攻至河北三个叛镇的辖地，由于进兵过快，粮草供应不上，马燧陷入困境。田悦觉察到马燧的难处，深居壁垒之中，拒不出战。数天后，马燧的粮食将尽，窘迫中，马燧苦苦思索逼田悦出战的计策，忽然想到田悦的老巢在魏州（今河北大名东北）。马燧拍案而起，说道："如果去攻打魏州，

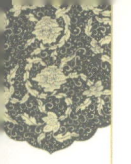

孙子兵法 解析 ◎ 第十一篇 九地篇

不怕他田悦不救！"于是，马燧命令部队在半夜潜出军营，沿洹水直奔魏州，又令数百骑兵留在营内，击鼓鸣角，燃点营火。天亮后，马燧大军已全部离开大营，留守的骑兵停止击鼓鸣角，也潜出军营，按照马燧的命令隐藏起来。

唐营一片寂静，田悦闻报后，派人去侦察，发现是一座空营。不久，又有探骑飞报：马燧率大军扑向魏州。田悦大吃一惊，急忙传令退军，亲率轻骑驰救魏州，在半途中追上了严阵以待的"官军"。

马燧以逸待劳，向田悦发起进攻，但田悦叛军很有战斗力，渐渐地，"官军"的两翼落了下风。马燧见战局不妙，亲率自己的河东军杀入敌阵，又传令击鼓助威。"官军"的两翼勇气大增，返身向田悦发起反攻，田悦终于抵挡不住，向洹水边退去。到了洹水河边，三座便桥早已被马燧留守大营的骑兵烧毁，叛军顿时大乱。

马燧见机不可失，挥军掩杀过来，叛军只好跳水逃命，溺死无数。这一仗，田悦的叛军被斩杀二万多人，数千人被俘，田悦只带千余人逃回魏州，元气大伤。

忽必烈中间突破灭宋

蒙中统元年（1260年）忽必烈即汗位，迁都燕京，改名大都（今北京市）。1268年南下攻宋。他的战略是，先取襄樊，然后东击临安。

襄樊是南宋北大门，具有重要战略价值，宋名将吕文焕率重兵镇守。忽必烈命阿珠、刘整攻襄樊，以董文炳出淮西呼应；以汪良臣、郑鼎阻止蜀地宋军东援。宋军英勇顽强，蒙军久攻不克。忽必烈再集中兵力攻击樊城，用威力巨大的回回炮向城中轰击，守军不支，元军攻占樊城。元军再攻襄阳，吕文焕粮尽援绝，举城降元。襄樊失陷，南宋门户洞开。

南宋岌岌可危，把持朝政的贾似道拿不出退敌之策，宋军各自为战。元至元十一年（1274年）宋度宗死，贾似道为独揽朝政，立年仅四岁的赵㬎为帝。六月，忽必烈水陆并进。以伯颜、阿珠率主力沿汉水入长江，克鄂州，另一路以博罗欢出两淮。贾似道见元军逼近，只得督师十三万，战舰二千五百艘西上抗元。至芜湖，贾似道遣使求和，遭拒绝退还扬州，被贬职。此时，南宋朝廷，群龙无首，各言其是，争吵不休，军政大计议而不决。十月元军攻陷淮南、湖南、江西等地的

同时，分兵三路围攻临安。右军阿剌罕自建康（今南京），直指独松关（今浙江吉安东南），伯颜率中军出常州、趋临安。文天祥赴元营议和被扣留；宋军张世杰、张虎臣、刘师勇虽据险死守，终因势单力薄，挡不住元军攻势。1278年元月，元军攻占临安东北皋亭山。宋王室投降，延续三百多年的宋王朝从此灭亡。

元灭宋三次作战，前两次无功而还，后一次获胜，原因何在，战后忽必烈与降将管如德，有一段对话可以说明。

忽必烈问："天下何以得？宋何以亡？"管答道："襄樊，宋之咽喉也，咽喉被塞，不亡何待？"忽必烈闻言，连连称善。

忽必烈从襄樊开刀，实行中间突破。缩短了战线（较之窝阔台缩短了战线一半），集中了兵力，打击了要害。战略要地襄樊一失，则宋大势已去。正如孙子所言，"攻其所必救"，"夺其所爱，则听矣"。

吕蒙用间

吕蒙为三国时期的著名智将，也是中国历史上杰出的军事家。

刘备派关羽镇守荆州全境，孙权命令吕蒙往西夺取长沙、零陵、桂阳三郡，吕蒙发文到长沙、桂阳两郡，对方望风归服，唯独零陵太守郝普守城不降。

而刘备亲自从西蜀来到公安，派关羽来争夺三郡。孙权那时在陆口，让鲁肃带领万人驻在益阳抵御关羽，用紧急文书召令吕蒙，要他舍弃零陵，赶快回来帮助鲁肃。

起初，吕蒙平定长沙之后，要去零陵，经过酃县时带上南阳人邓玄之，邓玄之是郝普的老友，吕蒙想用他去诱降郝普。

接到紧急文书时，吕蒙先将此事保密，夜晚召见各将领，布置计谋策略，声言早晨便要攻城。

吕蒙看着邓玄之说："郝子太听说世间有忠义的事，也想要这样做，可是不识时机。

"现在左将军刘备在汉中，被夏侯渊所围。关羽在南郡，由我主上亲自来对付他。他们正是首尾倒悬，救死还来不及，哪有余力再来管这边的事呢？

"现在我军都是精锐部队，人人都想拼命作战，主上派兵沿路不绝。如今子太已危在旦夕，等待望不到的救兵，就好像牛蹄穴中的鱼，想依赖长江、汉水的救济，这事已经很明显不可靠了。

"如果子太能够集中士卒的心，保守孤城，勉强拖延时间，来等待援兵，这还可以。现在我军全心全意来攻，要不了多少日子，城池必定攻破，城破之后，自己死了有什么好处，何况还会让白发苍苍的百岁老母也遭诛杀，岂不痛心吗？

"想来此人得不到外间消息，认为援军可靠，所以才这样做。你可前去见他，向他陈述祸福的实况。"

玄之去见了郝普，把吕蒙这些话都说给他听，郝普畏，就听从了吕蒙的意见。邓玄之先出城报告吕蒙，说郝普随后就到。

吕蒙预先命令四员部将，各选一百名士兵，等郝普一出城，便进去据守城门。一会儿郝普出来了，吕蒙迎上去握住他的手，和他一起下到船上。交谈之后，拿出紧急文书给郝普看，并且拍手大笑。郝普看了文书，才知道刘备在公安，关羽在益阳，自觉惭愧悔恨，无地自容。

吕蒙留下孙皎，将善后事宜委托给他，自己立即率部赶赴益阳。刘备请求结盟，孙权就把郝普等人放归，划湘水为界，将零陵还给刘备。将寻阳、阳新作为吕蒙的奉邑。

汉王用计扭转大局

刘邦收复关中以后，发展生产，安抚百姓，深得人心。他又接受新城（今河南洛阳市南）乡官董公的建议，要师出有名，就号令全军为霸王项羽害死的义帝举哀三日。传檄诸侯，纠集人马56万，攻下了项羽的都城——彭城。之后刘邦懈怠了许多，被项羽率军杀回，汉军被杀20万，刘邦仓皇逃到荥阳。萧何在关中镇守，补给充足，秦朝留下的大粮仓——敖仓坐落于此，刘邦便在这一带与项羽展开了对峙。

初期，项羽依仗雄厚的军事实力，频频发动攻势，刘邦一边坚守，一边四处遣使积极开展政治、外交活动。首先派大将韩信攻击项羽的左翼齐、燕、赵、魏等国；其次派遣谋士萧何说动九江王英布背楚归汉；还派在楚军后方的彭越部队不停地骚扰、威胁其腹心地带。项羽愤怒异常，先派智勇双全的大将钟离昧击败汉

将周勃，截断敖仓粮道，自己引兵西进，直捣荥阳。荥阳守将王陵病重，城中又缺粮，刘邦形势危急。谋士陈平巧用反间计，令项羽疏远钟离昧，气走了范增。项羽失去了最得力的臂膀。

项羽发现自己中计，大攻荥阳。刘邦部将纪信假扮汉王出荥阳东门诈降，尽力帮刘邦逃出荥阳西门。前203年6月，项羽接连攻陷荥阳和成皋，刘邦依然坚守不战。同年10月，韩信攻克齐国都城，项羽派往救援的十万大军也被韩信打败。彭越部队连连攻下楚国十七座城池，并且切断了从彭城到成皋的楚军补给线。项羽深知粮草的重要性，只好亲自回师攻打彭越，命令曹咎死守成皋，不管汉军如何叫阵，也不得出战。

刘邦见项羽离开，立即组织反攻。成皋守将曹咎只有匹夫之勇，性情暴烈，胸无韬略。刘邦深知此人，就命令汉兵连日挑战，出语挑拨、刺激乃至辱骂曹咎，还故意示之以弱，军容涣散。曹咎果然按捺不住，率军冲出成皋，横渡汜水，去攻汉军。不料，楚军刚刚渡到河中，埋伏的汉军四起，楚军准备不足，死伤、落水无数。汉军乘胜追击，攻下成皋，曹咎知道项羽饶不过他，自刎而死。

从荥阳到成皋，楚汉战争发生决定性的转折。刘邦不仅深得人心，收拢众多文臣武将，兵力也大增，在军事上取得了优势，而项羽臂膀被剪，几面被围，从此疲于应付，兵力每况愈下。一年之后，就被围困垓下，四面楚歌了。

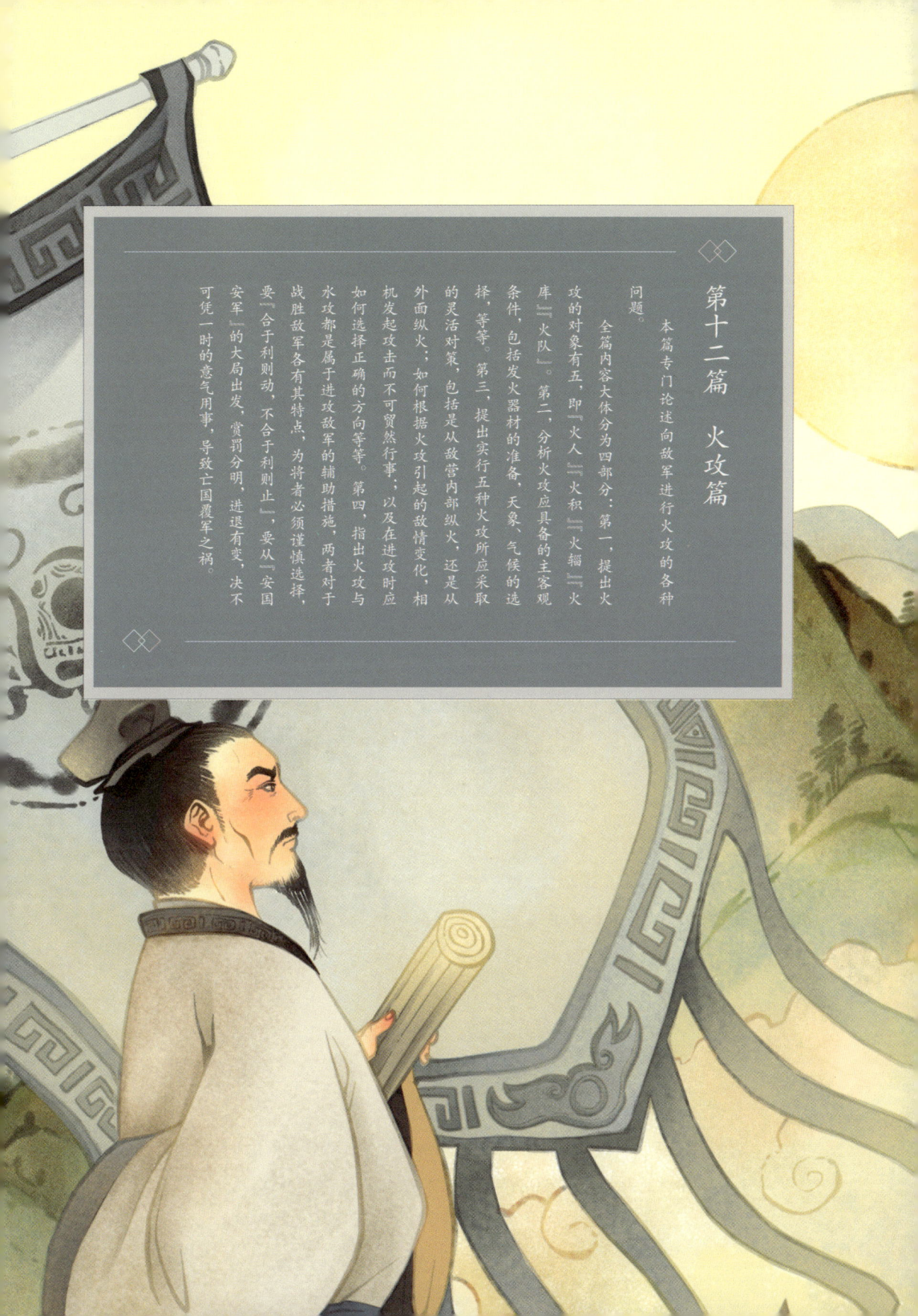

第十二篇 火攻篇

本篇专门论述向敌军进行火攻的各种问题。

全篇内容大体分为四部分：第一，提出火攻的对象有五，即"火人""火积""火辎""火库""火队"。第二，分析发火攻应具备的主客观条件，包括发火器材的准备，天象、气候的选择，等等。第三，提出实行五种火攻所应采取的灵活对策，包括是从敌营内部纵火，还是从外面纵火；如何根据火攻引起的敌情变化，相机发起攻击而不可贸然行事，以及在进攻时应如何选择正确的方向等等。第四，指出火攻与水攻都是属于进攻敌军的辅助措施，两者对于战胜敌军各有其特点，为将者必须谨慎选择，要"合于利则动，不合于利则止"，要从"安国安军"的大局出发，赏罚分明，进退有变，决不可凭一时的意气用事，导致亡国覆军之祸。

以火攻敌　慎而待战

孙子曰：凡火攻有五：一曰火人①，二曰火积②，三曰火辎③，四曰火库④，五曰火队⑤。行火必有因⑥，烟火必素具⑦。发火有时，起火有日。⑧时者，天之燥⑨也；日者，月在箕、壁、翼、轸⑩也，凡此四宿者，风起之日也⑪。

凡火攻，必因五火之变而应之⑫。火发于内，则早应之于外。火发兵静者，待而勿攻；极其火力，可从而从之，不可从而止。火可发于外，无待于内，以时发之。火发上风，无攻下风。昼风久，夜风止。凡军必知有五火之变，以数守之⑬。

故以火佐攻者明⑭，以水佐攻者强；水可以绝，不可以夺。

夫战胜攻取，而不修其功者，凶，命曰"费留"。故曰：明主虑之，良将修⑮之，非利不动⑯，非得不用⑰，非危不战⑱。主不可以怒而兴师，将不可以愠⑲而致战；合于利而动，不合于利而止。怒可以复喜，愠可以复悦，亡国不可以复存，死者不可以复生。故明君慎之，良将警之，⑳此安国全军之道也㉑。

注释

①火人：火，此处作动词，用火焚烧之意。火人即焚烧敌军人马。

②火积：指用火焚烧敌军的粮秣物资。积，堆积谷物，指粮草。

③火辎：焚烧敌军的辎重。

④火库：焚烧敌军的物资仓库。

⑤火队：焚烧敌军的粮道与运输设施。队，通"隧"，粮道与运输设施，道路的意思。

⑥因：依据、凭借、依靠。

⑦烟火必素具：烟火，指火攻的器具燃料等物。素，平素、平常、平时的意思。具，准备妥当。此句意为火攻用的器材平时必须准备好。

⑧发火有时，起火有日：意谓发起火攻要选择有利的时机。

⑨燥：指天气干燥。

⑩箕、壁、翼、轸（zhěn）：中国古代星宿之名称，是二十八宿中的四个。

⑪凡此四宿者，风起之日也：四宿，指箕、壁、翼、轸四个星宿。古人认为月球行经这四个星宿之时，是起风的日子。

⑫必因五火之变而应之：因，根据、利用。五火，即上述五种火攻的方法。句意为根据五种火攻所引起的敌情变化，采取机动灵活的办法对付敌人。

⑬以数守之：数，星宿运行度数，引申为适合火攻的天时或日子，即前所述"发火有时，起火有日"等条件。句意为在适合火攻的时候要严加防守。

⑭以火佐攻者明：佐，辅佐。明，明显。指用火攻效果明显。

⑮修：研究。

⑯非利不动：于我无利则不行动。

⑰非得不用：不能取胜就不要用兵。得，取胜，得到。

⑱非危不战：不在危急关头不轻易开战。

⑲愠：恼怒、怨愤。

⑳故明君慎之，良将警之：所以明智的国君要慎重，贤良的将帅要警惕。慎，慎重。警，警惕。

㉑此安国全军之道也：这是安定国家、保全军队的根本道理。安国，安邦定国。全，保全。

译文

孙子说：火攻的形式共有五种，一是焚烧敌军人马，二是焚烧敌军粮草，三是焚烧敌军辎重，四是焚烧敌军仓库，五是焚烧敌军粮道。实施火攻必须具备条件，火攻器材必须平时即有准备。放火要看准天时，起火要选好日子。所谓天时，是指气候干燥；所谓日子，是指月亮行经箕、壁、翼、轸四个星宿位置的时候。凡是月亮经过这四个星宿的时候，就是起风的日子。

凡用火攻，必须根据五种火攻所引起的不同变化，灵活机动部署兵力策应。在敌营内部放火，就要及时派兵从外面策应。火已烧起而敌军依然保持镇静，就应持重等待，不可立即发起进攻。等待火势旺盛后，再根据情况作出决定，可以进攻就

进攻，不可进攻就停止。火可以从外面燃放，这时就不必等待内应，只要适时放火就行。从上风放火时，不可从下风进攻。白天风刮久了，夜晚风就容易停止。军队都必须掌握这五种火攻方法，灵活运用，等待放火的时日条件具备时再进行火攻。

用火来辅助军队进攻，效果殊为显著，用水来辅助军队进攻，攻势必能加强。水可以把敌军分割隔绝，但却不能焚毁敌人的军需物资。

凡打了胜仗，攻取了土地城邑，而不能及时论功行赏的，就必定会有祸患。这种情况叫作"费留"。所以说，明智的国君要慎重地考虑这个问题，贤良的将帅要严肃地对待这个问题。没有好处不要行动，没有取胜的把握不要用兵，不到危急关头不要开战。国君不可因一时的愤怒而发动战争，将帅不可因一时的愤懑而出阵求战。符合国家利益才用兵，不符合国家利益就停止。愤怒还可以重新变为欢喜，愤懑也可以重新转为高兴。但是国家灭亡了就不能复存，人死了也不能再生。所以，对待战争，明智的国君应该慎重，贤良的将帅应该警惕，这是安定国家、保全军队的根本道理。

◆◆ 名家点评 ◆◆

巧用妙火　攻敌制胜

　　火攻，顾名思义，就是以火攻敌。就是借助自然力量（火）辅助进攻。这一思想，是与当时火药还未发明，火器还未出现的历史条件相一致的。因此，对于"火攻"的任何超越时代的类比和夸大都是不恰当的。春秋时代典型的火攻战例并不很多。《春秋》鲁桓公七年（公元前705年）提到的"焚咸丘"，几乎可以看作是文献记载中最早的火攻战例。半个世纪后，火攻逐渐在战场上有所使用。例如公元前649年，戎狄等一度攻入周王室的京城，火烧王城的东门（《左传·僖公·僖公十一年》）；《左传·僖公·僖公二十一年》（公元前639年）提到"焚我郊保"（焚烧郊外的城堡）。

　　孙子把以火助攻概括为五类。一是"火人"。文中连用的五个"火"字，均用作动词。"火人"，直译就是火烧敌军有生力量。但是，当时既无以火药为燃料的燃烧性火器，更无管型火器或爆炸火器，显然是难以取得直接焚烧敌军官兵的效果的。因此，我们似应理解为它是指首先用火焚烧敌军营寨，然后投入主力，歼灭敌军。二是"火积"。军队无粮食，马匹无草料，毫无疑问，必遭失败。公元前479年，楚国叛臣石乞主张焚烧府库，另一叛臣白公胜就反对，他说："焚库无积，将何以守？"（没有委积，还能用什么方法来防守呢？）三是"火辎"，即烧敌人辎重。四是"火库"，即烧敌仓库。五是"火队"，即烧敌粮道。

兵法解析

行火必有因,烟火必素具。

孙子说:"实行火攻要具备一定的条件。这些条件要平时就有所准备。"

孙子认为,火攻作为重大的军事行动,必须凭借一定的有利条件,比如烟火素具、风向适宜等,否则就不能施行。这其中包括重大行动须明白凭借的哲理,具有普遍的指导意义。

在经济领域,大凡一些重要的举措,如投资或转产时都要进行可行性论证,其目的在于对自己乃至周围的环境(包括主、客观两个方面)做出正确的评估,以便最大限度地发挥优势条件,规避其不利因素,从而获得最好的经济效益。

任何事物的产生、发展和灭亡都受客观条件的制约。世界千变万化,它们赖以生存与消亡的条件也各有不同,人们要驾驭它、利用它,必须因势利导,凭借已有的客观条件遂行自己的意志。

作为经济主管人和企业经营者,在进行重大决策前必须搞清楚其可行性如何,即是否已具备发展所要求的特定条件,如果这些条件已经成熟,则看准时机,当机立断;反之,则不可妄动。

另外,在军事上,孙武主张以火攻人的同时也要防备别人以火攻我,这一点在经济领域也同样适用。它提醒经营者,当自己在某个项目上进展顺利,颇为得意的时候,一定要防备别人在你所倚重或薄弱的环节上做文章,使你失去竞争的优势。因为对方也时时在你那里寻求凭借,以求一逞。

无论何时,政治都是上层建筑的最顶端,它的举动、影响力远远大于处在底层的经济,所以借助政治因素,是最稳固的外界条件,是最有保障的"靠山"。

当然,在经济生活中,可以借助的外界条件很多,远不止政治一途。

【古今实例】

一位好的领导,一般都有较高的威信。所谓威信,即声威信誉。领导的威信高低,反映领导者的素养水平高低。威信也是一种影响力,一种潜移默化、为众人

乐于接受的影响力。威信,不能靠地位来树立,地位能给人以权力,有权力不一定有威信,有时地位很高的人,威信却很低,甚至毫无威信。作为领导者,只有通过以道德修养,以事业的成功立威于众,取信于人,才能树立起较高的威信。

一位好的领导,还要有大将风度。"将军之事,静以幽,正以治。"静,就是沉着老练;幽,即幽深莫测,临危不惧,处变不惊。正,公正;治,管理。静以幽,正以治,就是要处事沉着老练,喜怒不形于色。管理者的这种风度是大将风度的一个重要方面。

大将风度实际上是个性修养的一个方面,要培养自己的大将风度,最难的是控制自己的感情。有人说,成熟的管理者能在想发脾气时不发脾气,能在不想发脾气时发脾气。这种不以主观意愿为出发点,而是依据客观情势决定个人喜怒哀乐和脸上阴晴的风度,是一种特殊的个性素养。管理者之所以要懂得控制自己的感情,是因为一旦感情用事,就会因小失大,导致事业的失败。《孙子·火攻篇》说:"主不可以怒而兴师,将不可以愠而致战;合于利而动,不合于利而止。怒可以复喜,愠可以复悦,亡国不可以复存,死者不可以复生。故明君慎之,良将警之,此安国全军之道也。"这是说,国君不可因恼怒而兴兵打仗,将帅不可凭一时的怨愤而出阵作战。对国家有利就行动,对国家不利就停止。恼怒可以重新欢喜,怨愤可以重新高兴,国亡了就不能复存,人死了就不能再生。所以明智的国君对这些问题一定要警惕,这是安定国家和保全军队的根本道理。孙武讲的就是不能感情用事。这个道理对领导者同样重要。一个感情用事的领导,必将铸成大错,给国家和人民造成危害。

李靖速战平伏允

634年,吐谷浑可汗伏允侵入河西走廊,截断"丝绸之路"。唐太宗李世民派老将李靖率重兵剿除伏允。

进军大西北是一场斗智斗勇的硬战。伏允依仗大西北地区的险恶地形和恶劣气候,对唐军采取"你进我退,你退我进"的策略,致使唐军的几次围剿都没有成功。李靖总结了唐军多次作战失利的教训,制定了"长途奔袭,速战速决"的策略,在库山(今青海天峻)追上伏允后,立刻派千余骑精兵越过库山,对企

图凭借险峻的地形死守的伏允实施前后夹击。伏允没有料到唐军会这么快追上他，更没有料到唐军会越过库山向他发起进攻，惶乱之中，丢弃大批作战物资，狼狈而逃。

为了阻止李靖的追击，伏允一边逃，一边焚烧长满牧草的草原。唐军的战马无野草可食，又饥又瘦，众将见状，建议李靖暂时退回鄯州，待野草长出后再追剿伏允。李靖说："伏允锐气已失，正可乘胜追剿，如果让他恢复元气，就不好对付了。"在尚书侯君集的支持下，李靖分兵两路，穷追不舍，伏允走投无路，逃入沙漠。李靖身先士卒，顶着烈日和沙漠中的酷热，渴了就以刀刺马，用马血来解渴，终于在突伦川附近再次追上了刚刚安下营寨准备过夜的伏允大军。唐军从天而降，势如破竹，伏允的儿子慕容顺被迫率众投降，伏允只带亲信几十人逃入沙漠深处，四顾茫然，自杀身亡。

吐谷浑伏允之乱从此平定，从长安通往西域的"丝绸之路"再次畅通。

火牛阵齐复失城

即墨保卫战，发生在公元前279年，齐将田单以火牛阵大败燕军，收复被燕军占领的七十余城。

公元前284年，燕国大将乐毅挂帅，统率燕、秦、韩、赵、魏五国之兵大举伐齐，所向披靡，连克七十余城。齐国只剩下莒（今山东莒县）、即墨（今山东平度东南）两城未被攻下，危在旦夕。当时齐湣王被杀，齐臣王孙贾等立其子法章（即齐襄王）为王，号召民众起来抵抗。乐毅攻莒和即墨一年未克，改用攻心战，命燕军撤到距两城九里处设营筑垒，并下令"对出城的居民不予拘捕，允许恢复旧业得以安民，对有困难的居民，还加以赈济"等。由此形成了相持局面。

即墨为齐国较大的城邑，地处富庶的胶东，近山靠海，物资丰富，有坚固的城池和一定的人力用于防守。即墨的军民在守将战死之后，共推田单为将。田单是齐王室的支系亲族，早在国都临淄（今山东临淄东）的市场管理机构中任一般官吏，有卓越的军事才能，但并不为人所知。田单为将后，为了挽救危机，即着手将城中军民重新组编，将所带的新兵及收容的七千余人加以整顿和扩充，加强了防守力量。将自己的妻妾和家人也都编入部队参加守城；田单自己与守城军民共甘苦，同生活，同战斗，并经常针对士卒重视祖先、热爱乡里的心理特点，鼓舞士气，动员群众，他说："如即墨失守，齐国灭亡，宗庙被毁，祖宗的灵魂将无处安身，自己的灵魂也将无处可归。"以此来激励士卒的战斗情绪，而深得人心。就这样即墨与莒两城硬是在燕军的包围圈中，熬过了三个年头。

燕军统帅乐毅采用政治攻心战，田单深为忧虑，害怕发展下去，必将动摇人心。公元前279年，十分信任乐毅的燕昭王去世，其子立，即燕惠王继位。惠王还是太子的时候，就对乐毅有成见。田单了解这一情况，认为有隙可乘，遂针对燕惠王对乐毅不满和不信任的心理，派间谍去燕都散布谣言说："齐王已死，燕军不能攻占齐国的最后两座城堡，是什么原因呢？就是因乐毅与燕国的新王有矛盾，他怕自己遭诛而不敢回燕国，以攻齐为名，控制住军队想当齐王。现在齐国的百姓还没有都归顺他，所以乐毅故意慢慢地攻打即墨，以待时机称王。齐国人现在已经不怕乐毅，最害怕的是燕国又换其他将领来。"燕王本就与乐毅有隙，又见乐毅三年没有攻下即墨和莒，早就怀疑乐毅另有图谋，一听到人们传来的这些流言，便信以为真，派骑劫为帅去代替乐毅。并召乐毅回国。乐毅明白燕王的用心，自知回国难免有杀身之祸，便投奔了赵国。燕军不但失去了一位多谋善战、富有将才的统帅，重要的是全军将士俱为乐毅气愤不平，造成了燕军的军心涣

散。这就为即墨保卫战的胜利提供了有利的条件。

骑劫上任，不管三七二十一就指挥燕军强攻莒和即墨，仍然不能得手。田单知道骑劫有勇无谋，但即墨被围年久，城内军民人心未定，还不具备反攻条件，于是采取了一系列措施，来激发齐国军民的斗志。

一、假以"神命"号召军民。田单为了团结内部，统一行动，进一步针对士卒迷信思想浓厚、敬畏鬼神的心理，他利用城中人祭祀先祖时，飞鸟都飞来取食，散布说这是神来教导传授神的旨意。暗令一名机敏士卒假冒"神师"，每次下达命令都宣称出自"天神之命"，使全城军民都统一在"神师"号召之下。

二、假手燕军来激发齐军民的斗志。田单针对燕军统帅骑劫粗暴无知，而又急于求胜的心理，他派人扬言："我们别的都不怕，只怕燕军将俘虏我们的士卒割去鼻子，把他们放在队伍前面，来和我们作战，即墨人看了就害怕，即墨就再也守不住了。"骑劫强攻即墨与莒不下，正想采用恐怖手段来打击齐军的士气，苦于没有什么好的办法。他一听到齐人散布的这个消息，便非常高兴，立即命令部下将投降过来的齐军士卒的鼻子全部割掉，又将这些降卒排列在阵前让即墨守军观看。即墨城中的军民看到燕军如此残酷地对待俘虏，人人愤怒不已，坚定了固守城池的决心。

三、怂恿燕军挖坟，进一步激发军民的仇恨。田单又令间谍散布说："我们别的不怕，就担心燕军挖我们祖先的坟墓，毁坏我们祖先的尸首，这样即墨城里人就会很寒心，很悲恸，无心守城。"骑劫闻讯，觉得这办法妙不可言，更可以震撼齐人，动摇他们的信心，便又令"燕军尽掘齐人的祖坟，焚尸烧骨"。城中齐人从城头上远远望见燕军这种丧尽天良的暴行，无不痛心疾首，号啕大哭，全体军民愤怒万分，人人义愤填膺，一致要求要与燕军决一死战。

四、示弱佯降，进一步麻痹燕军。田单认为这时齐军民的心理状态，正是用以杀敌的最佳时机。遂一方面积极进行一系列反击战的准备工作；一方面为了更好地麻痹敌人，隐蔽自己的企图，出其不意，攻其不备，以收到最佳效果。田单命令强壮士卒隐蔽城内，而由老弱、妇女轮流登城守备，使燕军以为城中齐军已损伤殆尽了，不得不用老弱妇女来守城。又派使者见骑劫，表明齐军食尽再无力量守城，将于某日投降；并派人从民间收集黄金千镒，令即墨富豪悄悄地赠送给燕军将领，"嘱以城下之时，求保全家小"。燕将大喜，受其金，"各付小旗使插于门上，以为记认"。这样使骑劫认为自己的威慑手段生效，更加骄傲轻敌，放松了警惕，坐待齐军投降。

就在骑劫洋洋得意，燕军翘首等待齐军出降之际，齐军正在加紧进行临战前的一切准备。田单命令部队尽收全城黄牛共千余头，披上绘有五彩龙纹的外衣，在牛角上绑上锋利的尖刀，尾巴上扎着浸透油脂的芦苇，拖后如巨帚。预约降前一日，安排停当。众人皆不解其意。出战之日，田单椎牛具酒，候至日落黄昏，召集已选拔的五千余名精壮士卒，在城根部挖好几十个洞穴，将牛伏于穴内待机出击；士卒饱食，以五色涂面，各执利器，跟随牛后。在统一号令下，点燃牛尾芦苇，火势渐迫牛尾，牛疼痛不已，从洞穴中狂奔而出，直扑燕军营垒，形成一个有一定正面和纵深的火牛阵，以排山倒海之势冲向燕军；五千余名精壮勇士紧追牛后冲杀；全城的军民都敲打着铜器呐喊助威，声势震天动地。燕军正高兴于来日受降入城，皆安寝。正在熟睡中，突然被震耳欲聋的声响惊醒，看到一团团帚炬千余，光明照耀，如同白日，望之皆龙纹五彩的怪物突奔前来，角刃所触，无不死伤，军中大乱。那一伙壮卒似天神，不言不语，大刀阔斧，逢人便杀，遇敌即砍，虽只五千人，慌乱之中，恰似数万。向来燕军听说有"神师"下教，今日神头鬼脸，更信以为真，不禁张皇失措，纷纷夺路逃跑。慌乱中的燕军，互相践踏，燕军彻底溃败，兵死将亡，遍地皆尸，骑劫也在混乱中被田单杀死。田单见奇袭得手，便纵军乘胜追击，燕军兵败如山倒，一发而不可收，原所占齐国七十余城，悉被齐军收复。

孔明用兵烧博望

刘备驻兵新野，请诸葛亮为军师，待之以老师之礼，常对关羽、张飞二人说："我有了孔明，犹如鱼之得水。"关羽、张飞见刘备信重一个青年书生，心里非常不高兴。忽然，听说曹操派遣夏侯惇领兵十万，杀奔新野而来。张飞怨气未消，对关羽说："刘备大哥既信赖孔明，这次就派孔明去迎敌好了。"心里是想看诸葛亮的笑话。

诸葛亮自从受聘为军师以来，这是第一次与敌人对阵。他知道自己胸中所学未曾展露，关、张等人对自己不服，虽然已有破敌良策，但恐诸将不听号令，便对刘备说："主公如果想让我调兵遣将，就请赐给尚方宝剑一用，以防关、张等人不听指挥。"刘备便将宝剑给了孔明。

诸葛亮有了尚方宝剑在手，不怕诸将不服，便召集众将前来听令。诸将虽然未服孔明，但对曹兵来攻却不敢大意，于是急忙赶来，看孔明如何安排。孔明见众将到齐，便开始调遣起来。他说："博望城左边有山，名叫豫山；右边有林，名叫安林，可以埋伏兵马。关羽领兵一千埋伏于豫山，敌人到时，不可与战，放过来便是。敌人的粮草辎重必在后面，只要看到南边起了火，就出兵进攻，烧了他们的粮草。张飞领一千人去安林背后的山谷中埋伏，看到火起，便去博望城中放火烧敌屯粮之所。关平、刘封带领五百人，预备引火之物，到博望坡后两边等候，等到敌人兵到，便可放火。赵云领兵为先锋前去迎敌，不许赢，只许输。主公您领兵一千为赵云后援。大家要依计而行，不许违令。"关羽见孔明安排已毕，诸将皆有差遣，只孔明自己却没事可干，问道："我们都出去迎敌，不知军师做些什么？"孔明说：

"我一介书生,不能上阵,只好坐守新野县城了。"张飞一听,大笑说:"我们都去厮杀,你却坐在家里自在,天下有这样的好事。"孔明宝剑在手,说:"尚方宝剑在此,违令者斩。"张飞只好冷笑而去。关羽心想,等他的计策失败时再来问他不迟。诸将皆不明白孔明的安排到底如何,心中疑惑不定,但又不能违令,只好依计领兵安排去了。

孔明又对刘备说:"主公今天就可领兵去博望坡下驻扎。明日黄昏,敌军必到。那时你便弃营而逃,见到火起再回头掩杀。"又命孙乾、简雍准备庆功喜筵,准备记功簿,专等诸人得胜回师。这下连刘备也疑惑起来,仗还未打呢,便准备庆功,难道诸葛亮真能以几千人打败曹操的十万大军吗?

却说夏侯惇与于禁等人领兵到了博望，留一半人保护粮草在后慢行，自领一半精兵向前赶来，正遇上赵云领兵一千前来。只见赵云的兵马队伍散乱，旗帜不整。夏侯惇大笑说："诸葛亮以这样的部队作前锋，无异于驱羊饲虎。看来，这次要捉刘备、诸葛亮是捉定了。"赵云一听大怒，纵马来战。几个回合下来，赵云诈败，拨马便逃，夏侯惇于后紧追不放。追出十余里，赵云回马又战，打了几下之后又跑。曹将韩浩对夏侯惇说："赵云在诱我深入，敌人可能设有埋伏。"夏侯惇说："瞧敌人这副德行，即使有十面埋伏，也用不着害怕。"于是又纵马紧追。赶到博望坡，忽听一声炮响，刘备引军冲杀过来。夏侯惇大笑说："这便是敌人的埋伏了，不过千人而已。今晚我如不到新野，绝不罢兵！"说罢引军来战，刘备、赵云不敌，急忙又逃。这时天色已晚，浓云密布，风也越来越大。夏侯惇只顾领兵追杀，道路越来越窄，两边芦苇遍地，树木丛杂。于禁一见，心里惊慌，急对夏侯惇说："道路越来越窄，树木丛生，应防敌人火攻。"夏侯惇突然明白过来，急令军马速回，可是已经晚了。只听背后喊声大起，关平、刘封所率士兵到处放火，一时间，四面八方都是烈焰，又值夜深风大，熊熊大火滚滚烧来。刘备、赵云回军掩杀，曹军人马争相逃命，自相践踏，死者不计其数。曹军粮草被张飞放火烧毁，博望城被关羽抢占。这一仗直杀到天明，杀得曹军尸横遍野，血流成河。夏侯惇急忙收拾残军，回许昌去了。

这一战，诸葛亮以几千人抗击十万曹兵，形势可说是危险之极。但他却巧妙地利用了夏侯惇的轻敌心理，先以赵云为前锋迎战，令其诈败，诱敌深入。他预测到，夏侯惇有可能识破诱敌之计，故而又命刘备于地形宽阔处用兵，使夏侯惇误认为这便是埋伏之兵，遂不以为意，一路紧追不放，直至追赶到山势狭窄之处，而其真正的埋伏却不是兵，而是一场熊熊大火。因此，曹军人数虽众，却无用武之处，反而在大火的烧攻之下自相践踏，死伤无数。此战一胜，关羽、张飞等人对孔明佩服得五体投地。

火烧赤壁

曹操得了荆州和荆州的水师，声势更大，随即整顿军马船只准备顺江东下，追击刘备，并一举吞并孙吴。

还在曹操攻打荆州的时候，东吴就感到了威胁。孙权的谋士鲁肃，很有见识，他劝孙权说："荆州的地势很重要，刘表死了，他的两个儿子又不和睦，可能保不住荆州。现在刘备寄住在那里，可以劝他安抚刘表的部下，和我们同心一意，共同抵抗曹操。"孙权同意了这个主张，并且派他到荆州去劝说刘备。可是鲁肃刚走到半路，荆州就已经被曹操占领了。

形势已经很危急了，鲁肃在当阳会见了刘备和诸葛亮，大家都认为孙刘两家联合，共同抵抗曹操是当前唯一的办法。于是诸葛亮便随着鲁肃一同到东吴，商议抗拒曹操的计策。

诸葛亮到了东吴，见孙权还在有些摇摆不定，他知道孙权的性格好强，便故意把曹操夸称一番，用话刺激他说："将军如果估计自己的力量薄弱，不如投降曹操算了。"

孙权果真被激怒了，反问道："为什么刘备不投降？"诸葛亮说："刘备是皇帝的宗室、四海的英雄，天下人的心都向着他，岂肯投降奸贼！"

孙权说："刘备失败到这种地步还不肯投降，难道我愿意把父兄留下来的大好江山拱手让人吗？我还有十万水陆兵马，只要刘备肯和东吴合作，我一定要和曹贼决一死战，但不知刘备实力如何？"

诸葛亮见孙权已经下了决心，忙说："刘备还有兵马万人。曹操的兵马虽多，但多是袁绍和刘表投降的军队，意志不坚定，用不着忧虑。曹操这次南下，一日一夜行三百里路，精疲力竭，这是用兵最忌讳的。我看孙刘联合一定能战胜曹操！"

他又鼓励孙权道："如果曹操打败退回北方，三分天下的形势就成了，将军的基业何愁不能巩固？"孙权激动地说："先生的话，正合我的意思。"

公元208年，曹操亲自带领五十万军队，号称八十万，向长江下游进发。

东吴的文武官员，眼看曹操八十万人马即将到来，谣言纷纷，空气紧张，主战主和不一。孙权召集了众臣商量，张昭首先主和，他说："曹操得了荆州，兵多将

广，势力很大。过去我们靠长江天险防御曹操，现在刘表的水军战船全归他了，长江就无险可守了，这样的仗怎样打得下去？不如先跟他讲和，以后再想办法。"众多官员七嘴八舌，议论纷纷，弄得孙权又犹豫起来。

鲁肃看到这种情形，便把孙权请到一旁说："依我看不如请周瑜回来，和他商量一下。"这句话正说到孙权心坎上，便急召周瑜。

这时，周瑜正在鄱阳湖附近操练水军，得到孙权的火急文书，便马上回来。鲁

肃在路上便把朝中争论一一告诉他，周瑜说："请先生放心，我自有主张。"

周瑜一见孙权，便积极主战，他说："曹操自称丞相，实际上是篡夺皇位，霸占天下，现在他所怕的只有将军和刘备。人们一听说有八十万军队就被吓住，其实将军兵精粮足，以逸待劳，和曹操作战决不会输。再说曹操这次南下，对他有四大不利：第一，北方还没有完全平定，他就急忙南下，他的背后还有敌人，并不是没有后顾之忧；第二，曹操士兵多数是北方人，不习惯水战，又多是投降的军队，斗志不坚；第三，曹操的兵马从北方来到江南，水土不服，容易生病；第四，现在天寒地冻，人马粮草运输困难，日子久了，粮饷就会接济不上。曹操有这些不利条件，将军还怕打不过他？"

孙权听了周瑜这番话，觉得头头是道，立刻站起来，说："公瑾说得有理，我决定和曹贼决一死战！"于是又召集文武百官，申明抗曹的决策，又请周瑜讲述了他的见解。言毕，孙权拔出身上的宝剑，狠狠地把桌子砍掉一角，说："从今天起，我已决心抗曹，如果有人说投降，就和这张桌子一样！"说完，就把宝剑交给了周瑜，要周瑜立刻发兵抗曹。文官们个个吓得目瞪口呆，不敢作声。

周瑜带领了五六万人马，会同刘备的人马，西去迎战曹操。不久，孙刘联军在赤壁同曹操的先头部队相遇了。曹军士兵多是北方人，不习惯水上生活，很多人得了疫病，士气很低。两军刚一接触，曹军就吃了败仗。曹操被迫退回长江北岸，屯兵乌林同孙刘联军隔江对峙。

为了克服北军不习惯水上生活的弱点，曹操命令工匠把几艘或十几艘战船编为一组，还用铁链、铁钉连锁在一起，上面铺上木板，以减少风浪的颠簸。这样，人不仅可以在船上来往行走，甚至还可以在船上骑马。这就是曹操的"连环船"。

周瑜的部将黄盖很有经验，他看出"连环船"的弊病，献计说："现在曹操把战船紧连起来，可以用火攻破他的阵势。"周瑜觉得这是一个好计策，就同意了。

黄盖立即写信给曹操，假称要向他投降。在诈降信上，还约好投降的日子，约定用青龙旗作信号。现在曹操哪把东吴放在眼中，看过黄盖的信深信不疑。

到了周瑜预定攻击曹军的日期，周瑜和部下的将官们，聚集在帐中，准备战斗。他先派出六路兵马，一路去烧曹操放在乌林的粮草，二路切断曹操的后路，三路兵马包围曹操的大寨。

这时，黄盖早已准备好了二十只火船，船内装满了干柴，柴上浇了油，顶上撒上硫黄、硝石等容易引火的东西，外面用青色油布遮盖，船上插着青龙旗。黄盖坐在第一只船上。周泰、韩当、徐盛等将领跟在后面，一齐驾着船向曹营水寨进发。

这天，正逢冬至，江面上起了东南风。曹营也早已得了信，说是投降的人今天要到。曹操带领众将站立在营外，隐隐约约地看到二十条插着青龙旗的船只，心想这一定是黄盖的船。

这时，忽然有人叫起来："不对，不像粮船，粮船不会走得这样轻快，得小心提防。"曹操一听，急忙下令通知这些船只，停止前进。

此时，风大船急，说时迟，那时快，黄盖的船直逼曹操的水寨。黄盖大喊一声："放火！"二十只火船一齐燃烧起来，火舌被风卷起，像二十条火龙，直向曹操的战船驶来。

火借风威，风助火势，烟雾漫天，一下子就烧到曹营的船上。曹营的船都被铁链连住，无法逃脱，全都着起火来。只见那熊熊的大火照耀着江面，如同万条金龙，漫天遍地一片通红。曹营水寨顿时变成了火海。

曹军早已慌乱一团，喊声夹着哭声，有的人无路可走，只好跳下水去，尸体漂满江面，焦味冲天。

这时满江火滚，喊杀声震天动地。左边是韩当、蒋钦两军从赤壁西边杀来，右边是周泰、陈武两军从赤壁东边杀来，正中是周瑜、程普、徐盛、丁奉大队船只杀到。烈火腾腾，杀声四起，曹军兵马着枪中箭，火烧落水的不计其数。

在慌忙中曹操和他的部下张辽，只带着一百多人，从火海里逃出去。走不多时，只见乌林已经起火，背后又喊声大起，路上几次遇到埋伏，好容易才逃到荆州。曹操查看一下人马，已经损失大半，不由得仰天长叹，泪如雨下，急忙连夜逃回许昌。

赤壁之战，曹操向南方进攻的计划遭到失败，退回北方，从此再也无力南下。孙权保住了江南地盘，刘备向孙权借得荆州作为根据地，又向巴蜀发展。于是，天下就成了魏、蜀、吴三国鼎立的形势。

陆逊火攻败刘备

222年二月，刘备率领蜀军四万沿着长江南岸，翻山越岭一直进军到了猇亭（今湖北宜都西北）。蜀军从巫县到夷陵（今湖北宜昌东）沿路扎下了几十个大营，又用树木编成栅栏，把大营连成一片，前前后后长达七百里。白天一眼望去是旌旗蔽日，夜间则是灯火通明。其势咄咄逼人！

那么蜀军为什么要如此大张声势来进击东吴呢？

原来在219年的吴蜀荆州之战中，刘备不仅丢失了荆州，同时也丧失了一员大将——关羽，使刘备遭到沉重的打击。即使他原来准备分兵两路北取中原的计划破产，并且又失掉了一个重要的战略地区。于是刘备借口给关羽报仇，发动了对东吴的战争。从当时的形势来看，曹操已经去世，他的儿子曹丕在洛阳做了皇帝，正想趁机消灭蜀、吴。蜀、吴两国不断的战争，只能对魏国有利。因此，许多有见识的大臣都劝阻刘备不要轻易发动这场战争。赵云对刘备说："当前我们的敌人是曹操，不是孙权；如果我们先灭掉曹魏，孙吴自然会降服。现在曹操虽死，但曹丕篡汉，应当利用人们对篡汉不满的情绪，早日出兵占据关中，控制黄河、渭水上游，讨伐凶逆。关中、关东地区主张正义的人，一定会裹粮策马迎接王师。因此，不应该把曹魏搁在一边，先和孙吴大战。战争一蔓延，便难以收拾。"可刘备哪里还能用心听取臣下的意见。对于蜀汉的进攻，孙权早有准备。他一方面靠近曹魏，希望在蜀汉进攻时，曹魏能保持中立，防止两面受敌。因此在曹丕称帝后，马上派人前去祝贺，并送还了被关羽俘获的魏将于禁。当曹丕封他为吴王时，他也表示欢迎。

另一方面，孙权把都城从建业迁到长江中游的武昌（今湖北鄂城），以便扼守荆州；又派陆逊为镇西将军，统领李异、刘阿进驻巫县（今四川巫山）、秭归（今湖北秭归），加强西线防务。他还写信和派使臣到蜀汉，要求重归旧好。谁知求和不成，于是孙权就任命陆逊为大都督，率领朱然、潘璋、韩当、孙桓等大将及战士五万人，西上扼敌。刘备出兵没过几天，就攻下了巫县，一直打到秭归，攻占了东吴土地二三百公里。他从秭归出发，急于向东继续进军。随行的官员黄权拦住他说："东吴人打仗向来很勇猛，千万别小看他们。我们水军顺流而下，前进容易，要退兵可就难了。还是让我当先锋，在前面开路，陛下在后面接应。这样比较稳妥。"这时的刘备心急火燎，一意孤行，哪里还肯听得进黄权的话。他要黄权守住江北，防备魏兵，自己率主力直逼猇亭。

222年二月，刘备率大军至猇亭设立了大本营。前部则到达夷道（今湖北宜都），将孙权侄儿孙桓率领的一部分吴军包围。

这时的陆逊所面临的形势是十分严峻的。无论兵力、士气和占有的地形，对于刘备来说都十分有利，仅凭硬打硬拼，吴军难免吃亏。因此，他决定要诱敌深入，等待时机，后发制人。他命令吴军退出山地，将八百里崇山峻岭让给蜀军，把部队集中在猇亭地区。

面对蜀军的步步紧逼，吴军将士心急如焚，都摩拳擦掌，想和蜀军大战一场。许多士兵纷纷要求进兵援救孙桓，解除夷道的围困。但是陆逊却十分镇静，他拒绝了这种分散兵力的做法，他对这些将领说："夷道城池牢固，城里粮食充足；孙桓平时爱护部下，上下一致，一定能够坚守得住。现在吴军的主力应该用在主要方面，等到同蜀军决战胜利，夷道之围自然就会解除了。"同时，他又针对将士们急于出战迎敌的情绪解释道："这次刘备带领大军东征，士气旺盛，战斗力强，再说他们在上游占领了险要地方，很难一下子攻破，要是跟他们硬拼，万一失利，丢了人马，就要影响大局，这是非同小可的大事。现在我们还是积蓄力量，等待形势变化。蜀军是沿山地行军的,兵力难以施展,自然要拖得很疲乏,我们可以慢慢抓住他的弱点对付他。"

陆逊部下的将军,有的还是孙策手下的老将,有的是孙氏的贵族。他们对孙权派年轻的书生陆逊当都督,本来就不服气。现在听到陆逊不同意他们出战,认为陆逊胆小不敢打仗,更加不满意。

对于陆逊这样一个年轻的指挥官,刘备也没把他放在心上,但是陆逊总是坚守不战,刘备却很着急,于是每天派人到阵前辱骂挑战,陆逊只是不理。刘备见激将法不起作用,就企图用诱敌出战的办法。他派吴班带领兵士几千人在吴军阵前平地上立营,向吴军挑战,刘备亲率精兵八千人埋伏在山谷里,等待着把吴军引诱出来以后,再来个两面夹击。吴军将士耐不住性子,要求马上出击。陆逊笑笑,不慌不忙地说:"我观察过地形,蜀兵平地里扎营的兵很少,可见周围山谷中一定有伏兵。他们大声嚷嚷引我们去打,我们可千万不能上他们的当。"将士们还是不肯相信。

过了几日,刘备见东吴兵不肯前来交战,知道如意算盘落空,只好令八千蜀兵陆续从山谷中撤了出来。吴军将士这才恍然大悟,不由对陆逊另眼相看。

从222年二月一直到六月,陆逊一直按兵不动,双方相持了半年之久,蜀军也一直找不到机会同吴军决战。到了六月,天气一天比一天热,蜀军士兵个个叫苦,斗志逐渐涣散了。刘备没有办法,只得把驻扎在山谷里的军队开到山谷外,把江面上的军队移到陆地。把军营驻扎在深山密林之中,依傍溪涧,结营四十多个。决定暂时休整军队,等到秋后再大举进攻。

这时,陆逊认为反击的时候到了。他召集将士,宣布要向蜀军进攻。将士们都很惊讶,他们议论道:"要打刘备,就该在蜀军刚刚入境,脚跟还没有站稳的时候。现在,他们已经深入二三百公里,主要的关口要道都被他占了,这时再去攻打,一定得不到好结果。"陆逊解释说:"刘备的战斗经验十分丰富,他的军队开始集结在我们境内的时候,各方面考虑得很细致,士气也很旺盛,我们不应该同他们硬拼。现在他们在这里驻扎了很久,没有得到进攻我们的机会,兵士已经疲劳,斗志已经消沉,策划不出什么好计谋。所以,现在正是我们发动进攻、打败蜀军的好时机。"

在大战前夕,陆逊先做了试探性的进攻,他先派了一小部分兵力去攻击蜀军

的一个营，刚刚靠近蜀营的木栅栏，蜀兵就从左右两旁冲出来厮杀，被打得大败而归，可是陆逊却从中探得了蜀军的虚实，并想出了破蜀营的办法。

当日夜晚，陆逊命令将士们每人各带一束茅草和火种，预先埋伏在南岸的密林中，只等三更的时候，直奔江边，火烧蜀营。这是一个漆黑的夜晚，伸手不见五指，而风声却越来越大。

到了三更，东吴四员大将便率领几万士兵，冲进蜀营，一声炮号，点燃的茅草和火把顿时照亮了夜空。一时间，风紧火急，蜀军的营寨和两边树木顿时大火冲天而起，喊声大震。营寨中的人多在火焰中茫然奔窜，蜀军被突如其来的打击搞得晕头转向，各自互相践踏，死伤无数。顺着火光往远处望去，七百里营寨接连起火，照耀得如同白日。加之吴军乘乱攻击，未被烧死的蜀军也如惊弓之鸟，四散奔逃，溃不成军。在一片烟火之中，睡眼蒙眬的刘备被数名将领护住，拼命杀出。天色微明，眼望四山烟火中仍被追赶的蜀兵和沿江而下的尸体，刘备不禁放声大哭。就这样刘备的四十多个营寨和数万大军，一夜之间便灰飞烟灭。

尽管蜀军败局已定，可陆逊哪肯善罢甘休。为保性命，刘备率领残兵败将，登上夷陵西北的马鞍山依险据守。而陆逊随即集中各路兵将，围住马鞍山发起猛攻。马鞍山上的上万名蜀军已不堪一击，顷刻间全部溃散，死伤不计其数。一直战斗到夜里，刘备才带着为数不多的残兵败将，杀开一条血路，突围西逃。见吴兵尾追不舍，刘备只好命令沿途的驿站，把丢下的辎重、盔甲堵塞在山口要道上，放火烧着，以阻挡东吴追兵，刘备才逃到了白帝城（今四川奉节白帝山上）。

这一场大战，蜀军几乎全军覆没，船只、器械和军用物资，全部被吴军缴获。刘备又羞又愧，简直无地自容，无名的怨恨化作双泪涌流，在一声长叹之中，不禁自语道："想不到我竟然被年轻无名的陆逊欺辱到这等地步！"

刘备逃回白帝城后，吴军的一些将领都主张要乘胜追击，捉拿刘备。孙权征求陆逊的意见，陆逊考虑到曹魏虽然外示友好，内里实有奸心，很可能要趁机袭击东吴后方，吴军不宜在此时深入蜀境。因此孙权下达了退军的命令。

夷陵之战结束后不久，曹丕果然发兵进攻东吴。孙权一方面调兵遣将，分路迎击，一方面派使臣到蜀汉求和。刘备在兵败之余，既担心孙权的进击，又担心曹魏灭掉东吴，于己不利，百般无奈也只好同意了孙权的和议。

吴蜀双方虽然讲和了，但是猇亭之战的惨败，对刘备的打击太大，他忧心忡忡，加上年老与过度劳累，终于一病躺倒。223年四月，刘备死于白帝城永安宫。

陆逊从容退江东

三国时期，诸葛亮在五出祁山前联合东吴同时攻魏。孙权派荆州牧陆逊和大将军诸葛瑾率水军向襄阳进攻，自己亲率十万大军进至合肥南边的巢湖口。魏明帝曹叡一面派兵迎击西蜀的军队，一面率大军突袭巢湖口，射杀吴军大将孙泰，击溃吴军。

诸葛瑾在途中听说孙权已经退兵，急忙派使者给陆逊送去信件，建议陆逊退兵。使者很快返回，告诉诸葛瑾：陆逊正在与部将下围棋，读罢信后，只把信件放在一边，又继续下棋去了。诸葛瑾又问陆逊部队的情况，使者回答说：陆逊的士兵们都在两岸忙着种豆种菜，对魏军的逼近并不在意。

诸葛瑾不放心，亲自坐船去见陆逊，对陆逊说："如今主公已经撤军，魏军必然全力以赴地来进攻我们，将军不知有何妙计？"

陆逊道："如今魏军占有绝对优势，又是挟大胜之威，我军出战，绝难取胜，自然只有撤退一条路可走了。"

诸葛瑾道："既然要撤，为何还按兵不动？"

陆逊回答："敌强我弱，我军一退，敌人势必掩杀过来，那种混乱局面，不是你我能控制得了的。我的想法是这样……"陆逊屏退左右，悄声说出了一条计策，诸葛瑾听后，赞叹不已。

诸葛瑾辞别后，陆逊从容地命令军队离船上岸，向襄阳进发，并大肆宣扬：不攻下襄阳，誓不回兵。

魏军听说陆逊已弃船上岸，向襄阳开来，立刻调集人马，准备在襄阳城外迎战吴军。一些将领对陆逊是否真的进攻提出质疑，但魏军统帅早已接到密探的报告，说陆逊的部队在两岸种豆种菜，毫无撤退之意，魏军因而统一了认识，全力备战，以给陆逊毁灭性的打击。

陆逊率大队人马向襄阳挺进，行至中途，突然下令停止前进，并改后队为前队，疾速向诸葛瑾的水军驻地撤退。诸葛瑾离开陆逊回到水军大营后，早已把撤退的船只准备妥当，陆逊的将士一登上船，一艘艘战船就满载将士们扬帆驶返江东。

魏军久等陆逊，不见陆逊的影子，待发觉上当，挥师急追时，陆逊全部人马已平安撤走，魏军追至江边，只好望"江"兴叹。

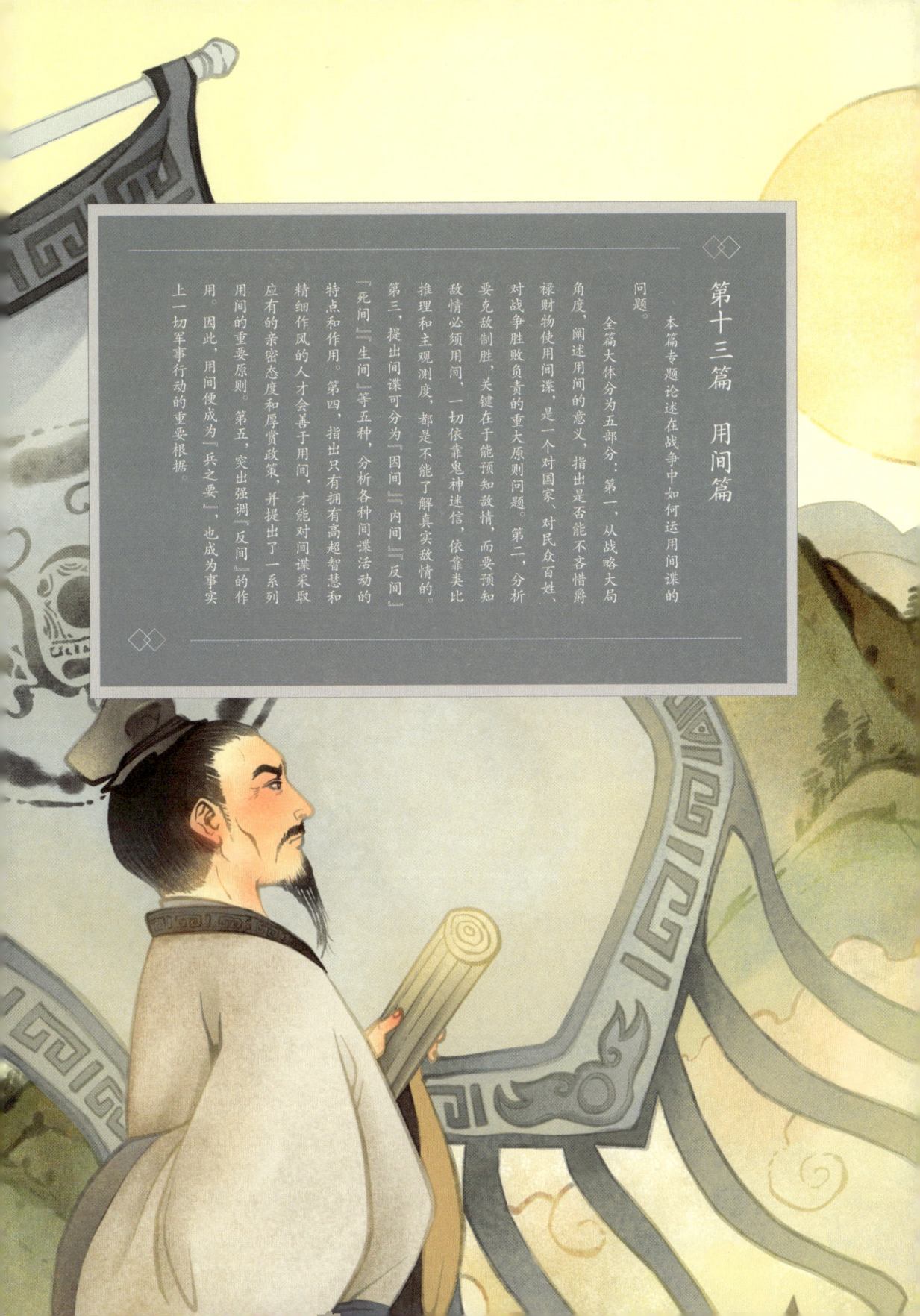

第十三篇 用间篇

本篇专题论述在战争中如何运用间谍的问题。

全篇大体分为五部分：第一，从战略大局角度，阐述用间的意义，指出是否能不吝惜爵禄财物使用间谍，是一个对国家、对民众百姓、对战争胜败负责的重大原则问题。第二，分析要克敌制胜，关键在于能预知敌情，一切依靠鬼神迷信、依靠类比推理和主观测度，都是不能了解真实敌情的。第三，提出间谍可分为"因间""内间""反间""死间""生间"等五种，分析各种间谍活动的特点和作用。第四，指出只有拥有高超智慧和精细作风的人才会善于用间，才能对间谍采取应有的亲密态度和厚赏政策，并提出了一系列用间的重要原则。第五，突出强调反间的作用。因此，用间便成为"兵之要"，也成为事实上一切军事行动的重要根据。

上智为间　谍战有术

孙子曰：凡兴师十万，出征千里，百姓之费，公家之奉①，日费千金；内外骚动，怠于道路，不得操事者七十万家。相守数年，以争一日之胜，而爱爵禄百金，不知敌之情者，不仁之至也，非人之将也，非主之佐也，非胜之主也。故明君贤将，所以动而胜人②，成功出于众者，先知也。先知者，不可取于鬼神，不可象于事，不可验于度，必取于人，知敌之情者也。

故用间有五：有因间③、有内间、有反间、有死间、有生间。五间俱起，莫知其道，④是谓神纪，人君之宝⑤也。因间者，因其乡人而用之⑥；内间者，因其官人而用之；反间者，因其敌间而用之；⑦死间者，为诳事于外⑧，令吾闻知之而传于敌间也⑨；生间者，反报也。

故三军之事，莫亲于间，赏莫厚于间，事莫密于间。非圣贤不能用间，非仁义不能使间，非微妙不能得间之实。微哉微哉，无所不用间也！

间事未发而先闻者，间与所告者皆死。凡军之所欲击，城之所欲攻，人之所欲杀，必先知其守将、左右、谒者、门者、舍人⑩之姓名，令吾间必索知之。必索敌人之间来间我者，因而利之，导而舍之，故反间可得而用也。因是而知之，故乡间、内间可得而使也。因是而知之，故死间为诳事，可使告敌。因是而知之，故生间可使如期⑪。五间之事，主必知之，知之必在于反间，故反间不可不厚也⑫。

昔殷之兴也，伊挚在夏；周之兴也，吕牙⑬在殷。故惟明君贤将，能以上智为间者，必成大功。此兵之要，三军之所恃而动⑭也。

注释

①奉：同"俸"，供应，指军费开支。

②动而胜人：动，行动，举动，这里指军事行动。句意为一出兵就能战胜

敌人。

③因间：间谍的一种，即本篇下文所说的"乡间"。即依赖与敌人的乡亲关系，获取情报；或利用与敌军官兵的同乡关系，打入敌营从事间谍活动，获取情报。

④五间俱起，莫知其道：此言五种间谍同时使用起来，使敌人无法摸清我军的行动规律。道，规律，途径。

⑤人君之宝：宝，法宝。句意为"神纪"是国君制胜的法宝。

⑥因其乡人而用之：指利用敌国的乡野之人充当间谍。因，根据，引申为利用。

⑦反间者，因其敌间而用之：所谓反间，就是利用敌方的间谍，使其为我所用。

⑧为诳事于外：诳，欺骗、瞒骗。此句意为故意向外散布虚假情况，用以欺骗、迷惑敌人。

⑨令吾闻知之而传于敌间也：意思是让我方间谍了解自己故意散布的假情报并传给敌方间谍。

⑩守将、左右、谒者、门者、舍人：守将，守城的总指挥。左右，守将的亲信，贴身保镖和伺候他的人。谒者，指负责传达通报或把门的警卫。门者，看守城门的人。舍人，是看守官署的人。

⑪可使如期：是否可以按期往返。

⑫故反间不可不厚也：厚，厚待，有重视之意。五间之中，以反间为关键，因此必须给予反间以十分优厚的待遇。

⑬吕牙：即姜尚，姜子牙，俗称姜太公。周武王伐纣时，任用吕牙为师，打败了纣王。

⑭三军之所恃而动：军队要依靠间谍所提供的情报而部署军事行动。

孙子说，凡兴兵十万，征战千里，百姓的耗费，公室的开支，每天都要花费千金；前方后方动乱不安，民夫疲惫地在路上奔波，不能从事正常耕作生产的，多达七十万家。这样相持数年，就是为了决胜于一旦。如果吝惜爵禄和金钱，不肯重用间谍，以致因为不能掌握敌情而失败，那就是不仁慈到极点了，这种人不配做军队的统帅，称不得是国家的辅佐，也不是胜利的主宰者。所以，英明的君主和贤良的将帅，他们之所以一出兵就能战胜敌人，功业超越普通人，就在于能够预先掌握敌情。要事先了解敌情，不可用求神问鬼的方式来获取；不可拿相似的事情作类比推测来得到；不可用日月星辰运行的位置去做验证。一定要取之于人，从那些熟悉敌情的人口中去获取。

间谍的运用方式有五种，即因间、内间、反间、死间、生间。这五种间谍同时使用起来，使敌人无从捉摸我用间的规律，这就是使用间谍的神妙莫测的方法，也正是国君克敌制胜的法宝。所谓因间，是指利用敌人的同乡做间谍。所谓内间，就是利用敌方的官吏做间谍。所谓反间，即是利用敌方间谍为我所用。所谓死间，是指故意制造散布假情报，通过我方间谍将假情报传给敌间，诱使敌人上当受骗，一旦真情败露，我间就难免一死。所谓生间，就是侦察后能活着回来报告敌情的人。

所以在军队中，没有比间谍更为可亲信的人；给的奖赏，没有比间谍更为优厚的；没有什么比间谍之事更为秘密的了。不是才智超群的人不能使用间谍；不是仁慈慷慨的人不能指使间谍；不是谋虑精细的人不能分辨证实间谍提供的情报。微妙啊，微妙！无时无处不在使用间谍！

间谍的工作还未开展，而秘密却已露出去了的，那么间谍和了解内情的人都要处死。凡是要准备攻打的敌方军队，要准备攻占的敌方城池，要准备刺杀的敌方人员，都需预先了解其主管将领、左右亲信、负责传达的官员、守门官吏和门客幕僚的姓名，指令我方间谍一定要将这些情况侦察清楚。一定要搜查出敌方派来侦察我方军情的间谍，从而用重金收买他，引诱开导他，然后再放他回去。这样，反间就可以为我所用了。通过反间了解敌情，这样，乡间、内间也就可以利用起来了。通过反间了解敌情，这样，就可以使死间传播假情报给敌人了。通过反间了解敌情，这样就能使生间按预定时间返回报告敌情了。五种间谍的使用，国君都必须了解掌握。了解情况的关键在于使用反间，所以对于反间不可不给予优厚的待遇。

从前殷商的兴起，在于重用了在夏朝为臣的伊尹，他熟悉并了解夏朝的情况。周朝的兴起，是由于周武王重用了了解商朝情况的吕牙。所以，明智的国君，贤能

孙子兵法解析 第十三篇 用间篇

的将帅，能够任用智慧高超的人充当间谍，就一定能建树大功。这是用兵上的关键步骤，整个军队都要依靠间谍所提供的敌情，决定军事行动。

◆◆ 名家点评 ◆◆

用间作战　胜于千军

　　正确地选定军事谋略，必须以可靠的情报信息为前提。情报，虽可以通过各种新的侦察技术来获得，但要深刻地了解敌方的实情内幕，最有效的手段莫过于用间。

　　战争是政治的继续，"伐谋"与"伐交"相连。为了赢得战争，施计定策就不能只想到面对面厮杀的战场。放开你智慧的双眼，从其他社会活动中去寻求最好的同盟军，那就可以促使战争局势向着有利于自己的方面发展。范雎间赵而退廉颇，方有长平之胜。所以，会用间的将军，其成功才会超出众人之上。

　　正因为《用间篇》所论述的是这样一个关乎战争胜败的全局问题，所以孙子对它的重要性非常重视。他说："故明君贤将，所以动而胜人，成功出于众者，先知也。先知者，不可取于鬼神，不可象于事，不可验于度，必取于人，知敌之情者也。"就是说，英明的国君，良好的将帅，之所以一出兵就能战胜敌人，而成功超出于众人之上的，其重要原因，就在于他事先了解敌情。而要事先了解敌情，不可用迷信鬼神和占卜等方法去取得，不可用过去相似的事做类比，也不可用夜观天象的迷信方法来推断，一定要从了解敌情的人那里获得。

　　但是，用间要派出大量的、各种类型的间谍，去做形形色色的谍报工作。这当然要耗费金钱。孙子认为，为了用间的成功进行，耗费"爵禄百金"是必要的。他用战争久拖不决的种种巨额耗费作了详细的对比："凡兴师十万，出征千里，百姓之费，公家之奉，日费千金；内外骚动，怠于道路，不得操事者，七十万家。相守数年，以争一日之胜。"从这一番描绘可以看出，孙子的用意是说，之所以造成这种"相守数年"劳民伤财的战争，就是由于没有很好地进行预先的战略侦察，就是由于执政者吝惜"爵禄百金"，因小失大，舍本求末的结果。因此，他以痛斥的口吻大声疾呼："不知敌之情者，不仁之至也，非人之将也，非主之佐也。"

　　有人说，用间是不道义的事情，还算是军事谋略吗？其实，不同的阶级有不同的道德标准，总想和敌人讲道义，那是真正的傻瓜。在军事谋略学中抛弃用间，无疑等于丢掉了一个"方面军"。

兵法解析

故三军之事，莫亲于间，赏莫厚于间，事莫密于间。非圣贤不能用间，非仁义不能使间，非微妙不能得间之实。微哉微哉，无所不用间也！

"无所不用间"是孙子在《用间篇》中提出的一项重要的军事谋略。孙子在《用间篇》中透彻地论证了明君贤将知敌之法（必取于人，知敌之情者）和用间的种类（乡间、内间、反间、死间、生间）后，阐述了用间的原则和用间者的基本素质。他说："在军队的各项事务中，用人没有比间谍更亲近的，奖赏没有比间谍更优厚的，行动没有比间谍更隐秘的。不是圣贤聪颖的人，不能使用间谍；不是仁义慷慨的人，不能使用间谍；不是精审善断的人，不能分辨间谍提供情报的真伪。"最后感叹道："微哉微哉！无所不用间也。"即微妙呀！微妙呀！无时无处不可以使用间谍。

"无所不用间"首先强调了用间的重要。古往今来，兵家指挥作战，不用间就无法得知敌情，不知敌情，也就难以正确制定战略、战术。《百战奇法·间战》云："凡欲征战，先用间谍，观敌之众寡、虚实、动静，然后兴师，则大功可立，战无不胜。"意为：大凡要出兵进攻敌人，必须事先派遣间谍秘密探明敌军人数之多少，力量之虚实，部队之行止，然后再出兵进攻，就能大功告成，战无不胜。可见，用间的目的在于知敌，准确判断敌情，战而胜之。如果不注意用间，则白白地"日费千金""不知敌之情者，不仁之至也，非人之将也，非主之佐也，非胜之主也"，（《用间篇》）根本就不够资格胜任将帅。

其次，"无所不用间"强调了用间的广泛性和普遍性，正因为用间重要和有效，因此，不仅在军事斗争中需要用间，在政治斗争、外交斗争和社会经济领域也普遍存在着用间现象。与古代相比，现代社会用间的手段更加诡秘，用间的方式千奇百怪。尤其在商业领域，用间已成为一种重要的竞争谋略。各种类型的经济间谍，披着合法的和不合法的外衣，使用现代的间谍工具和技术，采取公开的和非公开的方式，大量地搜集经济情报，从而赢得竞争主动权。"无所不用间"已成为当今社会的一大特征，对此我们要保持清醒的认识。

　　间谍在军事上的作用是独特的。据史料记载，中国古代最早使用间谍的是夏朝。夏朝为了灭掉过国和戈国，曾派女艾到过国和戈国搜集情报。后来，商、周二朝也都使用过间谍。传说商族领袖商汤为了探察夏朝的内部虚实，曾派伊挚到夏朝去。伊挚目睹夏朝政治的黑暗和丑恶，急不可待地返回商国与商汤一起制定了灭夏大计。周朝的开国功臣姜子牙，年轻时在商朝都城屠牛卖肉，又在孟津卖过酒。后来被周文王请去做了军师。他根据自己对商朝政治的了解，为文王出谋划策，在"翦商"事业中立下大功。

　　上述事例说明，在血与火的战场上，善于用兵者，皆善用间。用间知敌，方能有的放矢，以我之长击敌之短。间谍的作用胜过十万雄兵。

　　公元前205年，楚霸王项羽率兵千万围攻荥阳，汉军只剩招架之功。汉王刘邦急召谋臣张良、陈平商议破敌之法。陈平说："项羽手下的得力干将，不外是范增、钟离昧、龙且、周殷等几个人，项羽为人又生性多疑。大王若能舍弃黄金数万，厚赂利诱，离间项羽君臣，就会使他们上下离心离德。等到楚军内部四分五裂之时，汉军再乘胜进攻，何愁楚军不灭。"刘邦一听拍手称好，马上命人取来黄金4万斤，交给陈平作活动经费。

　　陈平先以黄金收买间谍，让他们在楚军中散布谣言："钟离昧等大将，为项王出生入死，立了许多大功，却得不到封王。现在钟离昧等想与汉王同谋，灭掉楚王，瓜分楚地。"项羽听到这些谣言，果然生疑，从此不再找钟离昧议事。首战告捷后，陈平把离间目标对准范增。范增是项羽的智囊，项羽大小事情都找他商议。鸿门宴上，汉王刘邦就差点栽在他手里。这次荥阳之战，刘邦假意求和，又是范增看出汉王用心。他对项羽说："这是缓兵之计。汉王想拖延时日，等韩信的救兵，我们不可上当。赶快猛攻快打，把刘邦消灭了，再去对付韩信。"

　　可是项羽一连几天攻城不下，刘邦又派人来诈降，不免心动了，就让使者到荥阳探听虚实。

　　等项羽使者来到汉营，陈平命人以诸侯之礼接待，布下了丰盛的宴席，顺便问起范增的近况。使者说："我是受项王之命而来，不是亚父派来的。"陈平假装吃惊道:"我还以为是范增的使节,原来是项王派来的!"说着就命令撤下宴席,改以粗茶淡饭招待,人也不告而别。

使者受了窝囊气,回到楚军中,把这段遭遇添油加醋地向项王汇报,项王大怒:"老东西居然想出卖我,务要查出实情,决不饶恕。"

这一厢,范增还蒙在鼓里,忠心耿耿地向项羽建议快攻荥阳。范增越催,项羽越疑心他与汉王有什么勾当。范增一怒之下告老还乡。可怜范增本来就老弱多病,又气急交加,回家途中就发病身亡。范增一死,项羽如无头苍蝇东碰西撞,没几年就被刘邦逼得四面楚歌,自刎于乌江。

孙子强调"用间者"应具有仁义的胸怀,对派出去的间谍,平时就以仁义相待,使他感恩戴德,他才会拼死效力,才能在关键时刻把重要任务托付给他。

东汉末年,董卓专权,挟天子以令诸侯。司徒王允想除掉董卓,但又因董卓收养了武艺高强的吕布为义子,使其无法下手。于是便设下美人计,请王府中的歌妓貂蝉以色情迷惑董卓、吕布,离间他们之间的关系。这貂蝉不过是王府中的普通歌妓,因其腰细如貂身,歌喉如蝉鸣,故唤以貂蝉。她自幼进王府,王允以亲女对待,并派专人教以歌舞书画,待她年方二八之时,已出落得楚楚动人。貂蝉对王允心存感激之情,那天王允在她面前愁容满面,长吁短叹时,她立刻表示:"若有用妾之处,万死不辞。"于是,工于心计的王允将其领到密室,屏退他人,请貂蝉上坐,叩头便拜。弄得这位单纯的女子忙跪身还礼,急问何故。王允这才将自己设计的美人计离间董卓和吕布的打算低声相告,问貂蝉能否献身。貂蝉满口应允,为报主人恩德,即使上刀山下火海,她也不顾后果。结果董卓与吕布因痴迷貂蝉美色,矛盾激化,吕布以戟刺杀了董卓。王允以仁义之术,收买了貂蝉,达到了用间的目的。

孙子还提出了用间的一个最基本也是最关键的原则:"事莫密于间。"任何事情都没有比间谍活动更机密的了。因为从事谍报工作具有极大的风险,即使出现一点细小的疏漏,也会前功尽弃,危及间谍的安全。

怎样才能做到"事莫密于间"呢?孙子提出三点:

一是隐迹潜踪。间谍在敌国活动要把自己的踪迹隐蔽起来,消失在茫茫的人海之中。一般情况下,敌方总要根据蛛丝马迹来顺藤摸瓜,发现和捕捉间谍,如果我方间谍能有一个公开的身份作掩护,万事小心,不轻易活动,就能长期潜伏在

孙子兵法 解析 第十三篇 用间篇

敌人眼前而不暴露，真正做到卷迹藏声，如孙子所云："微乎微乎，至于无形，神乎神乎，至于无声。"(《虚实篇》)这样即使有深藏在我方内部的间谍，也无法探明虚实。

二是封锁信息。凡属重要信息，特别是关键信息，绝对不能泄露出去，对所有无关人员都要严加封锁，特别是在敌国工作的间谍更应如此。不应该让其知道的不让其知道，不应该让其看见的不让其看见，不应该让其参与之事不让其参与。这样即使我方间谍被敌收买利用，也无法获得我方重要情报。所谓"三军之事，莫亲于间"，是指在军队的交往中，主将没有比对间谍更亲密的了。但这不等于说什么样的信息都应该让他知道。必要时要"易其事，革其谋，使人无识"(《九地篇》)。意为蒙蔽士卒的耳目，使他们对军事计划毫无所知；改变任务，变更计谋，使人们不能识破。目的是为了以防万一。

三是执行纪律。为了用间成功，需要制定严格的保密制度与纪律，谁违反了纪律，就要进行处罚，甚至果断采取措施。"间未事发，而先闻者，间与所告者皆死。"这么做是为了防止敌人顺藤摸瓜。

【古今实例】

《孙子兵法·用间篇》说："明君贤将，所以动而胜人，成功出于众者，先知也。先知者，不可取于鬼神，不可象于事，不可验于度，必取于人，知敌之情者也。"意思是英明的国君，贤良的将帅，之所以一出兵就能战胜敌人，其成功超出众人，就在于事先了解情况。要事先了解情况，不可用祈求鬼神的方法去取得，不可用相似的事情作类比，去推测凶吉，也不可用观察日月星辰的运行位置去验证，一定要从了解敌情的人那里去获得。在这里，孙子认为取得战争胜利的先决条件是了解敌情，了解敌情的主要手段是从知道敌情的人那里去获得，即用间。明君贤将如果不会用间，不知敌情，结果只能是每战皆败，那就是"非人之将也，非主之佐也，非胜之主也"(《用间篇》)。将孙子的这一思想广泛地借鉴到企业竞争中，就是要高度重视信息在现代商战中的重要作用，牢固地树立信息观念。一个信息灵通的企业家，必然是随着信息的变化，不断调整本企业的产品结构和产业结构，从而在竞争中立于不败之地。

孙子兵法 解析 第十三篇 用间篇

范雎巧施离间计

范雎原是魏国人,因逃避追杀,逃到秦国,被秦王任命为宰相。一天,秦国派往赵国的间谍回来报告:"许多游士聚集在赵国都城邯郸,商讨合纵抗秦之事,准备攻打秦国。"范雎对秦王说:"游士与秦国并无利害冲突,他们谋划伐秦,不过是为了荣华富贵,一己私利,我有办法对付他们。"

范雎派了一名叫唐雎的大臣带着五千斤黄金到赵国,让他把黄金送给众游士。范雎没有完全领悟范雎的意图,只把黄金送给了那些对秦国表示友好的人,结果这些游士更大力为秦国说好话,而反对秦国的游士依然说秦国的坏话。

范雎回到秦国,把情况如实报告给范雎。范雎说:"再给你五千斤黄金,这一次不必问黄金送给了谁,只要全部送完就是立下大功!"

范雎回到赵国,请众游士到自己居处饮酒作乐,然后以重金相赠,五千斤黄金只送出去一半,游士们就争斗不止。黄金送完,攻秦之举也无人响应了。

秦王问范雎:"你怎么知道黄金送去,攻秦之举不战自灭呢?"

范雎笑着为秦王打了个比方,他说:"大王的宫中养着几只狗,现在,有的在打盹,有的在站着,有的在乱跑,这是因为它们彼此没有利害冲突,因此各行其是;如果扔给它们一块骨头,它们就会为争夺骨头咬成一团,我让范雎把黄金赠给那些人,就是这个缘故啊!"

良将李牧之死

李牧是战国时期赵国继老将廉颇之后的著名将领,因长期驻守赵国北方边防和拯救赵国于危难之中有功,受封为武安君。

前229年,秦王嬴政派大将王翦和杨端分兵两路进攻赵国,赵王迁命李牧和将军司马尚领兵阻击秦军。秦将王翦久经沙场,智勇双全,李牧与王翦战了个平手,交战一年之久,双方各有胜负。

秦军攻战,远离本土,时间长了,后勤供应发生了困难,而且士兵厌战情绪高涨。秦王嬴政为了尽快结束战争,决心用离间计除掉李牧。

赵国的谋士王敖是受秦王嬴政的命令潜伏在赵国的间谍。王敖接到嬴政的密

令后，借故来到王翦的军营对王翦说："秦王让我们尽快除掉李牧，打败赵国，请老将军给李牧写封信，商议讲和，其余的事情由我来做。"

王翦知道王敖是"自己人"，对王敖的话心领神会。王敖走后，王翦立即写好讲和的书信，派使者送给李牧。李牧不知是计，于是回了封信，派使者送给王翦。从此以后，双方的使者频繁往来，为和谈的条件"讨价还价"。

王敖回到赵国都城邯郸，拿出秦王派人送来的金银珠宝广交"朋友"，四处活动。王敖早就探知赵王最宠信大臣郭开，平日里就经常出入郭开府中，这时更是无日不往。郭开贪得无厌，嫉贤妒能，王敖投其所好，奇珍异宝、黄金白银，无所不送。郭开每每设宴款待，酒酣之后，便无所不谈。一天，王敖对郭开说："李牧在与王翦秘密来往，据说，秦王答应李牧，破赵之后，封李牧为代王……"

郭开得知这一消息，认为是向赵王邀宠的好时机，急忙报告给赵王。赵王半信半疑，派人去李牧处察访，果然发现了李牧与王翦来往的许多信件。王敖乘机对赵王说："李牧驻守北疆，十几万匈奴人都不是他的对手；四年前肥下一战，把占优势的秦军打得大败而退。如今王翦只有几万人马，他却按兵不动，这不是心怀叵测是什么？"

赵王迁认为王敖的话有道理，便派使者到李牧大营中传令：升赵葱为大将，接替李牧的兵权。

赵葱有郭开作后盾，强行接管了李牧的兵权并将李牧杀害。王翦得知李牧已死，挥兵长驱直入。赵葱指挥不利，一败而不可收拾，还赔上了自家性命，秦军大获全胜。

陈平离间项羽君臣

陈平是汉高祖刘邦的大谋士，曾为汉高祖"六出奇计"。

前204年，刘邦被项羽包围在荥阳城中已达一年之久，断绝了汉军的外援和粮草通道。刘邦内外交困，计无所出，便去请教陈平。

陈平献计道："项羽为人猜忌信谗，他所依靠依赖的不过是亚父范增、钟离昧、龙且等人。而且，每到赏赐功臣时，他又吝啬爵位和封邑，因此士人不愿意为他卖命。大王如能舍得几万金，可用反间计，离间其君臣关系，使之上下疑心，引起内

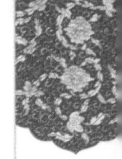

讧，到那时我军乘机反攻，定能击败楚军。"

刘邦慨然交给陈平四万金。陈平用重金收买楚军中的将士，让他们散布流言："钟离眛、龙且、周殷等将领功绩卓著，但却不能封王，他们将要与汉王联合……"

谣言传到钟离眛等人耳中，众人哭笑不得。谣言传到项羽耳中，项羽果然起了疑心，不再与钟离眛等人商议军机大事，甚至对亚父范增也怀疑起来。适逢刘邦派使者与项羽讲和，项羽便派使者回访，企图探察谣言的真伪。

陈平听说项羽的使者到了，正中下怀，立刻指使侍从摆起上等的餐具和十分丰盛的食品，待一见楚使之后，又佯装惊讶，低声议论道："原以为是亚父范增的使者，却是项王使者！"于是匆忙把原物送回，又换上劣等食物及餐具。楚使受此大辱，回去后一五一十地报告给了项羽，项羽的疑心越发加大。

亚父范增不知道项羽对他不再信任，几次三番地劝项羽速取荥阳，否则会夜长梦多，又生他变。项羽故意冷落范增，不理睬范增。范增对项羽忠心耿耿，但见项羽竟然疑心自己，气愤地说："天下事成败已定，请君王好自为之，臣乞还这把老骨头，退归乡里！"不料，项羽顺水推舟，居然答应他。范增又气又恨，归乡途中，背生痈疽，未等回到故乡彭城，一病死去。

这是陈平"六出奇计"中的第一计。

范增是项羽的主要谋士。范增离去，项羽对钟离眛等人又不信任，于是陈平又施乔装诱敌之计，让将军纪信冒充刘邦开东城门出降，吸引楚军到东门外围看，而刘邦和陈平等人在众将的掩护下乘西门楚兵空虚之计，大开西门，匆匆逃离荥阳。

一年后，刘邦击败项羽，建立了汉王朝。

厚赂内间除名将

韦叔裕字孝宽，京兆杜陵人。韦家是三辅的大姓，世代为大官僚。韦孝宽从小涉猎经史、博学多闻。刚至成年时，正逢萧宝夤举行叛乱，韦孝宽挺身而出，请求充任军队的前锋，因此受到西魏朝廷的奖赏，随即被任命为统军。从此，韦孝宽开始了军旅生涯。在与东魏进行的多次对抗较量中，韦孝宽都屡建功勋，迄西魏文帝时，他以大将军行宜阳郡事，不久又出任南兖州刺史。之后，韦孝宽就一直率军处在与东魏（即后来的北齐）斗争的最前沿。韦孝宽所进行的几次较为著名的收买内应的活动，也就发生在这一段时间内。

例如韦孝宽使用反间手法，并用重金收买东魏官员充当内间，除掉北齐著名将领、左丞相斛律光，就是南北朝时期最成功而又著名的一次政治间谍活动。

565年，北齐任命斛律光为大将军。斛律光是东魏镇南大将军斛律金之子，他从小精于骑射，以武艺知名，在对北周交战中，屡战屡胜，特别是汾北一仗，挫败韦孝宽，给北周造成巨大威胁。韦孝宽痛定思痛，朝思暮想，认为凭借军力战胜斛律光，已不可能，于是筹谋利用间谍，离间朝廷和斛律光的关系，借助朝廷之手将斛律光铲除。

当时北齐后主昏庸、政治腐败，朝政大权由宦官、奸臣祖珽、穆提婆等人把持独揽，朝野内外莫不侧目，但个个敬而远之，唯有太傅咸阳王斛律光，一向鄙视他们，只要看到他们在皇帝身旁窃窃私语，便怒火中烧，时常按捺不住，斥骂他们是"阴谋奸诈小人，不知今日又出何诡计"。他曾对诸将说道："边境消息，指挥兵马，过去赵令常与我们商议，而今盲人（祖珽因兔青子烛熏烤而失明）掌握机密后，完全不与我们商议，什么事无论巨细都独断专行，根本不把我们放在眼里，恐怕国家大事要被他贻误。"这话传到祖珽耳中，祖珽知道斛律光怨恨自己，于是贿赂奴仆，密探斛律光的一言一行，奴仆禀报："相王（斛律光）每天晚上都抱膝闷坐，常常自叹'盲人入朝，国必危亡'。"祖珽听到这话，自然将斛律光视为眼中钉，怀恨在心。后来穆提婆曾要求斛律光把女儿嫁给他，斛律光没有同意，接着又反对齐主将作为军备之用的晋阳良田赏赐给穆提婆，自然又与穆提婆结下仇恨。于是祖珽和穆提婆联合起来，狼狈为奸，每天寻找斛律光的差错，待机而动，准备将他铲除。

北齐统治集团内部的这些矛盾，均被密切注视其动向的韦孝宽所侦知，本来韦孝宽就对斛律光的英勇善战、足智多谋深为不安，现在又得知斛律光与后主权奸的矛盾斗争，认为有机可乘，于是决定派间谍进行离间活动，假后主之手除掉北周的心腹大患斛律光，削弱其力量，为灭亡北齐做准备。

韦孝宽针对斛律光与北齐后主及权奸们的关系，编造了两句歌谣，即："百升飞上天，明月照长安。高山不推自崩，槲木不扶自竖。"编好之后，韦孝宽派间谍将这两句歌谣散布到北齐的京城中。祖珽听到后，谙悉歌谣的寓意，正中下怀，索性又加了两句："盲老翁背受大斧，饶舌老母不得语。"并让儿童们在大街小巷传唱。穆提婆听到后，就告诉其母陆令萱，陆令萱不明白歌谣是什么意思，便召祖珽做解释，祖珽故作深思之状，笑道："对了，百升是一'斛'字，明月是斛律光丞相表字，盲老翁是指我，饶舌老母是指尊严。"陆令萱一听面带怒色道："如此说来，这首歌谣不但辱骂你我，还危及国家。"于是便与祖珽密谋，将歌谣之事告诉后主，后主迟疑，说道："斛律光丞相是否真有此不良意图，还得观察，不能轻信谣传！"祖珽向后主进言说："斛律光一家历代掌握兵权，明月声震关西，斛律光乐威行突厥，女为皇后，男尚公主。斛律氏位尊势重，这首歌谣中的话确实令人生畏忧虑。"齐后主听后一言不发，待祖珽走后，召问大臣韩长鸾，韩长鸾回答："此事宁可信其无，不可信其有，斛律光对朝廷忠心耿耿，不会怀有二心。"后主便将此事搁置起来。

几天之后，祖珽见宫中毫无动静，再次求见后主，说有机密事情禀报，后主令众人回避，只留何洪珍在旁。后主对祖珽说："前几天得到你的报告，本想马上除掉斛律光，韩长鸾说此事不可能是真的，所以中止行动。"何洪珍未等祖珽开口，抢先回答说："如果本来就没有除掉他的想法，也就算了，而现在有了这个想法又不果断地实施，万一泄漏出去，后果不堪设想。"后主认为何洪珍讲得很有道理，说道："分析的合情合理，我知道了！"祖珽知道后主已有决心才离去。

但是后主仍然犹豫不决，正在此时丞相府佐封士让上书密奏说："斛律明月前次西征而还，陛下命他解散军队，他却率军临逼京师，实为图谋不轨，只是事未成功而罢休。但是现在听说他家私藏兵器，奴仆上千，还经常派人到其弟、其子那儿搞阴谋活动，其反叛已见端倪。应乘其不备，及早动手将他除掉，否则后患无穷。请陛下速决！"密奏中的"军逼京师"与后主从前的怀疑正好吻合。后主阅毕，对何洪珍说："我以前怀疑他要谋反，现在看来果然如此。"于是让何洪珍将祖珽招来密议对策，祖珽认为如果无故将斛律光招来，他必然会产生怀疑而不肯前来。"为消除其疑虑，可由陛下赐给他一匹骏马，让他明日乘骑此马陪同陛下幸游东山，他必然前来向陛下谢恩，只需埋伏二三壮士，便可捕杀此贼。"后主依计而行。翌日，斛律光不知其中奸谋，果然单骑入谢，行至凉风亭，下马步行，蓦然有人从背后猛扑，斛律光险些倒地，回头一看，原来是大力士刘桃枝，他怒斥刘桃枝："我对陛下忠心不二，你为何要如此行事？"刘桃枝不语，喝令几个壮士将斛律光按倒在地，用弓弦紧勒脖颈，活活扼死。后主下诏宣称："斛律光谋反，现已伏法。"

不久，后主又下诏夷灭其族。这样，经过韦孝宽的间谍内间活动，再加上后主的昏庸猜忌和佞臣的谗言，北齐一位曾"深为邻敌所慑惮"的大将斛律光被除掉了。这就大大削弱了北齐的力量。周武帝听到斛律光被杀的消息后，异常高兴，大赦境内，并积极准备进攻北齐。577年，周武帝率军攻入邺城。入邺后，周武帝还特追赠斛律光为上柱国、崇国公。他指着诏书说："此人若在，朕岂能至邺。"周武帝的这番话，可以看作是对韦孝宽用间除掉斛律光的高度评价。

这是北周良将韦孝宽平时注意收集了解掌握敌方的情报，厚待间谍，收买贿赂北齐内间，巧借政敌内部矛盾不合之机，有的放矢，以谣间和反间并用，借敌之手除敌，削弱敌势的成功事例之一。其用计技巧与成功奥妙在于：一是死死盯住主攻目标（斛律光），收买内应，侦窥政敌可乘可陷可害之处，将强争明斗化为暗斗暗制之术，不择手段，不遗余力地使强敌陷入内讧自制之中，不能自拔，进而将其优势耗疲于自相牵制与搏斗，无法全力对外。二是借题发挥（谣间）、浑水摸鱼、无中生有害人技艺高超，使政敌完全落入圈套，竟置国难、江山社稷于不顾，彼此厮杀，两败俱伤，大有螳螂捕蝉，不知黄雀在后之势，中人奸计，被人有利所乘。三是等待时机，诱化矛盾斗争，借刀除敌有术。

太祖计除林仁肇

宋太祖赵匡胤通过陈桥兵变，黄袍加身，夺取后周政权，建立了宋朝，随后发动了消灭封建割据势力的统一战争。南唐王李煜昏庸无能，不理朝政，整日沉溺于酒色歌舞之中，听说宋灭了南汉，非常恐慌，连忙派人向宋朝廷上表，表示愿意去掉国号改称江南国主。宋太祖早有灭南唐之心，只因为南唐有一员勇将，英勇善战而且深得民心，所以没有轻举妄动。这人就是南唐江都留守林仁肇，他是消灭南唐的一大障碍，宋太祖早想把他除掉，只是无计可施。正巧开宝四年（971年），李煜派其弟李从善前来朝贡，宋太祖灵机一动，计上心来，当即留住李从善，封他为泰宁军节度使，李从善不敢违抗，只得派人报告李煜。李煜不知道宋太祖为什么留住李从善，因此经常派人到李从善那儿探听消息，李从善也经常派人去江南联系。从此，南来北往的使臣不绝于道。宋太祖派一使者到林仁肇那里办事，使者贿赂了林仁肇的仆人，请求他搞一张林仁肇的画像，仆人窃取了一张林仁肇的画像交给了使者。使者带回来交给了宋太祖，宋太祖命人挂在侧室。一天李从善来见宋太祖。廷臣把他引到侧室，让他看林仁肇的画像，并假装不知道的样子问李从善认识画像上的人吗？李从善非常惊讶，说："这是我国留守林仁肇，他的画像怎么挂在这里？"廷臣支支吾吾欲言又止，半天才说："你已经在京城任职，也是朝廷的臣子，告诉你也没什么，皇上爱林仁肇的才能，特意下诏书让他来京城，他已经答应投降，先送来这幅画像作为信物。"说完又指着附近一所高大房屋说："听说皇上准备把这所房子赐给林仁肇。等他到京城后，还要封他为节度使。"李煜得讯后，逼林仁肇自杀，自毁长城。

李允则巧用间谍

北宋时，李允则的部下抓到一名间谍，李允则让人给他松开绑绳，友好地接待他。间谍交代说他是契丹燕京大王派遣来侦察军情的，说着并交出了他侦察到的宋军钱粮兵马的情况，李允则看了看说："你侦察到的情况不准确，有错误，这样你回去怎么交差呢？"于是叫主管人员把钱粮兵马的实际数字告诉他。间谍请求盖上官印并且封好，李允则答应了，又给了他许多钱，然后放他回去。

李允则的部下对这种做法不能理解，李允则说："你们放心，他很快就会回来为我们效力的。我待他友善，资以重金都是为了收买他。"果然，过了几天，这个间谍急急忙忙地跑回来了，把李允则提供给他的材料，原封不动地交了回来。不但如此，还把契丹的兵马、钱粮、经费以及地理等情况，全都告诉了李允则。

胡宗宪用计平边寇

嘉靖时期，东南沿海一带，倭患猖獗。1556年，胡宗宪为兵部左侍郎兼佥都御史，总督沿海军务。当时，浙江一带有徐海、陈东、麻叶三股海盗经常骚扰地方，危害极大。胡宗宪到任后，根据情况，决定采用招抚和离间并用的策略，消灭这股海盗。

计议已定，胡宗宪派遣指挥夏正前往徐海驻地。他用大量的珠宝玉器贿赂徐海的两个宠妾，请他们私下说服徐海，归服朝廷。又派人见徐海，对他晓以利害道："足下奔波海上，如何比得上安居内地？屈作倭奴，又怎比得了贵为华官？利害得失，你要好好地做出选择啊！"徐海听了夏正的话，沉思不决，担心朝廷和胡总督不容自己。夏正遂反复开导，言谈之中，又示意徐海支开左右，然后故作神秘地对他说："陈东已与胡总督密约，缚君归降。"徐海闻言大惊。夏正又连忙解释道："陈东为倭人书办，胡总督恐其反复，而倾心于你，所以命我前来招君，君如缚陈东、麻叶二人归顺朝廷，这是多么大的功劳，胡总督定会特奏皇上，请赏世爵。"徐海听了这一番话，不禁沉思起来。

夏正告别后，徐海立刻令人前往打探陈东的消息，陈东这时也听说徐海营中接纳了朝廷使者，正在猜疑，见了徐海的差人，禁不住恶言讥讽了几句。差人回报徐海，徐海默忖道："陈东已降果然是真的。"这时，他的两个宠妾也在一旁竭力劝他受抚。于是，徐海将麻叶诱至营中，绑缚起来，送往胡宗宪大营。

胡宗宪见徐海差人将麻叶擒到，也不审讯，即令左右将他松绑，用好言安慰一番，然后让他致书陈东，设法图海。麻叶这时对徐海恨之入骨，当即写成信函，交与胡宗宪。胡宗宪得书后，并不送与陈东，而让夏正送达徐海。徐海接到书信，阅毕，气得七窍生烟，马上把麻叶原书送往倭寇首领萨摩王手中，这时，陈东正在萨摩王弟弟幕中充当书办。萨摩收到徐海送来信，当即命人把陈东拿下，派人解送给徐海。陈东见了徐海连呼冤枉，徐海也不搭理，带领手下数百人，押住陈东，来见胡宗宪。

胡宗宪犒赏已毕，徐海请求借地屯驻兵众。胡宗宪许他驻扎东沈庄，徐海欣然而去。胡宗宪见徐海远去，命人将陈东带入，好言问道："你与徐海相交多年，为什么今天被他擒献呢？"陈东闻听此言，勃然大怒，便用激烈言辞攻讦徐海。胡宗宪笑着对陈东说："你如果真心归降，我不会害你，但你手下还有多少人？"陈东回答："二三千人。"胡宗宪即命他去书信招来。陈东部众来后，驻扎在与东沈庄一河之隔的西沈庄。这时，胡宗宪又暗中派人送去信函，诈称是受陈东之托。函中有"徐海已结好官军，不日剿汝，汝等赶紧自谋出路，不必念我"等语。陈东部众见信以后，个个咬牙切齿，摩拳擦掌，定要与徐海拼个你死我活。徐海见陈东部众前来攻打，即出兵对攻，交战数日，不分胜负。这时，徐海才顿足悟道："我中计了。"他急忙修好密信，派人急送萨摩王，说明自己与陈东都被胡宗宪所骗，悔之不及，今自相残杀，势孤力穷，请王发兵，前来相救。送信人出发不久，就被胡宗宪警哨拿住，胡宗宪见信后，认为时机已到，即刻发兵东沈庄。徐海送出书信后，眼巴巴地盼着倭兵的到来。不料，哨兵来报，官军大队人马已开到庄前。徐海慌了手脚，马上下令掘堑筑墙，准备死守。官军统领俞大猷见状，率一队人马潜入庄后，乘虚而入，徐海防备不及，只好弃寨逃命，淹死河中。东沈庄战斗结束后，驻在西沈庄的陈东部众见势不妙，纷纷逃散了。就这样，浙江沿海的三股海盗被彻底消灭了。

胡宗宪总督沿海军务，审时度势，采用离间计使徐海、陈东、麻叶三股海盗从相互生疑到自相残杀，力量大为削弱，然后，抓住时机发兵进剿，取得了胜利。

清太宗计除袁崇焕

明朝大将袁崇焕奉命镇守关外后，战绩赫赫。有名的宁远一战，他用西洋巨炮击退金军，使努尔哈赤身负重伤，最后一命呜呼。第二年的宁锦大战打得也很漂亮，大败了皇太极。所以金兵一听见袁崇焕的名字就胆战心惊，袁崇焕成了后金国的心腹大患。

1629年时，后金军绕道古北口进入长城，势不可挡，一举攻到北京。不久，北京被金兵重重包围，危在旦夕。

袁崇焕得到这个消息后，马上亲率大军赶来救援，明怀宗见到袁崇焕，对他更是倍加鼓励。

后金兵知道袁崇焕的军队到了，决定首先攻击他的军队。当天夜里，后金兵便悄悄地向袁崇焕的营地冲杀过来。正在他们自鸣得意，以为得手的时候，突然营中伏兵杀出。后金兵大惊失色，没有心理准备，结果被打得四散逃窜。原来袁崇焕早就料到后金兵会来这一手，所以就设计痛击了敌人。

明怀宗见袁崇焕刚刚出兵，就大获全胜，十分欣赏他，于是马上任命袁崇焕为各路援军统帅。

袁崇焕并没有被眼前的胜利冲昏头脑，而是进一步思索下面怎么办。他考虑到，金兵虽然气势凶猛，但毕竟是远道而来，有很多的困难，于是他决定养精蓄锐，按兵不动，寻找有利的时机再出兵。

袁崇焕正在营中苦思冥想时，突然听得圣旨到。他马上出帐迎接。原来是怀

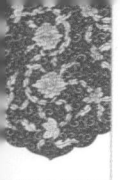

宗下诏招他进宫。

袁焕崇不知怀宗这么急召他是什么事，待等进了内宫，看见怀宗的脸色，他就知道，今天恐怕是凶多吉少了。

果然，怀宗一脸怒气地宣布他的罪状。令袁崇焕惊讶的是这其中竟有擅自下令杀毛文龙、救援京城迟误等。袁崇焕感到十分委屈，正要争辩，没想到怀宗一声喝令，让锦衣卫捆绑着他，押入大狱。

袁崇焕做梦也不会想到他的悲惨遭遇是缘于后金太宗的反间计。

原来，当初袁崇焕镇守关外时，就曾有过和后金议和的打算。这种主张，曾在朝廷中引起轩然大波。有人说袁崇焕是害怕后金，但这些谣言后来都不攻自破。

这次，袁崇焕救援京城，没想到有人旧话重提，说袁崇焕是这次金兵入侵的主谋，一时间谣言四起，闹得京城沸沸扬扬。

谣言当然也传到了怀宗的耳朵里，怀宗本来很器重袁崇焕，所以一开始并未在意，可是众口铄金，积毁销骨，经不住奸臣们常在他耳边嘀咕，怀宗终于起了疑心。

早有密探把这件事告诉给后金太宗皇太极。皇太极大喜，于是心生一计，想借此来除掉袁崇焕。皇太极写了两封密信，让人偷偷放在北京的德胜门和永定门外。正巧，一个太监捡到信，呈给了怀宗，怀宗拆开信一看，信中谈的居然是两军议和之事，并且信中直呼"袁督师麾下"，怀宗大为震惊。

无巧不成书，曾被金军俘虏的杨太监私下里逃回来，秘密会见怀宗，并汇报说："督师袁崇焕，暗地里已经和满洲订下和约了。这是敌方大将密谈时，被我偷听到的，绝对是千真万确，所以我特意前来报告。"

终于怀宗对袁崇焕的叛国信以为真，他大发雷霆，便下诏命袁崇焕马上入宫，并治罪入狱。

第二年，袁崇焕便被怀宗以"谋反罪"处死。

皇太极视袁崇焕为心腹之患，便决定要用计谋除掉他。他首先派间谍在京城散布谣言，然后又用两封书信来离间袁崇焕和怀宗之间的关系，最后他又设计利用杨太监之口向太宗告密，最终使怀宗相信谣言，置袁崇焕于死地。

相机造势

宋相赵普虽为朝廷竭心尽力，深受太祖恩宠。但因有敛财受贿、强买宅第、私运木材，以及违反朝廷宰辅大臣之间不准通婚的禁令，太祖听说后，对赵普极为不满。尤其是赵普属下一小吏冒称赵普经商，转卖于京师，从中牟取暴利。有三司奏明圣上，太祖大怒，欲驱赵普出朝廷。其后翰林学士卢多逊，又趁机揭发赵普的短处，以及中书省诸多不法行为。遂于开宝元年（973年）罢去赵普宰相之职，贬为河阳三城节度使。

开宝九年（976年）十月，太祖驾崩，其弟赵光义即位，即宋太宗。改元为太平兴国。任卢多逊为相。同年，赵普自河阳调回京师，任太子太保。曾多次遭到宰相卢多逊的谗言诋毁，不被朝廷重用的赵普工于心计，明察善断，很会利用皇室内部权力之争的矛盾，来为自己晋升创造有利条件，以求东山再起。皇室内部的矛盾和斗争，主要体现在君位的传承问题上。太祖驾崩，太宗即位之后，世间便有"烛影斧声"之传闻。太宗即位之后，关于自己百年之后君位再传问题，颇费心思。虽有母后遗旨，已成定命，但他却自己另有打算。于是便极力排斥、打击，甚至残害其弟廷美、其侄德昭（太祖子）。知其内情者只有赵普一人。早在建隆二年（961年），太祖、太宗之母昭宪杜太后临终前，召赵普入宫承受遗命，当时只有太后、太祖和赵普三人。太后问太祖："你知道你所以能得天下的原因吗？"太祖哭着不能回答。太后又问，太祖说："皆因祖宗、太后积德之余庆。"太后说："不对，真正的原因是周世宗让幼儿主天下。如果周氏当时有成习之君，天下怎么能为你所有呢？你百岁之后，当传位于你弟光义，光义传位于弟廷美，廷美传位于侄德昭（太祖子）。四海之广，万民之众，能立长君，社稷之福！"太祖顿首泣说："敢不如教。"太后又看看赵普说："你同记我言，不可有违。"赵普在榻前照太后原话书录下来，并在末尾署"臣普书"三字，藏于金匮之中，命谨密宫人保存。赵普作为一个谙知政权变故的政治家，深知杜太后关于以后几代君主的安排，完全是为赵宋王朝的安危着想，防止后周幼主即位，异姓兴王那样的事件发生。他认为太后这些人事安排，不无道理。但是，杜太后这个遗旨，直接关系到皇室诸人的权力和命运。而自己又是太后遗命的唯一见证人，如果处理得好，会对自己有利；反之，轻则丢官，重则丧命，因此，他对太后的遗旨，采取根据形势，灵活处理的态度。现在，赵普见太宗有违母训之意，打算自己百年之后，传子不传弟。赵普便暗自打起了小算盘。廷美虽然对皇位也很关注，但势力不强。而且有下属臣僚以廷美骄恣无道、有不轨之处等罪名，诬告弹劾廷美。不过太宗要实现皇位传子的目的，也须费一番周折，需要有一个德高望重的人鼎力相助。

想到这些，赵普认为自己再相之机已到。便向太宗进言，说当年太后遗旨，为他亲手所写，并复述太后遗旨原文。当太宗问及时，赵普当即表示："臣愿备位枢机，以察奸变。"并借机述说自己多年受宰相卢多逊压制之苦。太宗见赵普言辞恳切，又系前朝老臣，与己交厚，可以协助自己皇位传子的政治目的，便于太平兴国六年复赵普司徒兼侍中，封梁国公，重登首辅之位。

周瑜大敌当前宴待同窗

在吴魏赤壁大战前夜，曹操率数十万大军与周瑜隔江对峙。曹操苦于对敌方情况一概不知，心中十分烦闷。这时幕宾中蒋干主动对曹操说："我与东吴都督周瑜有旧交，请允许我去江东说服周瑜归降。"曹操一听，十分高兴，便遣蒋干启程去江东。

周瑜侦察曹操水寨后，发现曹操水军深得水上作战的奥妙。一打听，才知道水军都督是降将蔡瑁和张允。周瑜暗想，这两个人曾是刘表手下的大将，久居荆楚，熟悉水战。如果不先除掉这两个人，就不能发挥水上作战的优势。正当周瑜与众将商议如何除掉这两个祸害时，忽听军士传报说："周都督故友蒋干求见。"周瑜一听，高兴地拍案而起，对众将说："我们可就在这个人身上用计。"说罢，便整理好衣冠，在数百名从者的簇拥下，迎接蒋干。

周瑜边走边想，他既然是为曹操来做说客的，如果让他先开口，我不答应他的劝说，一见面便伤了和气，不如先封住他的口为好。于是见面寒暄几句，就对蒋干说："子翼久未相见，今不辞辛苦远道而来，一定是为曹操做说客的吧？"蒋干见周瑜单刀直入说破来意，心想，我承认了吧，冲淡了往日的情谊；不承认吧，后话还无法张口，于是，顺便应承说："我久别足下，恨相逢机会太少，今特来叙旧，回顾友情。"周瑜说："我虽然不能像师旷那样，聪明得听到弦歌便知其中的雅，但凭直觉也能猜出个十之八九。"蒋干说："既然足下以说客待我，我只好告辞了。"周瑜

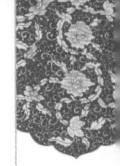

说："既然不是，何必马上就走呢？"于是，把蒋干让到军中大帐，并召集众将，举行盛大宴会。宴间，周瑜对众将说："这是我的同窗好友，虽然来自江北，但他只是来看望故友的，不是替曹家做事的，你们不必多心，只可开怀畅饮。"又对身边大将太史慈说："今天你做监酒，执我佩剑，大家只叙友情，不谈军中之事，有谁提及军事，扫了我的兴，可就地斩首。"蒋干见这阵势，只好缄口不言，只顾饮酒。

周瑜对蒋干说："从军以来，我滴酒未沾，今天见了故人，也该放松放松，咱们今天喝个一醉方休。"说着便畅饮起来。酒至半酣，周瑜拉着蒋干的手，摇摇晃晃出帐，指着持戟而立的军士说："我的军士雄壮吗？"蒋干应付着说："真是熊虎之士。"周瑜又指着帐外的粮草炫耀说："我的军粮足否？"蒋干说："果然是兵精粮足。"周瑜说："我们同窗时，没想到我会有今天吧。"蒋干说："依兄之才，何止今日之威风呢。"刚想顺着话题劝诱他去投靠曹操，周瑜打断他的话说："大丈夫在世，能遇到知己的君主，真是难得啊！我主公孙权，对我言听计从，我感到十分畅快，即使有陆贾、郦生复出，也不能说动我离开我主的心啊！"蒋干一听，心想，未等我开口，他倒先用话堵死了。无奈，只好等机会再说吧。

宴席散后，周瑜拉蒋干说："今天我们把公事全抛开，到我房里歇息，也好多说几句心里话。"蒋干跟着周瑜来到他的寝帐，两人卧在一张床上安歇。不一会儿，周瑜便呕吐起来。在这种情况下，蒋干哪能睡得着？乘周瑜酒醉不醒，起身走到桌前。桌上摆着一堆公文，蒋干借着月光，在一叠公文中发现一封信上面竟然有蔡瑁、张允的字样。蒋干一阵惊奇，抽出信一看，只见信中说："我二人降曹操不是图官禄，而是不得已。现在我们已经用水寨把曹操大军隔在岸上，使他不能发挥作用，只等将军来攻。如果有机会的话，我们还可以把曹操的首级献给将军，近日有人去江北你处通告消息，先写此书告知。臣蔡瑁、张允敬上。"蒋干看罢心想，原来水军都督蔡瑁、张允联结东吴，这可是头等军事秘密，便把这封信藏在内衣里，又回到床上装睡。

不一会儿，侍从入帐推醒周瑜说："都督醒一醒，有人求见。"周瑜被推醒后，问从者说："是什么人睡在我床上？"侍从说："都督难道忘了，昨夜你与故友共饮，是你拉他来此共寝的。"周瑜说："果然喝酒误事。你找我有什么事？"侍从说："江北有人求见。"周瑜整理好衣着，轻声叫蒋干："子翼……"周瑜见蒋干未醒，便悄悄走出大帐。

正装睡的蒋干，把刚才的话听个清楚。当周瑜出帐后，也悄悄溜下床，在帐内窃听。听到外面有人说："那曹操奸诈无比，无机会靠近……"后面的话语虽多，但听不清楚。蒋干怕周瑜突然回帐，又回到床上装睡。周瑜进帐后，又轻声唤了几声"子翼"，见蒋干未醒，也和衣睡下了，不一会儿鼾声大起。

蒋干心想，周瑜是个精细的人，明天他如果发现书信不见了，必然要怀疑我，不如乘他现在熟睡溜走为好。于是轻身下床，小声唤了几声"公瑾"，见他睡得很熟，便悄悄走出大帐，喊上随身小童，走出营寨。遇到守营的军士时，蒋干主动说："我是周都督的故友，昨夜多喝了几杯，公瑾正在安歇，我趁机赶路。如果他醒后，必然还会留我，我在这里待久了，会影响都督公事，请代我向都督道歉，传话给他。"军士也只好答应。

蒋干来到江边，叫仆人急摇舟到江北，见到曹操后，把整个过程细细的讲述一番，最后取出书信递给曹操。曹操见信后，大怒不已，马上传蔡瑁、张允来见他。曹操对二将说："我明日就要进兵，你们看如何？"二将说："现在我们的水军还未训练好，不可轻易进兵。"曹操说："如果等你二人训好了水军，我的头早就归周瑜了。"二人莫名其妙，见曹操面有怒色，便唯唯诺诺地说："是……是。"曹操见二人认了账，喝令武士把二人推出去斩首。不一会儿，武士便把两颗人头献了上来。

曹操杀了二将，心中怒气已消，这时再冷静一想，才知道中了周瑜的反间计。

宗泽守汴京

北宋靖康元年（1126年），金军攻克宋都城汴京（今河南开封），将徽、钦二帝俘虏而去。第二年宋高宗赵构即位，史称南宋。赵构起用主战派将领，收复了汴京，并任命将军宗泽为汴京留守。这一年的十月，金军再次南下，赵构仓皇逃至扬州，将汴京城留给了宗泽。

金军在迅速占领秦州（今甘肃天水）至青州（今山东北部）一线的许多重镇后，兵临汴京城下。但见城头旌旗猎猎，而城内却毫无战争的景象：做生意的做生意，娶媳妇的娶媳妇，大街小巷，人来人往，一派安详。金军统帅疑心顿起，认为城内有诈，下令暂缓攻城。

原来，金军逼近汴京的消息传至汴京后，汴京上下人心惶惶，宗泽的僚属们也都沉不住气了，但又不见宗泽的身影，只好相约去宗泽府邸找宗泽探察虚实。不料，入府一看，宗泽正在跟一位客人下围棋，那种专注的神情，仿佛压根儿不知道金人打来一样。众人大惑不解，连连向宗泽报警。

宗泽笑道："我们收复汴京后，招募了众多抗金义士，在汴京城外修筑了二十四座堡垒，沿护城河构筑了坚固的堡垒群，还制造了一千二百辆决胜战车，足可与金军决一死战。眼下敌军来势汹汹，兵力上又远远超过我们，我们就应该避其锐气，以计谋来迷惑敌人，然后伺机击退他们。敌我尚未短兵相接，诸位就这样慌乱，士兵和百姓们该会怎样想呢？"

众僚属被宗泽说得面红耳赤。

按照宗泽的布置，僚属们一个个领命而去，于是，金军在列阵于汴京城外时，看到了上述反常现象。

金军按兵不动，派出间谍四处侦察，但不待他们把情况摸清楚，到了第三天，驻扎在城外的一支宋军在统制官刘衍率领下，擂响战鼓，冲入了金营。金军没想到宋军竟敢首先发动进攻，急忙上马迎战。这时，城楼上的宗泽一面击鼓助威，一面向早已埋伏在金军后翼的宋军发出出击信号。金军遭到前后夹击，顿时大乱，抛下大量辎重和沿途掠夺来的财物，落荒向北逃去。

自此以后，金军在较长的一段时间里，不敢再犯汴京。

有施妹喜惑夏桀

夏王朝建立之后，有其辉煌的岁月，但传至第十四代的夏桀时，已是风雨飘摇，大厦将倾，岌岌可危。

夏桀其人，据说智力超群，颇有腕力，可以扳直铁钩。然而他好大喜功，追求奢侈，贪图享乐的欲望，没有止境。夏桀继承王位期间，在夏国的北方的昆吾、韦都先后称霸，在其东边的商国也日益强大起来。相比之下，夏王朝日渐衰败。夏桀不甘心这一现实，企图依恃自己的智力和勇武，出兵讨伐相对弱小的邻国。夏桀权衡之后，选择有施氏作为突破点，亲率士兵前往。

有施氏深知自己不是夏桀的对手。当得到夏桀率军前来讨伐的情报之时，一面派兵守御，一面召集臣僚筹划对策。危难之时，集思广益，想出了一条暂避祸患的美人计，借以瓦解夏桀的攻势，使自己得以保存，以图后举。计策已定，有施氏部落的首领便令侍从在城门上悬挂白旗，以示投降之意，条件是：夏桀若停止讨伐，有施氏便献上天下无与伦比的美女妺喜。

妺喜是有施氏人家的子女，又黑又亮的一头秀发，长可及地，明眸皓齿，光彩照人。夏桀一见，便心摇神动，魂不守舍。立即答应有施氏的求降，鸣金收兵，带着妺喜和有施氏贡献的金钱财宝返回夏朝都城。

天生丽质的妺喜，使夏朝后宫的宠妃个个黯然失色，夏桀一心一意爱怜着妺喜。为了讨得妺喜的欢心，夏桀下令重修宫室，建得富丽堂皇高大无比，抬头仰望，大有倾天之感，故名为"倾宫"。宫内筑琼室瑶台，走廊上镶嵌着象牙，床榻用白玉雕琢，极尽奢侈豪华之能事。而妺喜深知自己是兵败求生的贡品，牢记有施氏的耻辱和肩负报仇的使命。于是，她千方百计地纵容夏桀浪费钱财，结怨臣民。夏桀对此毫无觉察，只贪图妺喜美丽的容貌、性感的体态。所以，对妺喜唯命是从。有一天，妺喜与夏桀对饮，妺喜说："舞女长得太丑陋，舞池也太寒酸。应该挑选年轻貌美的少女，穿戴五彩绣衣，重修舞池，三千人同时起舞才能赏心悦目。"夏桀立即委派得力宠臣照妺喜所言办理。一时间，弄得鸡犬不宁，百姓叫苦连天。好不容易挑选了三千少女，赶制出五彩绣衣，还得找乐师编曲教舞，宫墙之内，忙忙碌碌，待乐师报告舞曲演练已毕，夏桀急可不耐地命令即日在倾宫演出。妺喜陪着夏桀倚栏而观，只见一队队身着不同颜色绣衣的舞女冉冉而入，大红的、翠绿的、天蓝的、纯白的，斑斓的色彩，撒满舞池。伴奏的舞曲鸣响，个个脸似芙蓉，腰若细柳，随着音乐节拍，翩翩起舞，翠摇珠动，红飞绿舞，千姿百态，变化无穷；再伴以犹如娇鸟啼春的清脆歌声，使夏桀目迷神移，乐不可支；妺喜也心花怒放，兴奋异常。次日再行歌舞，间隙时由宫奴巡行斟酒，妺喜嫌有碍观赏，便献上一策：与其个个赐酒赐食，不如筑一酒池，池边设肉山脯林。舞罢一曲，由舞女自行采食，将另有一番情趣。夏桀拍手称赏，即刻召见侍臣曹触龙、于辛，命其在倾宫园内修筑可以泛舟的大池，池中贮酒，池旁置肉山脯林。曹、于二人为了邀宠，特别卖力，先令百姓挖一又长又大的池子；将泥土堆成小山，栽种树木；池壁用大石砌成，池底铺上鹅卵石，大小相同，洁净无比，贮以美酒，作为池水；小山上铺绿色布帛，重叠摆上腌肉，犹如石块；树木上挂着用红绿布帛包裹的肉脯，似花若叶。又制作一轻巧的小船，供夏桀、妺喜乘坐，往返游于池中。工程完竣，

夏桀与妹喜前往观鉴，一见精致的酒池脯林，喜不自胜，急切地登上小船，荡漾池中；三千美女绕池歌舞。歌罢一曲，美女们爬在池边做牛饮之状，接着上山摘吃肉脯，欢声笑语，不绝于耳。夏桀放眼望去，若处在香国之中，流连忘返，如此歌舞不止，还嫌白日太短，又举灯火，作长夜之饮。美女的绣衣沾上酒痕油渍，就要又赶制新装。三番五次更换，都摊派给穷苦百姓，众百姓敢怒而不敢言。

妹喜对此渐渐厌倦，就怂恿夏桀到民间寻找身怀绝技的角色，诸如弹唱小曲的歌妓、奇形怪状的侏儒、玩杂耍的艺人等，召进宫中，供其取乐。可是，时过不久，妹喜又生厌倦，且突发奇想，对夏桀说："撕裂布帛的声音十分悦耳。"夏桀立即下令每天进贡一百匹布帛，命力大的宫女轮番撕裂给妹喜听。单调的撕裂声弄得夏桀和妹喜头昏脑涨，又再变新法：妹喜脱去红装，穿起戎服，招摇过市。几日过后妹喜忽觉还是浓妆艳抹更能使夏桀沉迷，便恢复红装，肆意修饰。不仅如此，妹喜觉得倾宫虽然豪华，但太沉闷，提出要与夏桀上朝，见见群臣朝拜的场面。夏桀当然听从，就搂着妹喜上朝，还让妹喜坐在自己的腿上，听群臣奏事，任由妹喜随意决断。

一批正直的臣子看到夏桀沉迷女色，荒淫无度，靡费钱财，无不为夏朝的命运忧虑。大夫关龙逄便捧黄图进宫劝谏，声泪俱下。夏桀厌恶关龙逄进宫扰乱了他与妹喜的淫乐，勃然大怒，夺过黄图，扔进火炉，黄图顿时化为灰烬。关龙逄对此十分痛苦，便冒死说道："君王不务朝政，不爱百姓，夏朝的灭亡，指日可待。到那时，悔之晚矣！"夏桀一听此言，气得浑身发抖，喝令侍卫将关龙逄推出斩首。

忠臣出走、被杀，佞臣像苍蝇一样趁机而入，围绕在夏桀跟前，投其所好，搜刮百姓，以大量的金银财宝和美女来满足夏桀的贪欲。当夏桀听到商国日益强盛，为开拓疆域，攻占昆吾，还要进兵夏朝时，惊怒并生。可惜强壮魁梧勇武的夏桀，自妹喜入宫之后，日夜淫乐，已经是手无缚鸡之力了。然而，他仍骄枉自负，决心与商国的兵马决一雌雄。两军相遇，夏桀毫无招架之力，只得步步后退，丢盔卸甲，溃不成军。商汤率兵乘胜前进，攻入夏朝都城。夏桀早就携妹喜出逃。商汤进到三葼，才把夏桀活捉，将其流放南巢，不久，夏桀便一命呜呼，结束了夏朝四百余年的江山。

用西施勾践灭吴

吴王夫差之父阖闾在与越王勾践的争战中重伤而死。夫差为报杀父之仇，守丧日毕，即命伍子胥为大将，伯嚭为副将，率倾国之兵，讨伐越国，且志在必得。当吴军来到越境，勾践召集三万之兵与之对抗。结果，兵力众寡悬殊，越兵惨败，仅剩五千人退至会稽。在越国将亡之时，范蠡进言道："战至如此地步，唯一的办法就是送上丰厚的礼物，谦恭的哀求，讨得吴王的哀怜和同情。若其不允，君王只好自辱其身，去做吴王的奴仆，寻求时机，以图再举。"勾践令文种以范蠡之言前往，言卑情切地向吴王请求，且答应交出越国，越王和王妃供吴王驱使。吴王见此情景，本想允诺，而在侧的伍子胥，列举史例，劝阻吴王，且说若不趁此良机灭越，后患无穷。吴王以为其言有理，拒绝了文种。

勾践得知夫差拒绝，万念俱灰。文种又进一策：以财色贿赂嫉贤妒能而又贪财好色的吴王宠臣伯嚭，投其所好，定能请和成功。勾践即令文种来办。文种火速带上八名美女、二十双白璧，入吴军军营进献给伯嚭，果然顿时生效。次日伯嚭就领着文种叩见吴王。吴王仍持前议，决心彻底灭越，以慰父王在天之灵。伯嚭摇动如簧之舌，说什么允越求和，既可得越财富增强吴国实力，又可博得仁义美名，号召诸侯，名实俱获。否则，越国余兵，困兽犹斗，吴国虽不至于失败，但消耗人力物力，并非上策；倘有疏漏，还会贻笑于诸侯。吴王夫差为之心动，转而问文种，越王是否愿入吴侍奉。文种立即叩头，答称越王甘心情愿侍奉大王。夫差便应允越国讲和投降，伍子胥予以谏阻，吴王不听。文种回报越王，勾践立即挑选珍宝，又选三百三十名美女，装载上车，分送吴王和伯嚭，遂签订盟约。吴王满足凯旋。

前492年年中，勾践怀着极其伤感和屈辱的心情，带着妻子在范蠡的陪同下入吴为奴仆。离开越都时，朝臣少不了一番劝慰，忍辱负重，以图来日东山再起。勾践心怀远图，认为暂时的坎坷是命中注定。入见吴王，跪拜俯首，感恩戴德之情，溢于言表，说得夫差也觉于心不忍。伍子胥得知勾践入侍吴宫，其意不言自明，急速进谏吴王趁机诛杀勾践，以绝后患。吴王以"诛降杀服，祸及三世"为辞，回绝了伍子胥。伯嚭在旁劝吴王勿食前言，夫差便饶恕勾践不死，在宫中为奴养马。

成大事者，必经磨难。勾践自辱其身，目的在于复国。因此，他与妻子、范蠡在天宫中小心翼翼，不愠不怒。夫差派人去观察勾践的行动，只见他们穿的是破衣烂衫，吃的是粗糠野菜，勾践看马喂草，范蠡砍柴打草，勾践夫人做饭洗衣，个个安分守己，一副心甘情愿的模样。吴王得知此情，也认为他们意志消磨殆尽，再无尊严可言，从而放松了对败国之君应有的警惕。

不觉一晃三年过去了，夫差反倒觉得勾践君臣十分可怜，生出恻隐怜悯之心，加上伯嚭的讲情，打算放他们回国。伍子胥赶来劝阻说："夏桀、殷纣囚成汤、文王而不杀，留有后患，结果夏被汤灭，纣被周亡。现在大王不仅不杀勾践，反令其回国，岂不是放虎归山，将重蹈夏桀和殷纣的覆辙吗！若不早除勾践，必悔恨终生！"夫差采纳其言，将勾践夫妇及范蠡重新囚禁石室。

文种在越国得到伯嚭传来信息，越王等不久将获赦免回国，接着又得知事有逆转，急忙派人携带珠宝美女贿赂伯嚭。伯嚭入见吴王，引经据典，劝说吴王以仁德为重，方能成就霸业。夫差也觉其言不无道理，答应病愈之后，再议赦还勾践之事。

范蠡通医，知吴王疾病将很快好转，便建议勾践前往探病，要表现出对吴王的无限忠诚和谦恭，以便博得吴王的好感和信任。次日，勾践即通过伯嚭叩见吴王，显得十分忧虑，跪拜询问病情，恰在此时，吴王要大便，勾践便请饮溲尝便，判断病情。待尝过之后，高兴地对吴王说："大王的病很快就会痊愈。"吴王为之感动，当即答应勾践搬出石室，养马驾车，待病痊愈，赦其回国。

事也凑巧，不几日，吴王的病真的好了，临朝理事。一日，大摆宴席，待勾践以宾客之礼。伍子胥见此礼遇，挥袖而去。接受越国金贿的伯嚭为防止伍子胥再生枝节，以使勾践顺利回国，便趁机在吴王面前大肆攻击伍子胥。第二天，伍子胥果然面见吴王，苦言相劝，一针见血地指出："越王人臣于吴，其谋深不可测；虚府库而不露愠色，是欺瞒我王；饮溲尝便，是食王之心肝。入吴为奴，是为灭吴！若不省悟，将大祸临头！"可是，吴王不悟，斥令伍子胥住口退下。就这样，因吴王一叶障目，不纳忠言，专信谀辞，才使勾践及妻子、范蠡提心吊胆地回到越国京都，勾践感慨万端，复仇之志，坚定不移。

勾践回国后，千方百计地侍奉吴王夫差，发动男女采葛，织成十万细布进献给吴王，以满足他的嗜好，讨得他的欢心和信任。吴王高兴了，返还越国的八百里国

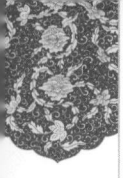

土。而勾践暗暗地实施其复仇的计划，且以身作则。"日卧则攻之以蓼，足寒则渍之以水，冬常抱冰，夏还握火，愁心苦志，悬胆于户，出入尝之，不绝于口。"平日，勾践耕种，夫人织布，节衣缩食，出不敢荐，入不敢传，苦身劳心，取得百姓拥戴。同时对诸侯国的士民以礼相待。不久时间，越国人口增加，生产发展，民气日涨，实力日强。

当吴国伐齐凯旋的消息传到越国，文种向勾践进谋说："古人云高飞之鸟死于美食，深渊之鱼死于芳饵。大王若想伐吴复仇，仍要投其所好，参其所愿。"勾践精神为之一振，请文种详细说来。文种侃侃而谈，提出九术之策：尊天地事鬼神以求其祸；重财帛以遗其君，多货贿以喜其臣；贵籴粟麦以虚其国，利所欲以疲其民；遗美女以惑其心而乱其谋；遗之巧工良材，使其起宫室以尽其财；遗之谀臣，使之易伐；强其谏臣，使之自杀；君王国富而修利器；利甲兵以承其弊。文种最后说："大王用此九术，破吴灭敌，报怨复仇，易如反掌。"勾践连连点头称妙，认真研究九术且逐步付诸实施。

说来也巧，吴王正在修建姑苏台，勾践立即命令搜集巧匠良材，送给吴王。吴王看到勾践送来的又长又大的木料，喜出望外，便根据良材的尺寸，重新设计宫殿规模，增派百姓服役，费时八年，才予完工，因而浪费人力、物力、财力，可谓劳民伤财。

接着又令文种和范蠡挑选越国最漂亮的女子西施和郑旦，送给吴王，投其淫而好色之癖。吴王见西施美如天仙，能歌善舞，多才多艺，顿时入迷。又为其建馆娃宫，铜构玉栏，珠玉装饰，富丽无比。馆娃宫外，又有鸭城、鸡城、鹅城、酒城之筑，耗资不计其数。此后，遂与西施在宫中淫乐，将朝政交给伯嚭。伍子胥多次劝谏，均遭斥责。

吴王为西施挥金如土，致使百姓疲惫，国力日衰，勾践趁机派文种请籴吴国，伍子胥知文种用心，谏阻吴王说："虎狼不得委以食，蝮蛇不可恣其意。"伯嚭却以德义反驳伍子胥。吴王夫差正以勾践臣服得意，批准借给越国粟麦万石。次年，越国将粟麦蒸煮后还给吴国，夫差见颗粒硕大饱满，十分高兴，不仅由此认为勾践讲信用，还要臣下将归还的粟麦留作来年的种子。结果，种子入土，没有发芽出苗，一年耕耘，颗粒无收，百姓饥困。夫差不知危难，仍骄横无羁，依恃勇武，准备兴兵伐齐，伍子胥再谏，惹恼吴王，令其往齐劝降。伍子胥知吴亡只在时日，便

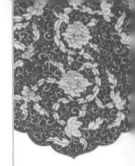

与儿子一起赴齐，托友人照顾，然后返回吴国。伯嚭趁机进谗言，把伍子胥赴齐托子之事大肆渲染一通，吴王听信不疑，令伍子胥自杀。伍子胥含泪从命，临死前对家人说："我死后，请把我的眼睛剜下来挂在东门城墙上，我要看看越国灭吴的大军。"吴王夫差得知此言，怒不可遏，即令侍卫用马革将伍子胥尸首包裹，抛入江中，铮铮良臣，了却一生，吴王再也听不到逆耳忠言。伯嚭遂晋升为相国，朝政更加腐败。

前482年，勾践从西施传来的情报得知，吴王率精兵强将往黄池会诸侯，谋取盟主。只留太子及老将弱兵在国内把守。于是，勾践派兵遣将，讨伐吴国，吴军大败，吴王得知，惊得哑口无言，面如土色。赶紧与诸侯签订盟约，急忙赶回。见兵疲民困，只好向越国求和。勾践审时度势，慨然应允。由于吴王不从此事中吸取教训，在内仍重用伯嚭，宠爱西施，诛杀太子；在外又与齐、晋、楚以武力相对峙，兵力日渐消损。四年之后，勾践再次派兵攻打吴国，笠泽一战，吴军大败而逃，夫差奔至阳山，越军四面围困，伯嚭已经投降。夫差不得已，只好再次向勾践求和。范蠡与文种对勾践说："大王卧薪尝胆，奋发图强，熬了二十二年，今日定要除掉夫差，以避后患！"勾践还记会稽之败，夫差不杀的恩德，派人告知夫差，给他甬东之地、三百仆役，以终其养。夫差羞愧难言，自杀而死。

数年后，勾践消灭了吴国，杀死伯嚭、扶同；范蠡多谋远虑，携西施远走高飞。只有文种，不听范蠡规劝，以为有功，终被勾践赐死。

听谗言痛失信陵君

魏公子信陵君足智多谋，门客众多。他曾多次率兵打败强秦，引起各国的注目。尤其秦王对信陵君更是头痛之极，除掉他已是秦王的最大心愿了。

秦王的一位谋臣给他出个主意：晋鄙被信陵君窃去兵符而遭杀身之祸，他的手下怀恨在心，一直想伺机报仇，何不借刀杀人呢？

秦王对这一计谋十分满意，遂派间谍带上黄金万两去魏国活动。

秦王的间谍到了魏国以后，千方百计地寻找到了晋鄙当年的手下。间谍故作无意地问那个门客："先生还记得晋鄙将军当年是怎么死的吗？"

一问不要紧，立刻引起那个门客的满腔愤恨，他咬牙切齿地说："将军当年死得太冤、太惨，没想到那个害了他的信陵君却出了名，我要是见了他，一定要把他生吞活剥！"

说完他就伤心地跪在地上呜呜地哭起来，并信誓旦旦地说："我一定要找机会为将军报仇，否则我还有什么脸面活在这个世上？"

那间谍一见，事态的发展正中下怀，于是假意同情地搀起门客，并告诉他说："现在机会来了。只要你把以前的门客找到并聚拢起来，有机会就在魏王面前诋毁信陵君，那么不用你们亲自动手，信陵君也不会有好结果了。"他还把黄金拿出一些来，让门客作为活动的经费。

从此，魏王就时常听到一些人对他说："魏公子在外已经十年了，现在正做魏国的大将，各国的诸侯将士都敬畏他，知道他的名气，却没有人知道魏王您。魏公子一定想趁这个机会南面称王，我们还听说，诸侯害怕公子的威名，正打算立他为王呢。"

魏王听了这些逸言尽管沉默不语，心里还是很不是滋味。他感觉到信陵君的存在已危及他的地位。与此同时，间谍的活动越发猖獗，晋鄙门客的谣言更是变本加厉。

不久，秦王手下又给秦王出了一个主意，让秦王派人去祝贺信陵君。

有一天，信陵君府上来了一群打着秦王旗号的人，他们带了一堆十分贵重的礼物。一见到信陵君，他们就齐声贺道："恭喜您，公子已经做了魏王了吧！"

魏公子听见这话就呆住了：这些人来者不善，其中必有阴谋。于是信陵君怒声喝走了这些人，拒收他们送来的礼物。

铺天盖地的谣言充满着每一天，也充满了魏安釐王的耳朵。魏安釐王不能够无动于衷，他渐渐地被蛊惑，真的开始怀疑起信陵君来了。

他终于下定决心，必须除掉这个心腹之患了。他坚决地撤去了魏公子军队统帅的职务，让他人取而代之。

致此信陵君才意识到自己的处境已十分不妙，随时都有被砍头的危险。他决定从此明哲保身。离开军队后，信陵君闭门谢客，对国家的政治活动也不介入。每天混迹于门客之中，消磨时光。美女美酒成了陪伴他生活不可缺少的一部分。

过度的饮酒消磨了魏公子的日子和意志，也夺去了他的生命。四年后，信陵君因喝酒过多得病死了。

信陵君的死对秦王来说是个喜讯。秦王没了后顾之忧，便立即进攻魏国。大将蒙骜连续夺取了二十座城池。魏国受到巨大的打击,从此一蹶不振,衰落下去。

秦国的胜利就在于他看到了问题的焦点所在。秦王畏惧信陵君的威名,想办法除掉他,用晋鄙的门客离间信陵君和魏王,使信陵君不被重用,这就除去了攻打魏国的道路上的最大障碍。而魏王日久天长,轻信了谣言,中了秦国的反间计,导致了错误的决断,痛失信陵君,最后遭受了灭顶之灾。对敌方功高之人进行反间是秦国惯用的计谋。

陆抗巧计除叛将

原吴国守卫西陵(今湖北浠水西南)的将领步阐以城降晋,陆抗听说后,率军昼夜兼程到西陵。陆抗先在西陵城外构筑了严密的工事,形成对内对外两面,即内可围困步阐,外能抗御晋国的援兵。但陆抗并不立即攻城。不久,晋国派杨肇来救西陵,吴军前方的都督俞赞忽然逃亡,投降了杨肇。陆抗说:"俞赞是我军中的旧人,了解我们的虚实。我军中的异族兵平素缺乏严格训练,战斗力差,这些俞赞是知道的。现在俞赞降敌,敌人必定先向我异族兵防守的阵地进攻。"当晚,陆抗就把异族兵调走,全部用有作战经验的老兵来接防。第二天,杨肇果然按照俞赞报告的情况,进攻原来异族兵防守的阵地,陆抗率兵备战,箭和石像雨一样,杨肇无法支持,连夜逃跑了。陆抗并不追赶,只让部队擂鼓呐喊,做出要追击的架势,杨肇大败而去,怀疑吴军是预先设的圈套,让俞赞引他上当,于是,他就杀了俞赞。接着,西陵被陆抗夺回,杨肇又杀了步阐。

针对叛逃人员可能向敌人报告的情况和敌人作出的反应,相应地调整部署,改变原来的情况,使敌人上当,而疑杀我方的叛逃人员,这是运用"死间"中很精彩的一招。

韩世忠死间败金兵

南宋高宗绍兴四年(1134年)十月十四日,金军联合刘豫的伪齐军队分道渡淮南侵,第二天便攻下楚州(今江苏怀安)。南宋王朝一片恐慌,高宗赵构一面派投降派魏良臣前往金营请降,一面又亲自写信给驻军在镇江的建康、镇江、淮东宣

抚使韩世忠，要他加强守备，以图进取，言辞非常恳切。韩世忠接到诏书，感动得流下了眼泪。他说："主上如此忧虑，做臣子的还有什么理由苟且偷生！"于是率军从镇江渡江北上，使统制解元前往高邮（今属江苏），等候金国的步兵；自己带领骑兵向大仪（在今江苏扬州西北）进发，以抵挡敌人的骑兵。他伐木为栅，截断后退的通道，以示同金兵血战到底的决心。

出使金营的魏良臣正好路过韩世忠的军营，韩世忠让士兵拆除烧饭的柴灶，并欺骗魏良臣说皇上已有诏书，命令部队立即转移，屯守江岸。魏良臣听后便急急忙忙地驰马而去。韩世忠估计魏良臣已经出了宋境，就马上命令部队："按照我马鞭所指的方向行动。"于是率大军又回到大仪镇。他在此部署了五个战阵，设下了二十多处埋伏，并与全体将士约定：听到鼓声，便立即发起进攻。

魏良臣到达金营，金人向他询问宋军的动态，他便把自己的见闻和盘托出。金将聂儿孛堇听说韩世忠退兵，非常高兴，遂率军赶到距大仪五里远的江口；副将挞孛则带领精锐骑兵急速驰往韩世忠布下的阵地。当挞孛也的队伍进入阵地后，韩世忠立即传令击鼓。顿时，宋军伏兵四起，将金兵团团围在正中。金军大乱，宋军则乘势轮番冲击。韩世忠的亲随军，人人手持大斧，上刺敌人胸膛，下砍敌人马足，一阵冲杀，将身披重甲的金兵赶入泥淖。韩世忠又指挥将士四面包围践踏，直杀得金兵人仰马翻，连挞孛也等二百多名将领也被生擒活捉。